“十四五”职业教育国家规划教材
“十三五”职业教育国家规划教材
职业教育会计类专业系列教材

会计信息化教程

（畅捷通 T3 版）

主　编　孙燕刚
副主编　李　艳
参　编　崔岭燕　孟　军
　　　　张小琴　周红娥

机械工业出版社

本书根据会计技能比赛对会计信息化技能的要求，结合河北省中等职业教育的特点，依据河北省对口考试大纲来设计，以企业的真实情况为背景，以典型的经济业务为主导，将总账系统、工资管理系统、固定资产管理系统、报表管理系统以及购销存一体化操作，交叉进行完成相关业务的练习，把理论知识融入实际操作练习当中，强调提高学生的实践操作技能。

本书适用于中等职业学校财经类专业学生，也可以作为会计人员提高操作技能的参考书。

图书在版编目（CIP）数据

会计信息化教程：畅捷通T3版/孙燕刚主编. —北京：机械工业出版社，2019.6（2025.8重印）

职业教育会计类专业系列教材

ISBN 978-7-111-63150-7

Ⅰ. ①会… Ⅱ. ①孙… Ⅲ. ①会计信息—财务管理系统—职业教育—教材 Ⅳ. ①F232

中国版本图书馆CIP数据核字（2019）第131299号

机械工业出版社（北京市百万庄大街22号 邮政编码100037）

策划编辑：李 兴 责任编辑：李 兴 邢小兵

责任校对：张 薇 封面设计：鞠 杨

责任印制：常天培

河北虎彩印刷有限公司印刷

2025年8月第1版第5次印刷

184mm×260mm · 13.25印张 · 326千字

标准书号：ISBN 978-7-111-63150-7

定价：35.00元

电话服务 网络服务

客服电话：010-88361066 机 工 官 网：www.cmpbook.com

010-88379833 机 工 官 博：weibo.com/cmp1952

010-68326294 金 书 网：www.golden-book.com

机工教育服务网：www.cmpedu.com

关于“十四五”职业教育国家规划教材的出版说明

为贯彻落实《中共中央关于认真学习宣传贯彻党的二十大精神的决定》《习近平新时代中国特色社会主义思想进课程教材指南》《职业院校教材管理办法》等文件精神，机械工业出版社与教材编写团队一道，认真执行思政内容进教材、进课堂、进头脑要求，尊重教育规律，遵循学科特点，对教材内容进行了更新，着力落实以下要求：

1. 提升教材铸魂育人功能，培育、践行社会主义核心价值观，教育引导学生树立共产主义远大理想和中国特色社会主义共同理想，坚定“四个自信”，厚植爱国主义情怀，把爱国情、强国志、报国行自觉融入建设社会主义现代化强国、实现中华民族伟大复兴的奋斗之中。同时，弘扬中华优秀传统文化，深入开展宪法法治教育。

2. 注重科学思维方法训练和科学伦理教育，培养学生探索未知、追求真理、勇攀科学高峰的责任感和使命感；强化学生工程伦理教育，培养学生精益求精的大国工匠精神，激发学生科技报国的家国情怀和使命担当。加快构建中国特色哲学社会科学学科体系、学术体系、话语体系。帮助学生了解相关专业和行业领域的国家战略、法律法规和相关政策，引导学生深入社会实践、关注现实问题，培育学生经世济民、诚信服务、德法兼修的职业素养。

3. 教育引导学生深刻理解并自觉实践各行业的职业精神、职业规范，增强职业责任感，培养遵纪守法、爱岗敬业、无私奉献、诚实守信、公道办事、开拓创新的职业品格和行为习惯。

在此基础上，及时更新教材知识内容，体现产业发展的新技术、新工艺、新规范、新标准。加强教材数字化建设，丰富配套资源，形成可听、可视、可练、可互动的融媒体教材。

教材建设需要各方的共同努力，也欢迎相关教材使用院校的师生及时反馈意见和建议，我们将认真组织力量进行研究，在后续重印及再版时吸纳改进，不断推动高质量教材出版。

机械工业出版社

关于“十三五”职业教育国家规划教材的出版说明

2019年10月，教育部职业教育与成人教育司颁布了《关于组织开展“十三五”职业教育国家规划教材建设工作的通知》（教职成司函〔2019〕94号），正式启动“十三五”职业教育国家规划教材遴选、建设工作。我社按照通知要求，积极认真组织相关申报工作，对照申报原则和条件，组织专门力量对教材的思想性、科学性、适宜性进行全面审核把关，遴选了一批突出职业教育特色、反映新技术发展、满足行业需求的教材进行申报。经单位申报、形式审查、专家评审、面向社会公示等严格程序，2020年12月教育部办公厅正式公布了“十三五”职业教育国家规划教材（以下简称“十三五”国规教材）书目，同时要求各教材编写单位、主编和出版单位要注重吸收产业升级和行业发展的新知识、新技术、新工艺、新方法，对入选的“十三五”国规教材内容进行每年动态更新完善，并不断丰富相应数字化教学资源，提供优质服务。

经过严格的遴选程序，机械工业出版社共有227种教材获评为“十三五”国规教材。按照教育部相关要求，机械工业出版社将坚持以习近平新时代中国特色社会主义思想为指导，积极贯彻党中央、国务院关于加强和改进新形势下大中小学教材建设的意见，严格落实《国家职业教育改革实施方案》《职业院校教材管理办法》的具体要求，秉承机械工业出版社传播工业技术、工匠技能、工业文化的使命担当，配备业务水平过硬的编审力量，加强与编写团队的沟通，持续加强“十三五”国规教材的建设工作，扎实推进习近平新时代中国特色社会主义思想进课程教材，全面落实立德树人根本任务。同时突显职业教育类型特征，遵循技术技能人才成长规律和学生身心发展规律，落实根据行业发展和教学需求及时对教材内容进行更新的要求；充分发挥信息技术的作用，不断丰富完善数字化教学资源，不断提升教材质量，确保优质教材进课堂；通过线上线下多种方式组织教师培训，为广大专业教师提供教材及教学资源的使用方法培训及交流平台。

教材建设需要各方面的共同努力，也欢迎相关使用院校的师生反馈教材使用意见和建议，我们将组织力量进行认真研究，在后续重印及再版时吸收改进，联系电话：010-88379375，联系邮箱：cmpgaozhi@sina.com。

机械工业出版社

Preface
前言

为了满足中等职业教育的发展需要，我们以《企业会计准则》为依据，结合中等职业教育会计课程教学大纲，在总结了会计教学经验和企业会计实践的基础上，精心编写了本书。同时，在获评“‘十四五’职业教育国家规划教材”后，依据教育部相关规定对本书进行了动态更新和完善，更新了部分案例，植入了二维码视频资源，配套了相关上机指导，更加有利于数字化教学的开展。同时，在修订过程中深入贯彻党的二十大精神，以提高人才自主培养质量、造就拨尖创新人才为目标。坚持为党育人、为国育才。同时，推进会计信息化、数字化转型，也符合二十大报告中促进数字经济和实体经济深度融合、建设数字中国的要求；对于推动会计职能拓展、提升我国会计工作水平和会计信息化水平具有重要意义。

本书着重讲解了畅捷通T3软件中财会业务处理的基本知识和操作方法，模拟企业的真实经营情况，用典型的经常业务，使学员充分掌握财务软件各子系统的工作过程，熟悉利用财务软件进行账务的处理。

本书共分为六个部分，包括认识会计信息化、系统管理和初始化设置、企业日常经济业务的处理方法、月末账务处理、报表管理系统、购销存系统应用。每个部分都提供了针对上机操作的例题，可以显著地提高学习效果。

本书突出了以下几个特点：

1. 实用性

采用项目式和实践教学方法教授会计核算、销存业务，培养学员的实际操作能力，促进学员知识和能力的全面提高。

2. 综合性

将理论与实践紧密结合，使学员既掌握了理论知识，又能全面地了解畅捷通T3软件处理会计业务的方法，打破了常规的分系统教学的方式，把所有的经常性业务综合处理，熟练掌握各子系统之间的关系，满足了使用财务软件进行综合处理的需要。

3. 丰富性

为方便教师教学及学生自学，本书配套了大量微课视频及各任务上机指导，扫描书中二维码即可观看。

本书由孙燕刚担任主编，李艳担任副主编。参加本书编写的还有崔岭燕、孟军、张小琴、周红娥。本书是在东北大学（秦皇岛分校）贾圣武教授的大力支持下编写完成的，在此深表谢意。

凡选用本书作为教材的教师，均可登录机械工业出版社教育服务网（http://www.cmpedu.com）免费下载配套资料。欢迎广大教师加入职业教育会计专业交流QQ群（124688614），分享教学资源和交流教学经验。

由于作者水平有限，编写过程中存在缺点和不足之处，诚挚地希望读者提出批评并指正。

编　者

二维码索引

Contents

目录

Contents

目录

Project 1

项目一

认识会计信息化

项目综述

随着计算机技术和网络技术的发展，企业对会计信息化的要求越来越高。那么，什么是会计信息化？如何选择合适的会计软件，让企业有效地实施？如何选择会计软件的各个功能模块？这些都是需要解决的最基本的问题。

学习目标

① 了解会计信息化的相关概念

② 了解会计软件的分类

③ 了解会计软件各功能模块之间的关系

素养目标

① 通过师生的“教”与“学”，进一步增进彼此的了解，培养学生学习专业的兴趣

② 培养学生认真负责的态度和一丝不苟、严谨务实的职业意识

任务一 初识会计信息化

一、会计信息化的相关概念

1. 会计电算化

会计电算化是在会计工作中应用计算机技术的简称。在我国，计算机技术在会计数据处理上的应用起步比较晚。1979年，长春第一汽车制造厂大规模信息系统的设计与实施，是我国会计电算化发展过程的一个里程碑。1981年8月，在财政部、原第一机械工业部和中国会计学会的支持下，中国人民大学和长春第一汽车制造厂联合召开了“财务、会计、成本应用电子计算机专题讨论会”，首次提出了“会计电算化”的概念。

会计电算化有狭义和广义之分。狭义的会计电算化是指以电子计算机为主的电子信息技术在会计工作中的应用，由计算机代替人工记账、算账、报账，并能部分替代人脑完成会计信息的分析、判断和利用的过程；广义的会计电算化是指与实现电算化有关的所有工作，包括会计软件的开发应用及其软件市场的培育、会计电算化人才的培训、会计电算化的宏观规划和管理、会计电算化制度建设等。

2. 会计信息化

随着企业信息化和会计电算化的深入发展，“会计电算化”逐步向“会计管理信息化”（简称“会计信息化”）的高级阶段迈进。1999年4月初，在深圳召开的“会计信息化理论专家座谈会”上，与会专家提出了“会计信息化”这一概念。

会计信息化是指企业利用计算机、网络通信等现代信息技术手段开展会计核算，以及利用上述技术手段将会计核算与其他经营管理活动有机结合的过程。

相对于会计电算化而言，会计信息化是一次质的飞跃。计算机网络和现代通信为主的信息技术的广泛应用，推动了计算机技术与会计高度融合的、开放的现代会计信息系统的建立。会计信息已经成为一种重要的管理信息资源。现代信息技术手段能够实时便捷地获取、加工、传递、存储和应用会计信息，为企业经营管理、控制决策和经济运行提供充足、实时、全方位的信息。

3. 会计信息系统

会计信息系统（Accounting Information System，AIS），是指利用信息技术对会计数据进行采集、存储和处理，完成会计核算任务，并提供会计管理、分析与决策相关会计信息的系统。其实质是将会计数据（在会计工作中，从不同的来源和渠道取得的各种原始会计资料）转化为会计信息（按一定要求经过加工处理的会计数据）的系统，是企业管理信息系统（Management Information System，MIS）的一个重要子系统。

4. ERP系统

ERP是Enterprise Resource Planning的简称，译为“企业资源计划”，是指利用信息技术，一方面将企业内部所有资源整合在一起，另一方面将企业与其外部的供应商、客户等市场要素有机结合，实现四流合一（即物流、资金流、信息流、业务流）。其核心思想是供应链管理，强调对整个供应链的有效管理，提高企业配置和使用资源的效率。

5. XBRL

XBRL是eXtensible Business Reporting Language的简称，译为可扩展商业报告语言，是一种基于XML的标记语言，用于商业和财务信息的定义和交换。

XBRL的作用很广泛，企业的各种信息，特别是财务信息，都可以通过XBRL在互联网上进行有效的处理。信息发布者一旦输入了信息，就无须再次输入，通过XBRL就可以很方便地转换成书面文字、PDF文件、HTML页面或者其他相应的文件格式。而且，通过XBRL获取到的信息，也无须打印或再次输入，就可以方便快捷地运用于各种财务分析领域。

6. 云会计

云计算环境下的会计工作，其实质是利用云技术在互联网上构建虚拟会计信息系统，完成企业的会计核算和会计管理等内容。这种对会计信息化的建设与服务采用外包的模式，将进一步推动会计工作向前发展。

（1）在云会计环境下，会计信息通过网络导入。用户购买的会计软件只有使用权，没有所有权。

（2）在云会计环境下，会计信息共享在“云端”。通过计算机、手机等终端，会计人员可以随时处理会计业务，提高了工作效率；企业管理者可以通过云空间提供的信息，实时进行分析，实现企业对市场变化的有效预测及应对。

二、会计软件的分类

实现会计信息化，必然离不开计算机系统。计算机系统一般分为硬件系统和软件系统。硬件系统就是能看到的计算机实体。软件系统是安装在计算机内部、支持计算机运行的各种程序。计算机软件系统分为系统软件和应用软件。企业实施信息化，所需的会计软件就属于应用软件。按照不同的划分标准，可以把会计软件分为不同的类型。

1. 按软件适用范围划分

（1）通用会计软件：是指在某一范围内普遍适用的会计软件，通常适用于各个行业。

（2）专用会计软件：也称定制开发会计软件，是指由使用单位根据自身会计工作的需要，自行开发或委托其他单位开发，专供本单位使用的会计软件。

2. 按会计信息共享功能（或运行方式）划分

（1）单用户会计软件：将会计软件安装在一台或几台计算机上，每台计算机独立运行，相互不能共享数据。

（2）网络版与多用户会计软件：将会计软件安装在一台计算机网络服务器上，其他终端可以同时运行该软件，并且不同终端上的操作人员可以共享数据，保证资料的一致性。

3. 按照会计信息系统的服务层次和提供信息的深入程度划分

（1）核算型会计软件：完成日常的会计核算业务，一般包括账务处理软件、工资核算软件、原材料核算软件、固定资产核算软件、成本核算软件、产成品销售核算软件和往来核算软件等。

（2）管理型会计软件：完成会计管理工作，主要包括资金筹集的管理、流动资金管理、成本控制、销售收入和利润管理等。

（3）决策型会计软件：帮助决策者制定科学的经营决策和预测工作，主要包括量本利分析、利益分析、投资决策等。

三、会计软件功能模块

1. 会计软件各模块的功能描述

一个完整的会计软件的功能模块包括财务处理模块，固定资产管理模块，工资管理模块，报表管理模块，应收、应付管理模块，成本管理模块，存货管理模块，财务分析模块等。

（1）账务处理模块：账务处理模块也称为总账模块，是会计软件中最主要的模块，可以与其他模块实现数据共享。该模块以原始凭证为处理数据，通过凭证的录入和处理，完成记账、结账、银行对账、账簿查询及打印输出工作。

（2）固定资产管理模块：固定资产管理模块主要是以固定资产卡片和固定资产明细账为基础，实现固定资产的会计核算、折旧计提和分配、设备管理等功能，同时提供了固定资产按类别、使用情况、所属部门和价值结构等进行分析、统计和各种条件下的查询、打印功能。

（3）工资管理模块：以职工个人的原始工资数据为基础，完成计算职工工资、工资汇总、分配工资费用、计算个人所得税、查询统计和打印工资条、自动编制工资费用分配转账凭证等工作，并传至账务处理模块。

（4）报表管理模块：主要根据会计核算数据生成各种内部报表、外部报表和汇总报表，并根据报表数据分析报表，生成各种分析图。

（5）应收、应付管理模块：以发票、费用单据、其他应收单据及其他应付单据等原始单据为依据，记录销售、采购业务所形成的往来款项，处理应收、应付款项的收回、支付和转账，进行账龄分析和坏账估计及冲销，并对往来业务中的票据、合同进行管理，同时提供统计分析、打印和查询输出功能。

（6）成本管理模块：主要提供成本核算、成本分析、成本预测功能。

（7）存货管理模块：以入库单、出库单、采购发票等单据为依据，核算存货的出入库和库存金额，确认采购成本，分配采购费用，确认销售收入、成本和费用，自动生成凭证，并将数据传递到其他模块。

（8）财务分析模块：财务分析模块利用会计核算数据，运用各种专门的分析方法，完成对财务活动的分析，实现对财务数据的评价。

2. 会计软件各模块之间的关系

会计核算软件中，各模块之间的数据传递关系大致有三种情况：

（1）单向接收型：只接收来自其他模块的数据，不向其他模块发送数据，比如报表管理模块。

（2）单向发送型：只向其他模块发送数据，不接收数据，比如工资管理模块和固定资产管理模块。

（3）双向传递型：既接收来自其他模块发送的数据，也向其他模块发送数据，比如账务处理模块、成本核算模块。

图1-1中箭头的指向表明了各个子系统之间的数据传递走向。

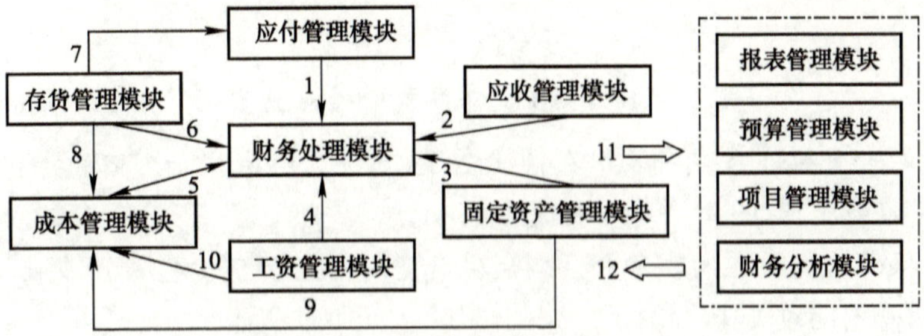

图 1-1　会计软件各模块之间的关系

任务二 安装会计软件——用友畅捷通T3版

为实现会计信息化管理，大多数企业都会选择购买市场上流行的会计软件。本书以常见的用友畅捷通T3软件为例，系统地介绍从软件安装到具体使用的整个过程。

一、系统运行环境

用友畅捷通T3软件的运行，主要分为硬件环境和系统软件两部分。

1. 硬件环境

（1）单机版主机最低配置要求：CPU为P4/1GHz或以上，内存512MB或以上，硬盘10GB或以上，至少应有1个DVD–ROM。

（2）网络版最低配置要求：网络服务器的CPU为P4/1GHz或以上，内存1GB或以上，硬盘20GB或以上，至少应有1个DVD–ROM。

客户端：同单机版主机配置要求。

2. 系统软件

系统软件包括操作系统和数据库管理系统。

（1）操作系统：表1-1列出了用友畅捷通T3软件支持的常见操作系统，并指明了每个操作系统需要安装的补丁程序，如SP2、SP4等。

表 1-1　用友畅捷通 T3 软件支持的常见操作系统

操作系统（简体中文）	服务器	客户端	单机
Windows 7（企业版和旗舰版）	不支持	支持	支持
Windows 8	支持	支持	支持

（2）数据库管理系统：会计软件采集、加工的原始数据、中间结果、最终结果等需要存储在数据库管理系统中，用友畅捷通T3软件选择了SQL Server 2000或MSDE 2000作为其数据库。MSDE 2000是SQL Server数据库的数据引擎，只提供了最基本的SQL数据库功能，缺乏对SQL数据库进行管理的许多工具，但足以支持用友畅捷通T3软件的运行。如果在Windows 7以上版本运行，需要安装SQL2005。

提示

用友畅捷通 T3 软件安装前的注意事项

1. 最好新做一个操作系统安装用友畅捷通 T3 软件，以避免一个旧的操作系统中已安装的各种软件对用友畅捷通 T3 软件的安装造成影响。

2. 安装时操作系统所在的磁盘分区剩余磁盘空间应大于 500MB，用友畅捷通 T3 软件所安装在的目标磁盘空间应大于 2GB。

3. 待安装的计算机名称中不能带有“—”或者用数字开头，最好只使用字母命名计算机，且字符数不能超过 9 个字符。修改方法：右键点桌面“我的电脑”→“属性”→“计算机名”→“更改”，按照下面提示修改，重启后即修改成功。如果计算机名称不符合要求，则先修改计算机名称再重启计算机，再安装 MSDE 2000 重启计算机，然后才能安装用友畅捷通 T3 软件，并重启计算机。

4. 用友畅捷通 T3 软件不能和用友其他版本的软件安装在同一个操作系统中。

5. 安装产品之前关闭防火墙和实时监控系统。

二、系统安装指南

安装用友畅捷通T3软件前需要先安装数据库，再安装用友畅捷通T3软件。

1. 环境检测

安装之前，要先进行环境检测，否则系统不能运行。

（1）打开安装目录，找到环境检测，双击运行“环境检测.exe”，如图1-2所示。

图 1-2 “环境检测”图标

（2）选择“环境检测”，根据检测结果选择下一步操作，全部符合，即可正常安装用友畅捷通T3软件，如图1-3所示。如果有不符合的项目，按照系统提示，进行修复。

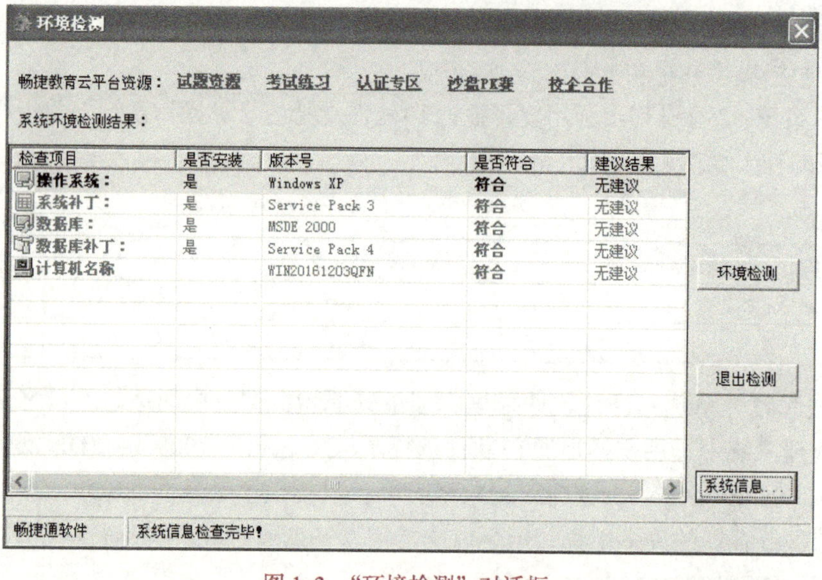

图 1-3 “环境检测”对话框

2. 安装用友畅捷通T3软件

（1）双击运行安装盘上目录下的“autorun.exe”，出现“安装”对话框。

（2）单击“T3—用友通标准版”按钮，出现“准备安装”对话框，如图1-4所示。

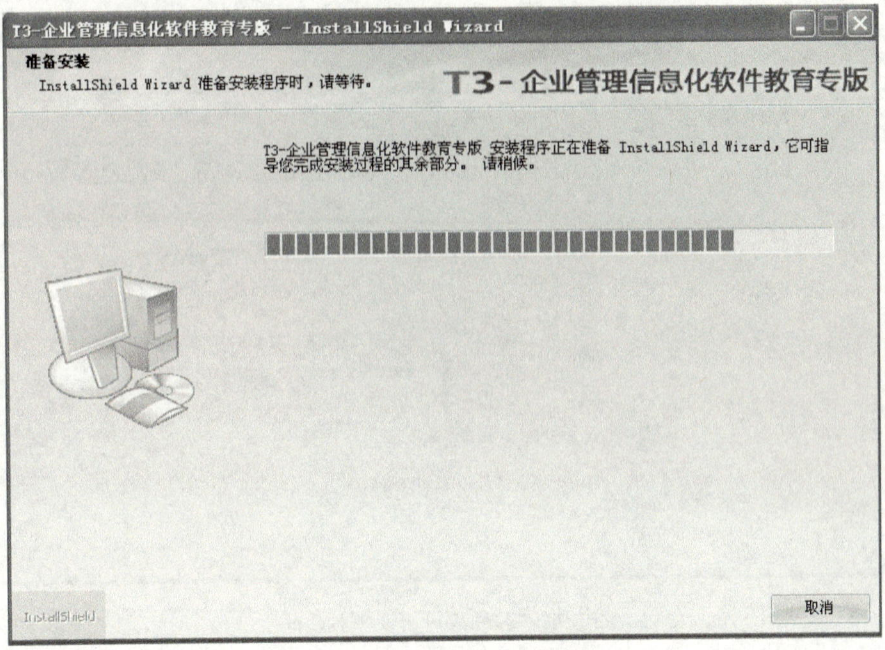

图 1-4 “准备安装”对话框

（3）在“欢迎”对话框中，单击“下一步”按钮，如图1-5所示。

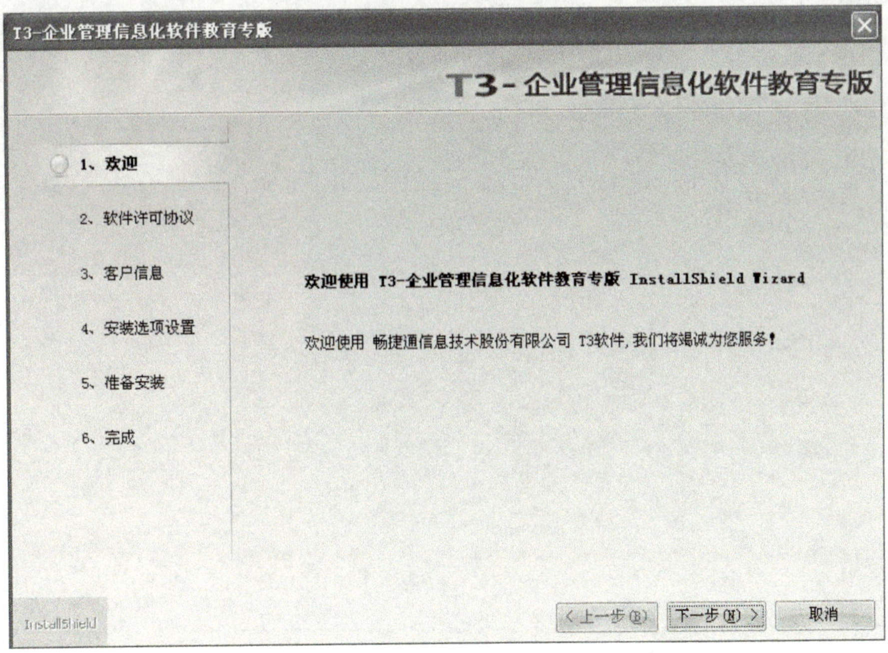

图 1-5 “欢迎”对话框

（4）单击“我接受许可证协议中的条款（A）”选项，然后单击“下一步”按钮，如图1-6

所示。

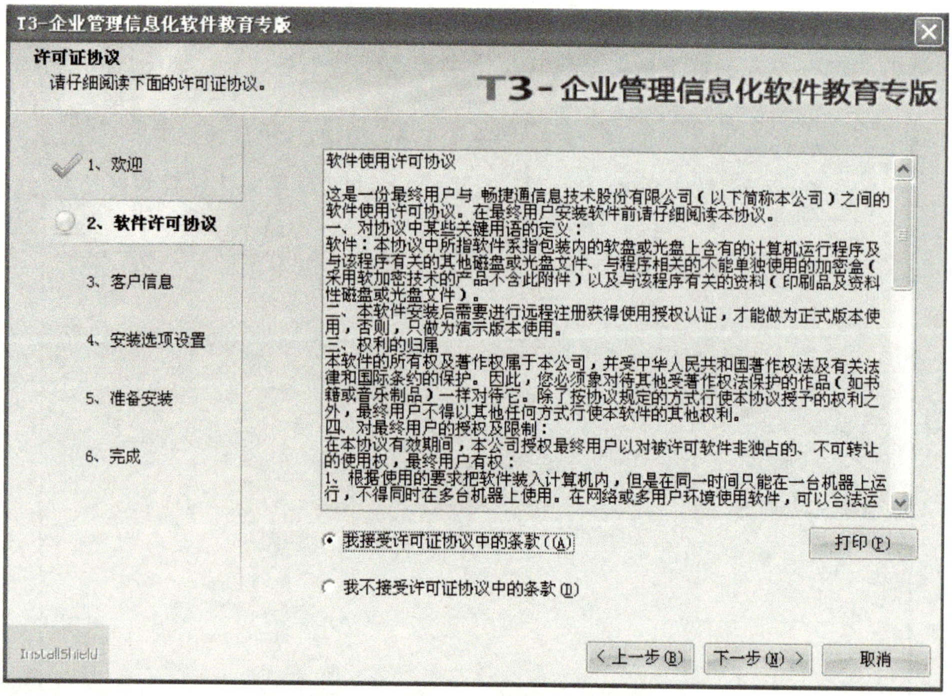

图 1-6 “软件许可协议”对话框

（5）输入用户名和公司名称，单击“下一步”按钮，如图1-7所示。

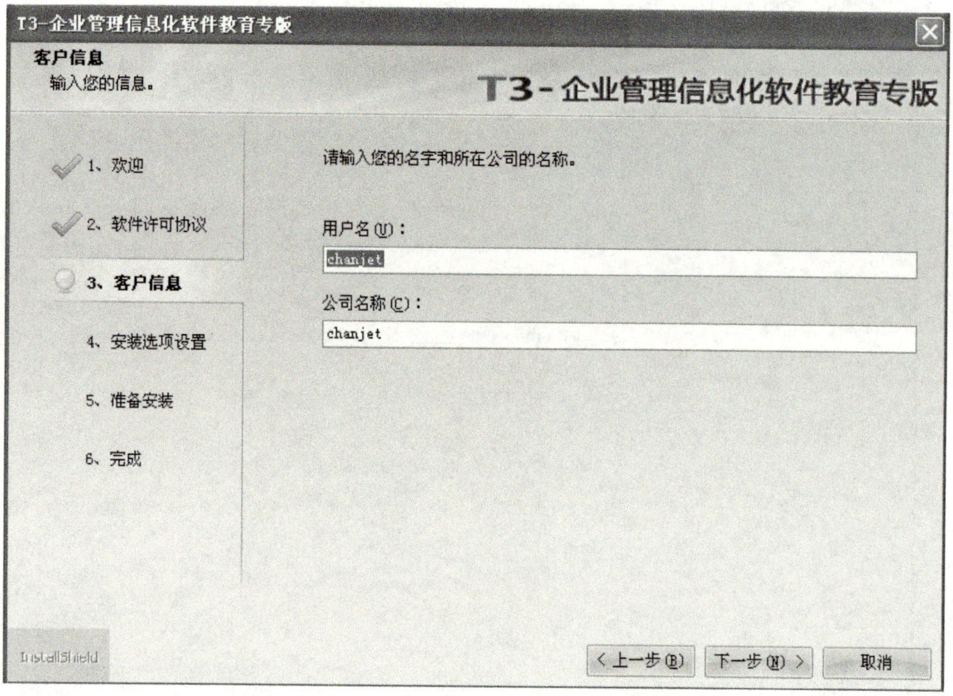

图 1-7 “客户信息”对话框

（6）选择安装软件的路径，单击“下一步”按钮，如图1-8所示。

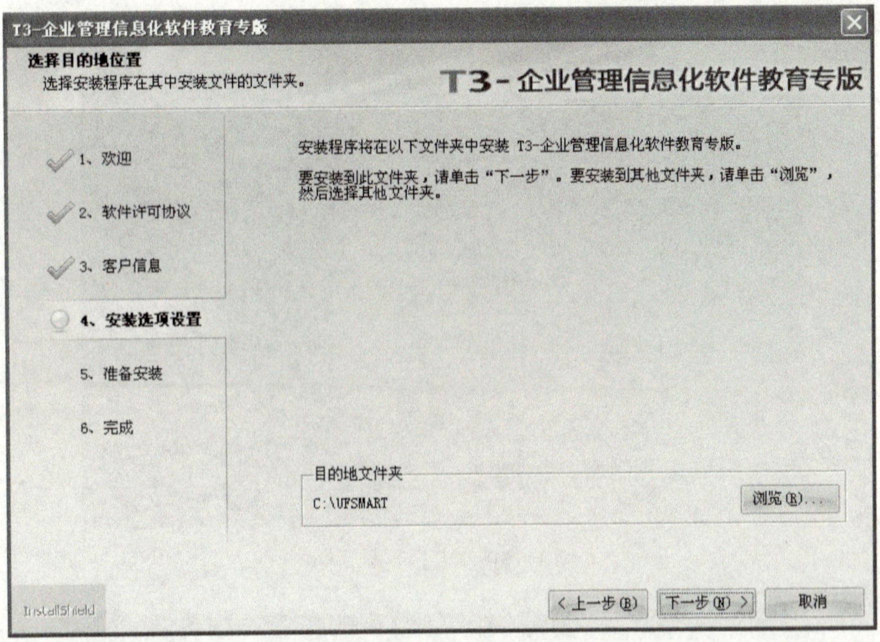

图 1-8　选择安装路径对话框

（7）选择安装产品的组件，默认安装所有组件，“客户端组件”是必须选择安装的，如果不安装“服务端组件”，则取消其前面的“√”，然后单击“下一步”按钮，如图1-9所示。

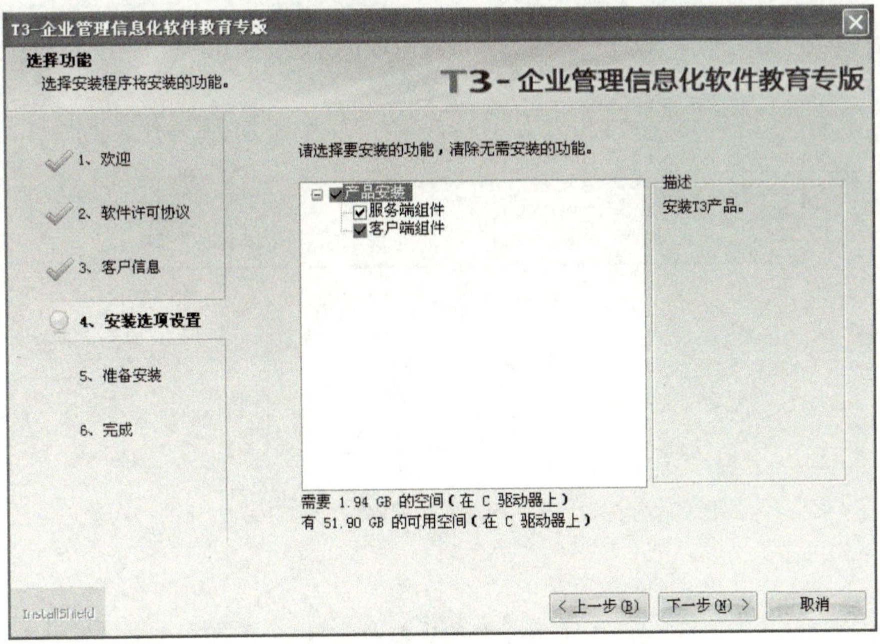

图 1-9　选择安装产品组件对话框

（8）单击“下一步”按钮进行安装，如图1-10所示。

（9）安装完成后，单击“完成”按钮，重新启动计算机，如图1-11所示。

（10）安装完成后，计算机桌面上会出现两个用友畅捷通T3软件的专有图标：“系统管理”和“T3-企业管理信息化软件教育专版”，如图1-12所示。

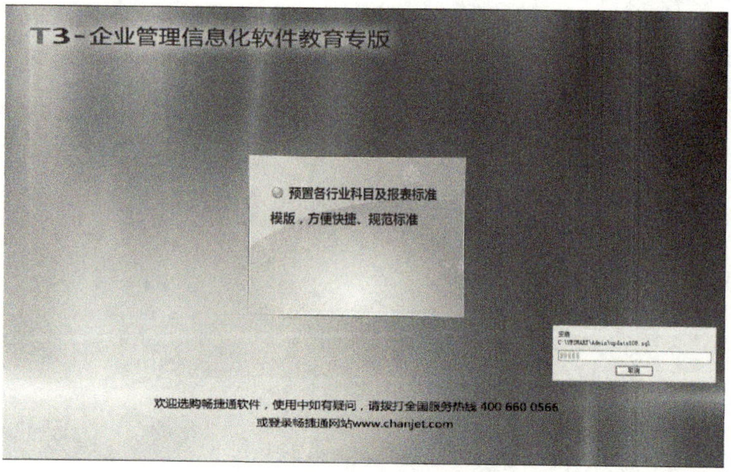

图 1-10　安装进程对话框

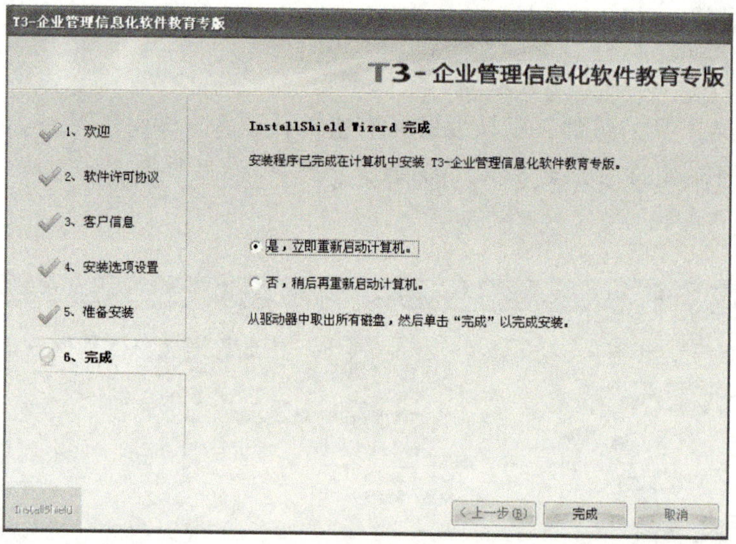

图 1-11　安装完成对话框

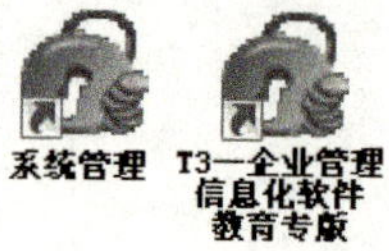

图 1-12　用友畅捷通 T3 软件的桌面图标

提示

T3 云平台的登录与使用

（1）用浏览器搜索畅捷通教育云平台，注册学员账号。

（2）使用学员账号登录云平台。

（3）单击“练习”图标，系统自动显示练习账套。

（4）进入练习账套进行上机操作。

Project 2

项目二

系统管理和初始化设置

项目综述

在财务、业务一体化管理应用模式下，用友畅捷通 T3 软件系统为各个子系统提供了一个公共平台——系统管理。通过相关初始化设置将通用的用友畅捷通 T3 软件转化为适合本企业所需的专用的会计软件。本项目主要集成了系统管理操作、初始设置操作、总账管理系统的初始化设置、固定资产管理系统的初始化设置、工资管理系统的初始化设置五个任务，并考虑其相互间的关联性和设置的先后顺序来对软件进行初始化设置，使其适应案例企业的特点和需要。

学习目标

① 掌握系统管理的设置操作及其注意事项
② 掌握基础档案的设置操作及其注意事项
③ 掌握总账初始化设置操作及其注意事项
④ 掌握固定资产管理系统设置操作及其注意事项
⑤ 掌握工资管理系统设置操作及其注意事项

素养目标

① 让学生体会到主动参与的乐趣，同时进行会计工作严谨性、规范性教育

② 通过业务操作演练，培养学生规范严谨的工作作风和优质文明服务的意识

任务一 系统管理操作

一、系统管理的内容

（一）账套管理

账套管理是指建立并管理一组相互关联的数据。一般来说，可以为企业中每个独立核算的单位建立一个账套。换句话说，在系统中可以为多个企业（或企业内多个独立核算的部门）分别建立账套。用友畅捷通T3软件允许最多建立999个账套。账套管理一般包括账套的建立、修改、删除、恢复和输出等。

（二）年度账管理

账套与年度账是两个不同的概念。一个账套中包含了企业所有的数据，把企业数据按年度分类，称为年度账。用户不仅可以建立多个账套，而且每个账套中还可以存储不同年度的年度账，这样就可以方便地对不同核算单位、不同时期的数据进行操作。

年度账管理包括年度账的建立、清空、恢复、输出和结转上年数据等。

（三）操作员及其权限管理

为了保证系统及数据的安全性与保密性，系统管理提供了操作员及其操作权限的集中管理功能。通过对系统操作分工和权限的管理，一方面可以避免与业务无关的人员进入系统，另一方面还可以对系统所包含的各个模块的操作进行协调，以保证各负其责，流程顺畅。

操作员管理包括操作员的增加、修改、删除等操作。

操作员权限管理包括操作员权限的增加、修改、删除等操作。

（四）设立统一的安全机制

对企业来说，系统运行安全、数据存储安全是必需的。设立统一的安全机制包括设置系统运行过程中的监控机制、设置数据自动备份功能和清除系统运行过程中的异常任务等。

二、启动并注册系统管理

（一）登录系统管理

操作步骤

1. 双击桌面上的“系统管理”图标，启动系统管理；或者选择“开始”→“程序”→“T3-企业管理信息化软件教育专版”→“T3”→“系统管理”命令，进入用友畅捷通T3软件“系统管理”窗口，如图2-1所示。

2. 选择“系统”→“注册”命令，系统将弹出如图2-2所示的对话框。

3. 一般使用默认服务器（若使用网络服务器，则需要修改），用户名“admin”，密码为空，即可登录系统管理。

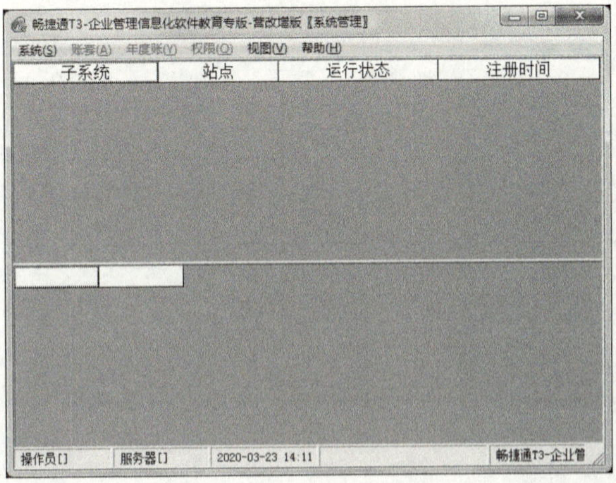

图 2-1 “系统管理”窗口

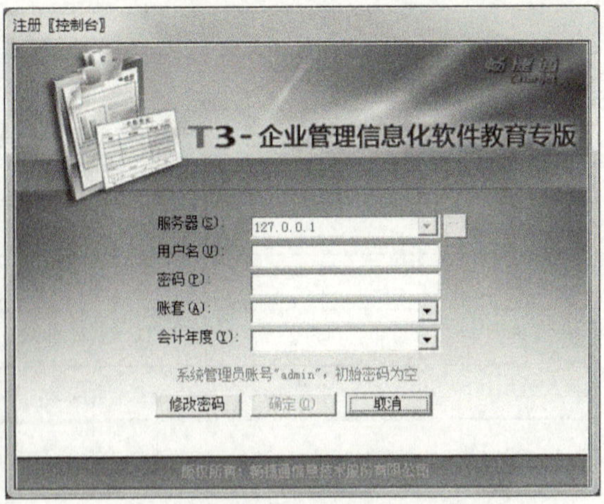

图 2-2 “注册【控制台】”对话框

提示

1. 启动系统管理的操作包括启动系统管理模块并进行注册，即登录进入系统管理模块。系统允许用户以系统管理员“admin”的身份，也可以以账套主管的身份注册进入系统管理。第一次进入系统时，“admin”的密码为空。

2. 系统管理员负责整个系统的安全运行和数据维护工作，能管理该系统中所有的账套。以系统管理员身份注册进入，可以进行账套的建立、恢复和备份，设置操作员、指定账套主管，并可以设置和修改操作员的密码及其权限等。

3. 账套主管负责所选账套的维护工作，主要包括对所选账套进行修改、功能模块启用及对年度账的管理（包括建立、清空、恢复、备份以及各子系统的年末结转和所选账套的数据备份等），以及该账套操作员权限的设置。

（二）注销与退出系统管理

1. 注销

如果需要执行新的功能并且需要以一个新的操作员身份进行注册，此时要将当前操作员从系统管理中注销，然后重新注册。在“系统管理”窗口中，选择“系统”→“注销”命令即可。

2. 退出系统管理

如果要退出系统管理，在“系统管理”窗口中，选择“系统”→“退出”命令。
注销是更换操作员的操作，退出系统管理是离开用友畅捷通T3软件系统管理功能。

三、设置操作员

例 2-1 企业的操作员及其相关权限见表 2-1，请在系统中增加相应的人员。

表 2-1　操作员及其相关权限

操作员编号	操作员姓名	功能权限
101	陈红兰	账套主管，负责审核工作
102	张丽	公用目录、总账（无出纳签字和凭证审核权力）、固定资产、工资、项目管理，负责填制凭证
103	李强	现金管理、出纳签字（总账），负责凭证的出纳签字
401	田凡	公用目录设置，采购管理，库存管理
601	宋芳	公用目录设置，销售管理，库存管理

操作步骤

1. 在系统管理窗口中，选择“权限”→“操作员”命令，打开“操作员管理”对话框，如图2-3所示。

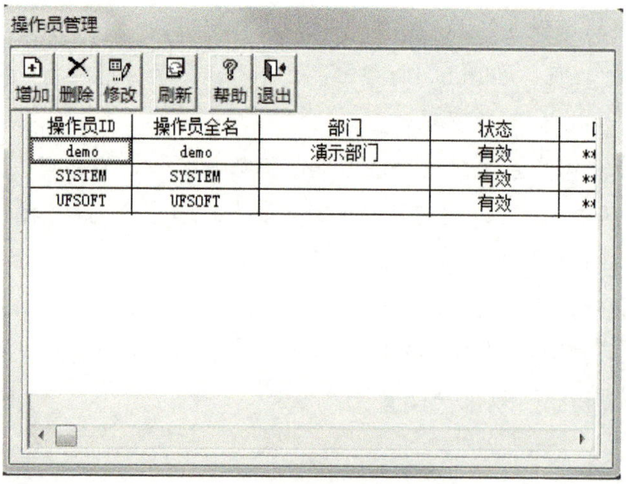

图 2-3 “操作员管理”对话框

2. 单击“增加”按钮，打开“增加操作员”对话框，如图2-4所示。

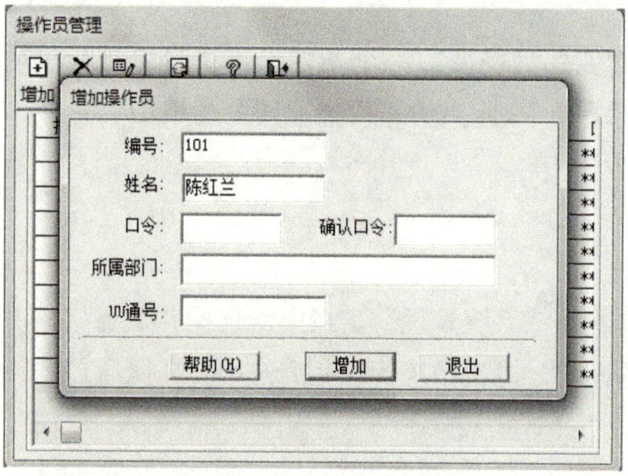

图 2-4 “增加操作员”对话框

3. 输入编号“101”，姓名“陈红兰”，口令、确认口令设置为空。

4. 单击“增加”按钮，依次增加“102”“103”“401”“601”操作员。
5. 单击“退出”按钮，增加操作员的操作完成，如图2-5所示。

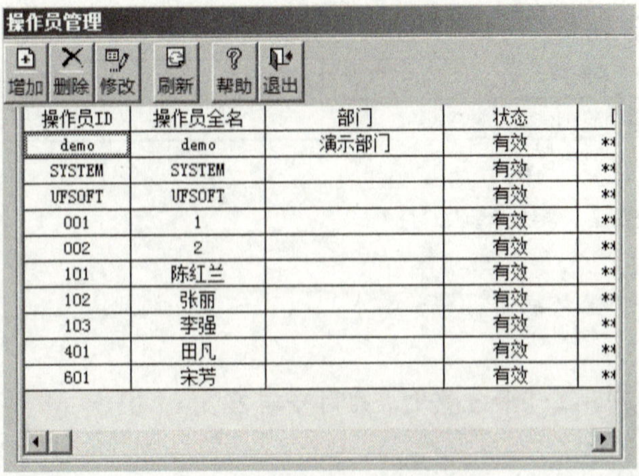

图 2-5　操作员增加完成对话框

提示

未启用的操作员可以通过“删除”功能删除。已启用的操作员不能删除，调离会计岗位的操作员可以通过“修改”功能将该操作员注销。注销后的操作员不允许再登录系统。

四、建立账套

首次使用总账系统时，应根据企业的具体情况进行账套参数设置，主要包括核算单位名称、所属行业、启用时间、编码规则等基础参数。账套参数决定了系统数据输入、处理、输出的内容和形式。账套建立只能由系统管理员进行操作。

例 2-2

1. 账套信息

账套号：666

账套名称：河北华源有限公司

采用默认路径

启用会计期：2020 年 1 月

会计期间设置：1 月 1 日至 12 月 31 日

2. 单位信息

单位名称：河北华源有限公司；单位简称：河北华源；单位地址：河北省邯郸市高新技术开发区纬十路 99 号；法人代表：郑铭；邮编：056000；联系电话及传真：0310—8070718；电子邮件：hbhy@hbhy.com；税号：130406682761420。

3. 核算类型

该企业记账本位币为人民币（RMB）；企业类型：工业；行业性质：2007 新会计准则；账套主管：陈红兰；“按行业性质预置科目”。

4. 基础信息

河北华源的基础信息见表 2-2。

表 2-2 企业基础信息表

项　　目	类　　别
存货是否分类	是
客户是否分类	否
供应商是否分类	否
有无外币核算	有

5. 分类编码方案

科目编码级次：42222，其他默认。

6. 数据精度

该企业将存货数量、单价的小数位定为 2。

7. 模块设置

启用总账、固定资产、工资管理模块，启用日期 2020-01-01。

操作步骤

1. 在“系统管理”窗口，选择“账套”→“建立”命令，系统将打开“创建账套”对话框，开始账套信息的录入，如图2-6所示，录入相关账套信息，单击“下一步”按钮。

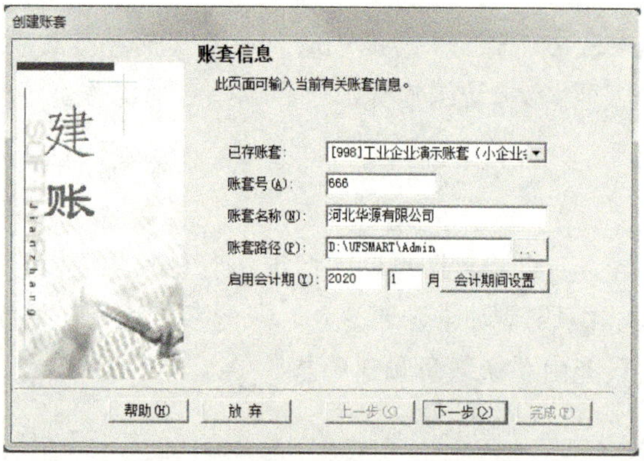

图 2-6 账套信息录入对话框

2. 在单位信息录入对话框中，分别填写单位名称、单位简称、单位地址、法人代表、联系电话、税号等相关信息，如图2-7所示，单击“下一步”按钮。

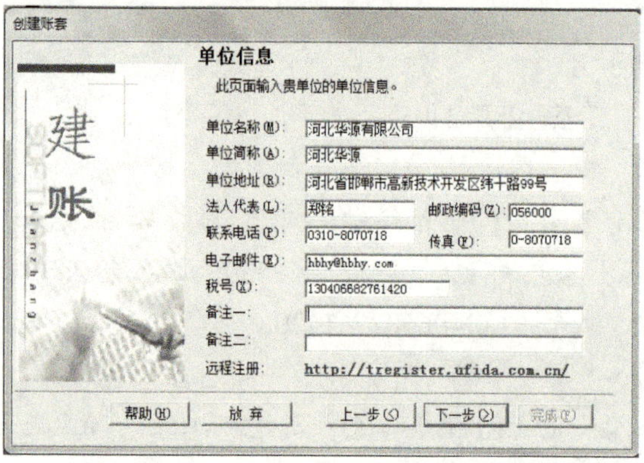

图 2-7 单位信息录入对话框

3. 在核算类型录入对话框中，设置本币代码、本币名称、企业类型、行业性质、账套主管以及是否按行业性质预置科目，如是按行业性质预置科目，则在该选项前打“√”，否则不作选择，如图2-8所示，单击“下一步”按钮。

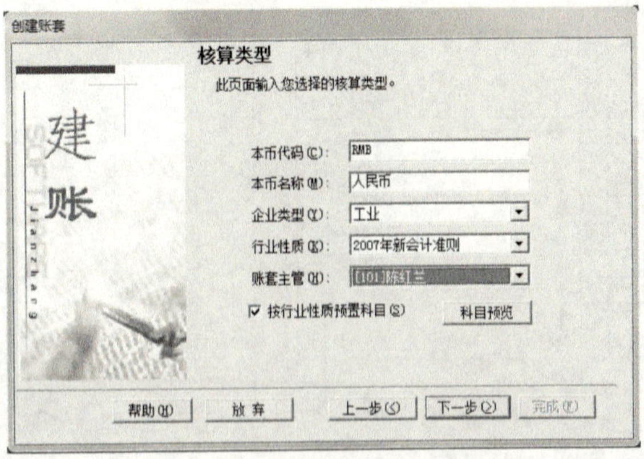

图 2-8　核算类型录入对话框

4. 在基础信息录入对话框中，对存货是否分类、客户是否分类、供应商是否分类、有无外币核算进行设置，若有分类或有外币核算，则在相应选项前打“√”，否则不作选择，如图2-9所示。单击“下一步”按钮，显示如图2-10所示对话框，单击“完成”按钮。

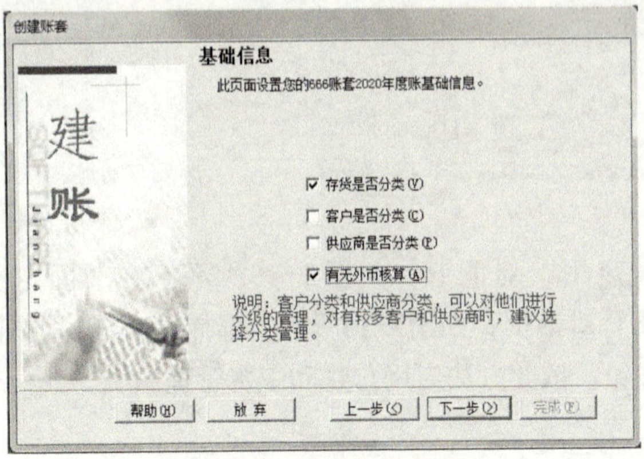

图 2-9　基础信息录入对话框

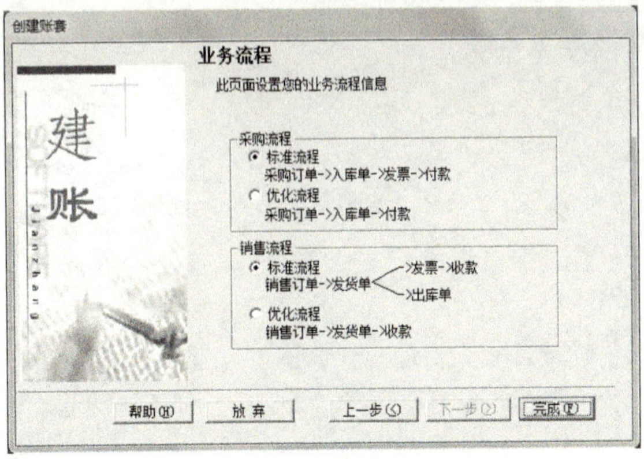

图 2-10　“业务流程”对话框

5. 账套建立完成后，系统将弹出“分类编码方案”对话框，如图2-11所示。进行编码方案设置，单击“确认”按钮。

6. 系统弹出“数据精度定义”对话框，如图2-12所示。进行数据精度设置，单击“确认”按钮完成建账。

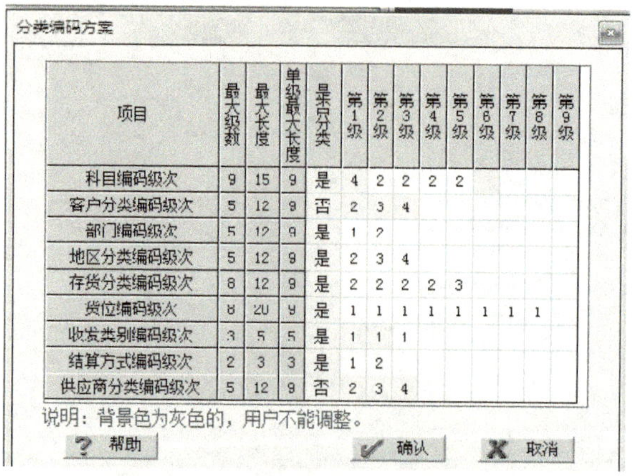

项目	最大级数	最大长度	单级最大长度	是否分类	第1级	第2级	第3级	第4级	第5级	第6级	第7级	第8级	第9级
科目编码级次	9	15	9	是	4	2	2	2	2				
客户分类编码级次	5	12	9	否	2	3	4						
部门编码级次	5	12	9	是	1	2							
地区分类编码级次	5	12	9	是	2	3	4						
存货分类编码级次	8	12	9	是	2	2	2	2	3				
货位编码级次	8	20	9	是	1	1	1	1	1	1	1	1	
收发类别编码级次	3	5	5	是	1	1	1						
结算方式编码级次	2	3	3	是	1	2							
供应商分类编码级次	5	12	9	否	2	3	4						

图 2-11 “分类编码方案”对话框

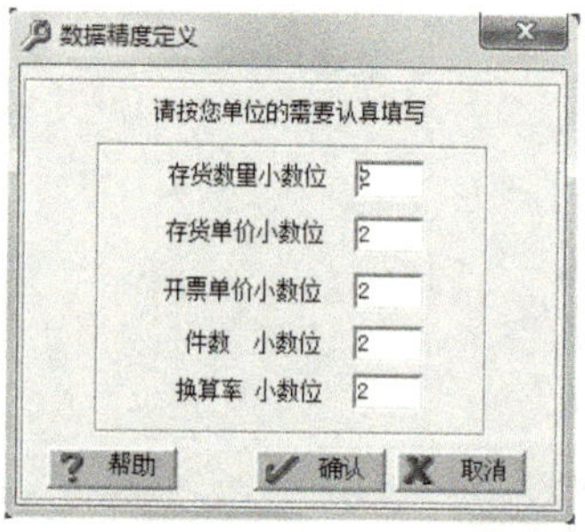

图 2-12 “数据精度定义”对话框

7. 建账完成后，系统弹出创建账套成功对话框，如图2-13所示。单击“确定”按钮后，系统自动弹出“是否立即启用账套”对话框，如图2-14所示，单击“是”按钮。

图 2-13 创建账套成功对话框

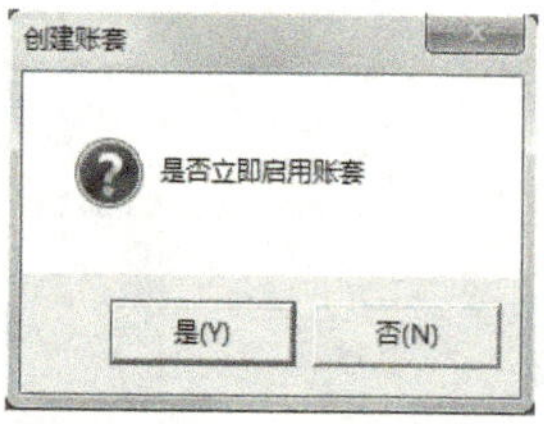

图 2-14 “是否立即启用账套”对话框

8. 系统弹出“系统启用”对话框，如图2-15所示。在“固定资产”前的选项框内打“√”，系统弹出“日历”对话框，如图2-16所示。选择2020年1月1日为固定资产管理系统启用日期，单击“确定”按钮。依此方法启用总账和工资管理系统。

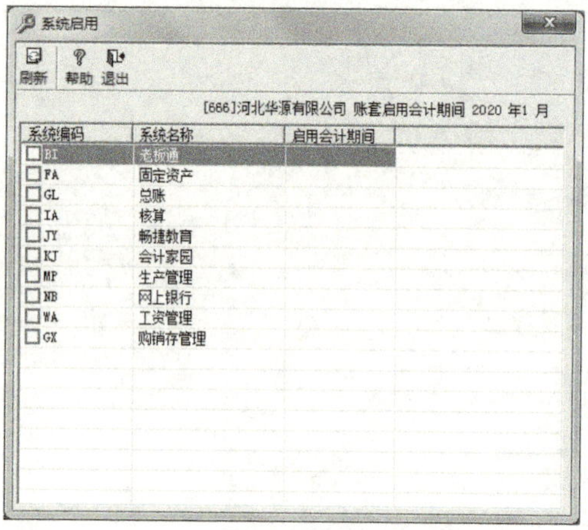

图 2-15 “系统启用”对话框

图 2-16 “日历”对话框

提示

1. 新建账套号不能与已存账套号重复。
2. 账套路径为存储数据的路径，可以修改。
3. 启用会计期不能在计算机系统日期之后。

五、操作员权限设置

操作员权限设置功能是对已设置的操作员分配系统权限，在设置操作员和建立该账套之后，可以在操作员权限设置功能中对操作员进行权限的设置。只有进行严格的操作分工和权限控制，才有可能避免与业务无关的人员对系统进行操作，协调系统所含各个子系统的操作，保证系统安全运行。

例2-3有关操作员权限的相关资料见表2-1，请设置相关操作员的权限。

操作步骤

1. 在“系统管理”窗口，选择“权限”→“权限”命令，打开“操作员权限”对话框，如图2-17所示。

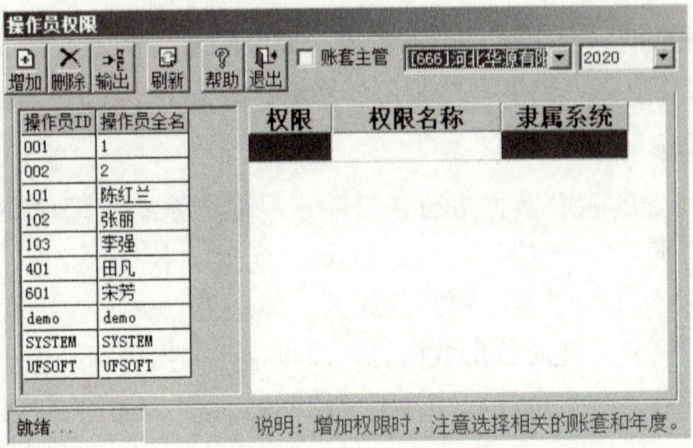

图 2-17 “操作员权限”对话框

2. 在操作员区域选择“102张丽”，再选择对应的账套号“[666]河北华源有限公司”，之后单击“增加”按钮，打开“增加权限—[102]”对话框，如图2-18所示。该对话框左边显示的是产品分类信息，右边显示的是明细权限信息，根据不同操作员的不同权限进行相应的设置。对于“102张丽”的设置，需要在左边选择（双击）公用目录、总账（在右边去掉出纳签字和凭证审核权限）、固定资产、工资、项目管理选项，然后单击“确定”按钮。

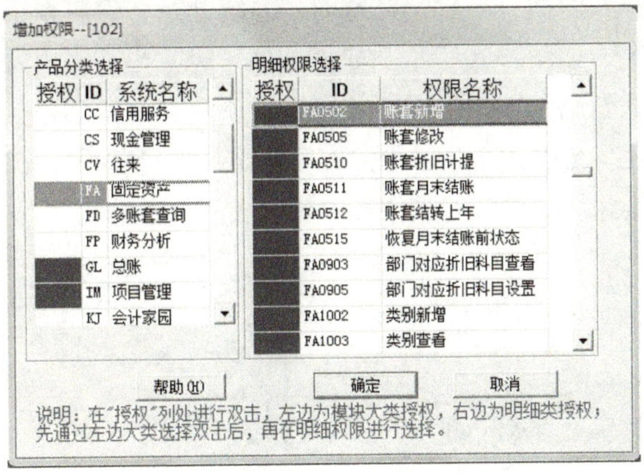

图 2-18 “增加权限—[102]”对话框

同理，设置“103李强”的操作权限为：现金管理、总账—出纳签字；“401田凡”的操作权限为：公用目录设置、采购管理、库存管理；“601宋芳”的权限为公用目录设置、销售管理、库存管理。

提示

1. 在“增加权限”对话框中，单击第一个权限前的复选框，可以显示该权限的明细权限，也可以根据需要增加或修改明细权限。

2. 在操作员权限设置中，只有系统管理员和该账套的主管才有权进行权限设置，但两者的权限有所区别。系统管理员可以指定任意账套的账套主管，还可以对各个账套的操作员进行权限设置；而账套主管只可以对所管辖账套的操作员进行权限设置。

3. 一个账套可以设定多个账套主管，账套主管自动拥有该账套的所有权限。

六、账套管理和年度账管理

账套管理一般应该具有建立账套、修改账套、删除账套、恢复账套、输出账套等功能，年度账管理主要包括建立年度账、年度账的输出和恢复、结转年度数据、清空年度账等功能。

（一）输出和删除账套

输出账套是指将所选的账套数据进行备份输出，对于系统管理员来说，定时地将企业数据备份输出并存储到不同的介质上（常见的如U盘、光盘、本地磁盘等），对保证数据的安全性是非常重要的。如果企业由于不可预知的原因（如地震、火灾、计算机病毒、人为误操作等），需要对数据进行恢复，此时备份数据就可以将企业的损失降到最小。当然，对于异地管理的公司，此种方法还可以解决审计和数据汇总的问题。具体应用时，各个企业应根据自身的实际情况加以调整。

由于财务数据的重要性，在删除账套时，系统强制输出备份，因此系统将删除账套和备份账套的功能集成在一起，即在输出账套时选择是否同时删除。

操作步骤

以系统管理员admin的身份登录系统管理，选择“系统”→“账套”→“备份”命令，打开“账套输出”对话框，如图2-19所示。选择要输出的账套号，对于“删除当前输出账套”选项，如果要删除的话，在其前面打“√”，此时，系统开始备份。系统备份完成后，要求选择所要备份到的目标文件夹，如图2-20所示。如果选择“删除当前输出账套”选项，系统备份完成后弹出“真的删除该账套吗？”对话框，如图2-21所示，单击“是”或“否”按钮；如果未选择“删除当前输出账套”选项，系统备份完成后弹出“硬盘备份完毕！”对话框，如图2-21b所示，单击“确定”按钮。最后在对应文件夹中会生成两个备份文件，如图2-21c所示。

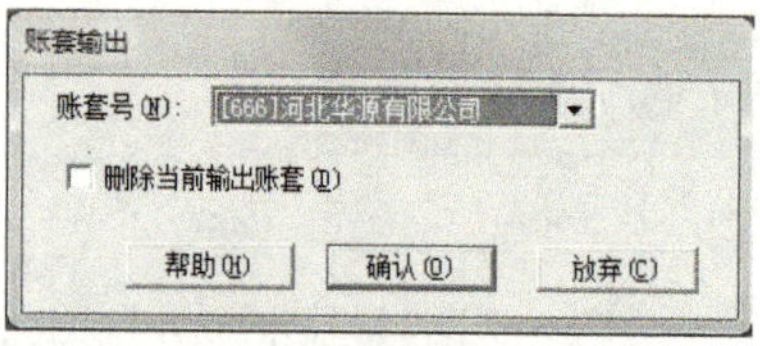

图 2-19 “账套输出”对话框

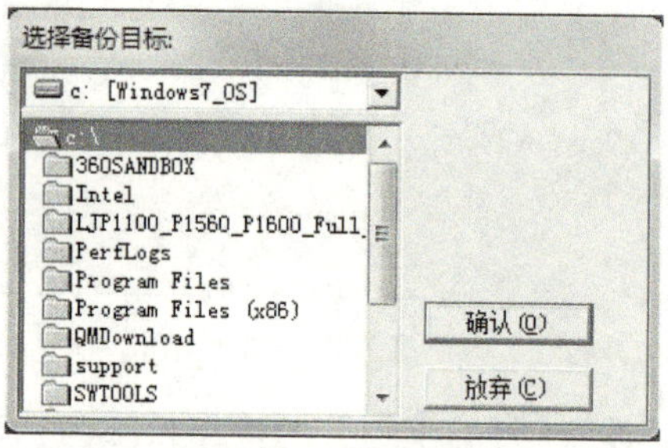

图 2-20 “选择备份目标”对话框

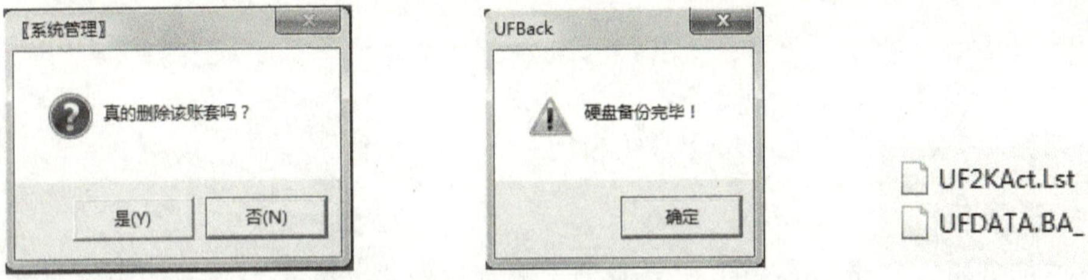

a） b） c）

图 2-21 备份后弹出的对话框及相关文件

（二）恢复账套

恢复账套是指把U盘或光盘等存储介质中的备份数据导入到系统中，即利用现有数据进行恢复。

恢复备份数据会将硬盘中现有的数据覆盖，因此，如果没有发现数据被破坏，不要轻易进行数据恢复。

操作步骤

以系统管理员admin的身份登录系统管理，选择“账套”→“恢复”命令，打开“恢复账套数据”窗口，如图2-22所示。选择要恢复的备份文件，单击“打开”按钮，此时，如果原系统中存在相同账套，则系统会弹出“此项操作将覆盖[666]账套当前的所有信息，继续吗？”对话框，如图2-23所示。单击“是”按钮，进入账套数据导入过程。恢复账套完成后系统弹出“账套[666]恢复成功！”对话框，如图2-24所示，单击“确定”按钮即完成恢复。

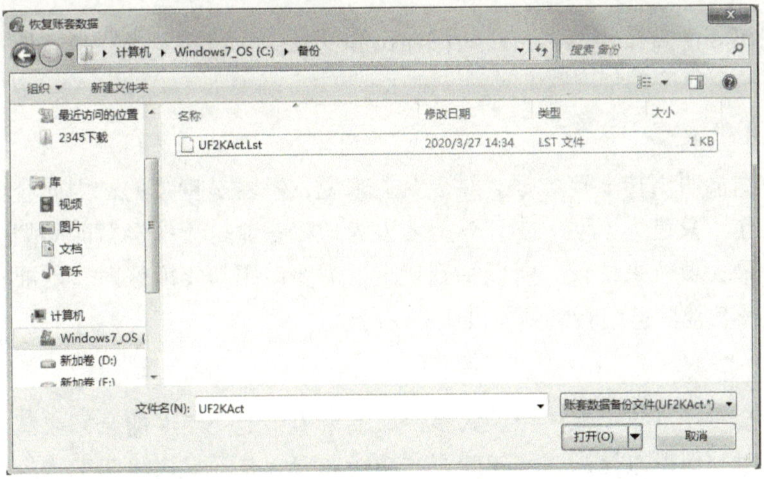

图 2-22 “恢复账套数据”窗口

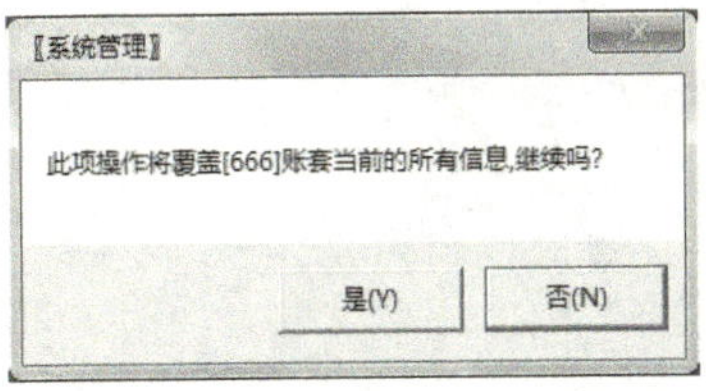

图 2-23 “是否覆盖”对话框

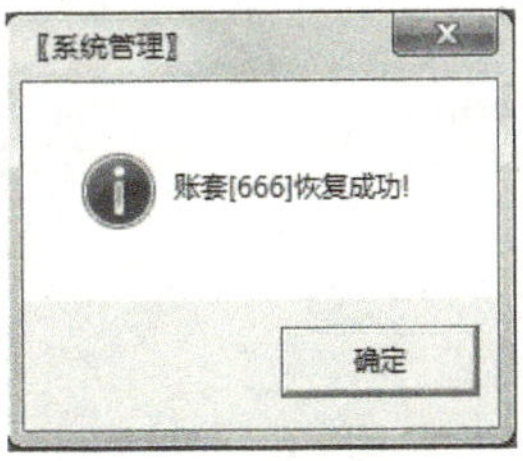

图 2-24 “账套 [666] 恢复成功！”对话框

提示

1. 只有系统管理员才可以删除账套。
2. 在删除账套时，必须关闭所有系统模块。

（三）修改账套

当系统管理员建立完成账套和账套主管建立完成年度账后，在未使用相关信息的基础上，需要对某些信息进行调整，以便使信息更真实、准确地反映企业的相关内容时，可以进行适当调整。只有账套主管可以修改其权限内的年度账套中的信息，系统管理员无权修改。

以账套主管身份注册进入系统管理后，单击菜单下的“账套”按钮，可以修改账套名称和单位信息。在信息没有被使用的情况下，可以修改账套分类信息和数据精度信息。

在账套的使用过程中，可以修改本年度未启用的会计期间的开始日期和终止日期。使用该会计期间的模块均需要根据修改后的会计期间来确认所在的正确期间。应注意，只有账套主管才有权限修改相应账套。

（四）建立年度账

账套和年度账是有区别的，账套是年度账的上一级，由年度账组成；一个系统可以有多个账套。使用这种两层式结构便于企业管理，如进行账套的上报、进行跨年度数据管理结构的调整等；方便数据备份的输出和恢复；减少数据的负担，提高应用效率。

用户首先要以账套主管的身份注册，注册时间为新年度的前一年，选定需要进行建立的新年度账套和上年的时间，进入系统管理窗口；利用年度账中的建立功能建立新的年度账。

（五）年度账的输出和恢复

年度账的输出和恢复操作流程与账套的输出和恢复操作流程基本相似，所不同的是年度账操作的对象是某一个年度的年度账。

（六）结转年度数据

结转年度数据又叫结转上年数据。对于企业来说，经营是持续的，因此企业的日常工作是一项连续性的工作，只是为了便于统计分析才人为地将企业持续的经营时间划分为一定的时间段。一般以年为最大单位来统计，所以每到年末，需要启用新年度账时，就要将上一年度中的相关模块的余额及其他信息结转到新年度中。

（七）清空年度账

有时，用户会发现某年度账中错误太多，或不希望将上一年度的余额或其他信息全部结转到下一年度，这时，便可以使用清空年度账的功能。清空并不是指将年度账的信息全部清空，而是要保留部分信息，主要有基础信息、系统预置的科目报表等。保留这些信息主要是为了方便用户使用清空后的年度账重新做账。

任务二 初始设置操作

初始设置是系统在进行日常业务处理之前应进行的一系列准备工作，包括手工准备阶段，即通常所说的系统初始化。系统初始化是指将通用会计软件转化成适合本单位使用的专用的会计软件，将手工会计业务数据移植到计算机等一系列准备工作，是使用会计软件的基础。系统初始化工作的好坏，直接影响到会计信息化工作的效果。

一、基础设置

基础设置的内容有基本信息、机构设置、往来单位、存货、财务、收付结算、购销存、单据设计等。其中，基本信息包括编码方案和数据精度；机构设置包括部门设置和职员档案设置；往来单位包括客户分类、客户档案、供应商分类、供应商档案、地区分类；存货包括存货分类和存货档案；财务包括会计科目、凭证类别、项目目录、外币种类；收付结算包括结算方式、付款条件和开户银行；购销存包括仓库档案、收发类别、采购类型、销售类型、产品结构、成套件、费用项目、发运方式、货位档案、非合理损耗类型；单据设计包括单据格式和单据编号。

二、机构设置

机构设置包括部门档案设置和职员档案设置。

（一）部门档案设置

部门档案是设置会计科目中要进行部门核算的部门名称，以及要进行个人核算的往来个人所属部门。部门档案设置的内容包括部门编码、名称、负责人和部门属性等。

例2-4河北华源有限公司的部门档案资料，见表2-3。要求在系统中对该公司的部门档案进行设置。

表2-3 部门档案资料

编码	名称	部门属性
1	经理办公室	管理
2	财务处	财务
3	人事处	管理
4	供应处	采购
5	生产车间	生产
501	一车间	生产
502	二车间	生产
6	销售部	销售
601	销售一部	销售
602	销售二部	销售

操作步骤

1. 双击桌面上的“T3-企业管理信息化软件教育专版”图标，弹出“注册【控制台】”对话框，如图2-25所示。

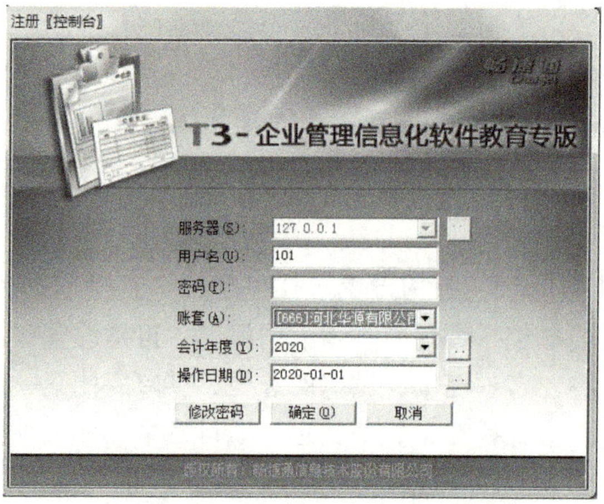

图 2-25 “注册【控制台】”对话框

2. 在“用户名”中输入账套主管编号“101”，按<Enter>键，密码为空，再按<Enter>键。

3. 账套选择“[666]河北华源有限公司”。

4. 操作日期改为“2020-01-01”。

5. 单击“确定”按钮，进入“畅捷通T3-企业管理信息化软件教育专版-营改增版”窗口，如图2-26所示。

6. 选择菜单中的“基础设置”→“机构设置”→“部门档案”命令，打开“部门档案”窗口，如图2-27所示。

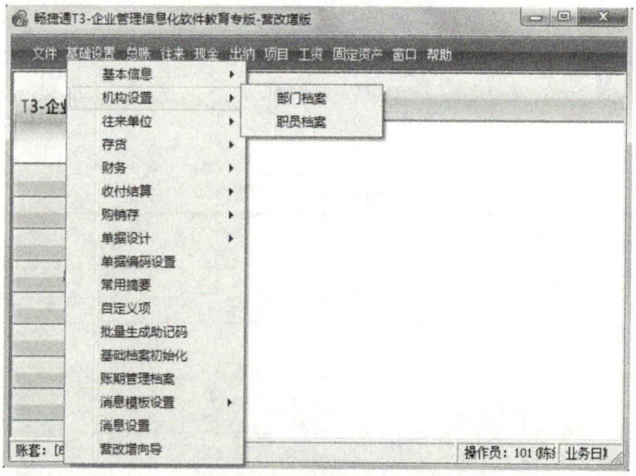

图 2-26 “畅捷通 T3- 企业管理信息化软件教育专版 - 营改增版”窗口

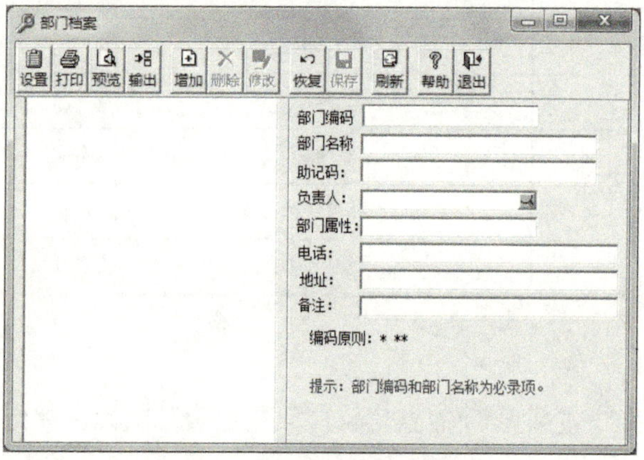

图 2-27 “部门档案”窗口

7. 单击“增加”按钮，输入部门编码“1”，部门名称“经理办公室”，单击“保存”按钮。

8. 重复第7步操作，完成相关部门的设置，结果如图2-28所示。

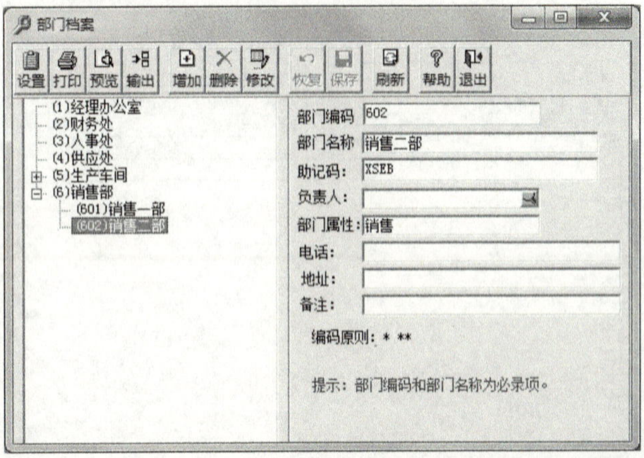

图 2-28　部门档案设置完成窗口

提示

1. 部门档案编码必须符合编码原则。
2. 部门档案资料一旦被使用将不能被修改或删除。

（二）职员档案设置

职员档案主要用于登记本单位职员的信息资料，设置职员档案可以方便地进行个人往来核算和管理等操作。职员档案设置的内容包括职员编码、职员名称、所属部门、职员属性等。

例 2-5 河北华源有限公司的职员档案资料，见表2-4。要求在系统中对该公司的职员档案进行设置。

表 2-4　职员档案资料

职员编号	职员名称	所属部门	职员属性
101	郑铭	经理办公室	管理人员
201	陈红兰	财务处	管理人员
202	张丽	财务处	管理人员
203	李强	财务处	管理人员
401	田凡	供应处	采购人员
402	赵小明	供应处	采购人员
403	张敏	供应处	采购人员
501	韩达	一车间	生产人员
502	张若飞	一车间	生产人员
503	冯兴岩	二车间	生产人员
504	胡佳新	二车间	生产人员
601	宋芳	销售一部	销售人员
602	刘子鸣	销售一部	销售人员
603	吴少鹏	销售二部	销售人员
604	杨静杰	销售二部	销售人员

操作步骤

1. 在用友畅捷通T3软件窗口，选择“基础设置”→“机构设置”→“职员档案”命令，打开“职员档案”窗口，如图2-29所示。

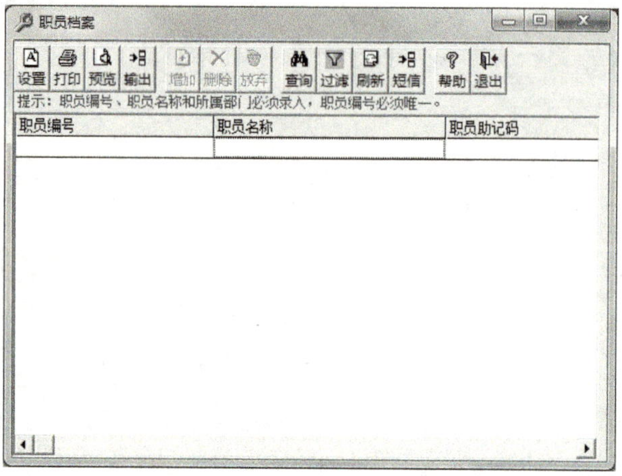

图 2-29 “职员档案”窗口

2. 输入职员编号“101”，职员名称“郑铭”；在“所属部门”栏，单击“参照”按钮，选择“经理办公室”，也可以直接输入“经理办公室”；职员属性输入“管理人员”。
3. 单击“增加”按钮，输入下一个职员的相关信息，方法同上。
4. 输入完毕，结果如图2-30所示，单击“退出”按钮。

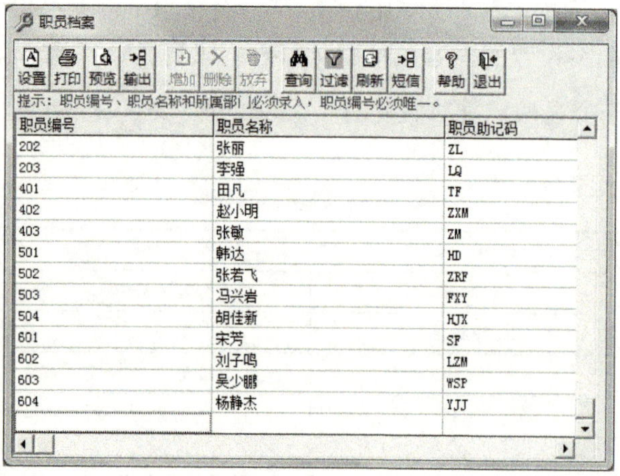

图 2-30 职员档案设置完成窗口

提示

1. 录入全部职员档案后，必须单击“增加”按钮（或按<Enter>键），增加新的空白行。否则，最后一个职员档案将无法保存。

2. 职员档案资料一旦被使用将不能被修改或删除。

三、往来单位设置

往来单位设置包括地区分类、客户分类、供应商分类、客户档案、供应商档案的设置。

（一）地区分类设置

企业可以从自身的管理需求出发对客户、供应商的所属地区进行相应的分类，建立地区分类体系，以便对业务数据进行统计、分析。采购管理、销售管理、库存管理和应收、应付款管理系统都会用到地区分类。地区分类最多有五级，企业可以根据实际情况进行设计。

操作步骤

1. 在用友畅捷通T3软件窗口，选择“基础设置”→“往来单位”→“地区分类”命令，打开“地区分类”窗口，如图2-31所示。

2. 单击“增加”按钮，输入相关信息，然后单击“保存”按钮。

3. 重复第2步，完成相关设置。

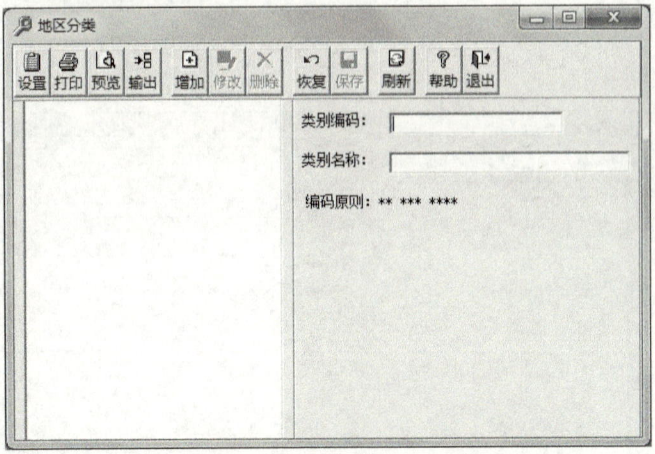

图 2-31 “地区分类”窗口

（二）客户分类、供应商分类设置

客户分类、供应商分类是指按照客户、供应商的某种属性或某种特征，将客户、供应商进行分类管理。企业可以从自身的管理需求出发选择分类方式，以便于对业务数据进行分类。

建立起客户分类、供应商分类后，必须将客户设置在最末级的客户分类、供应商分类之下。如果在建账时选择了客户分类、供应商分类，就必须先建立客户分类、供应商分类档案，增加具体的客户、供应商档案；若对客户、供应商没有进行分类管理的需要，可以直接建立客户、供应商档案。

操作步骤

1. 客户分类设置步骤：

（1）在用友畅捷通T3软件窗口中，选择“基础设置”→“往来单位”→“客户分类”命令，打开“客户分类”窗口，如图2-32所示。

（2）单击“增加”按钮，输入相关信息，然后单击“保存”按钮。

（3）重复第2步，完成相关设置。

2. 供应商分类设置步骤：

（1）在用友畅捷通T3软件窗口中，选择“基础设置”→“往来单位”→“供应商分类”命令，打开“供应商分类”窗口，如图2-33所示。

（2）重复第2步，完成相关设置。

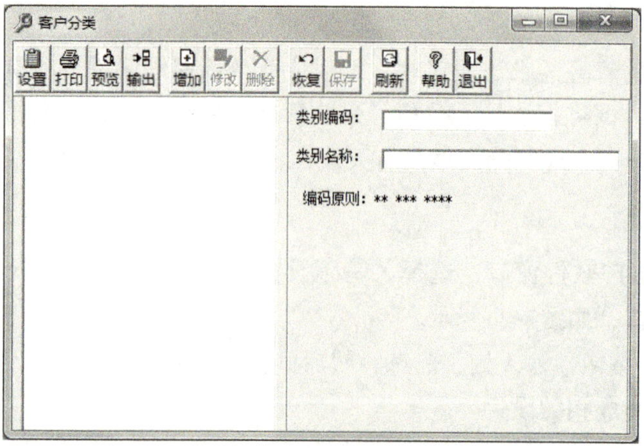

图 2-32 “客户分类”窗口

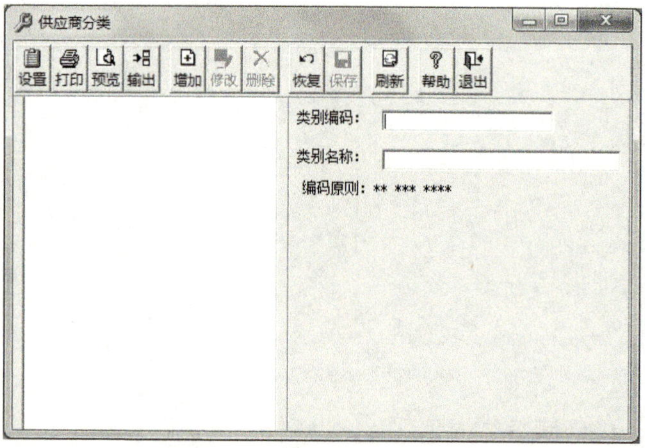

图 2-33 “供应商分类”窗口

（三）客户档案、供应商档案设置

企业如果需要进行往来管理，那么必须将企业中客户、供应商的详细信息录入客户档案、供应商档案中。建立客户档案、供应商档案直接关系到客户、供应商数据的统计、汇总和查询等分类处理工作。客户档案、供应商档案主要包括编码、名称、简称、所属分类地区等基本信息和联系方式、信用等级等其他信息。

例 2-6

1. 河北华源有限公司的客户档案资料，见表 2-5。要求在系统中对该公司的客户档案进行设置。

表 2-5 客户档案资料

编 号	客户名称	简 称	税 号	开户银行	银行账号	发展日期
001	山东全安公司	山东全安	14000256	工行泰安支行	1010252	2017-10-30
002	武汉天源公司	武汉天源	26115828	中行武汉支行	2254761	2016-05-10
003	广东宝远公司	广东宝远	29663299	工行珠海支行	3426129	2018-08-03

2. 河北华源有限公司的供应商档案资料，见表2-6。要求在系统中对该公司的客户档案进行设置。

表2-6 供应商档案资料

编号	供应商名称	简称	税号	开户行	银行账号	发展日期
001	河北永太公司	河北永太	13041654	建行石家庄支行	123456	2017-08-16
002	南京高能公司	南京高能	26587094	工行南京分行	658715	2015-06-28
003	海南明润橡胶厂	海南明润	3406158	招行海口支行	268792	2016-05-13
004	山西煤化集团	山西煤化	1952366	农行长治支行	249713	2014-12-25

操作步骤

1. 客户档案设置步骤：

（1）在用友畅捷通T3软件窗口中，选择“基础设置”→“往来单位”→“客户档案”命令，打开“客户档案”窗口，如图2-34所示。

（2）单击“增加”按钮，弹出“客户档案卡片”对话框，如图2-35所示，输入相关信息，然后单击“保存”按钮。

（3）重复第2步，完成相关设置，然后单击“退出”按钮。

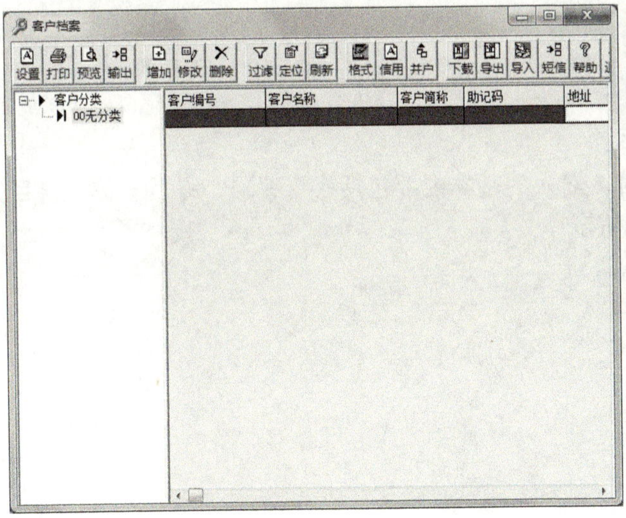

图2-34 “客户档案”窗口

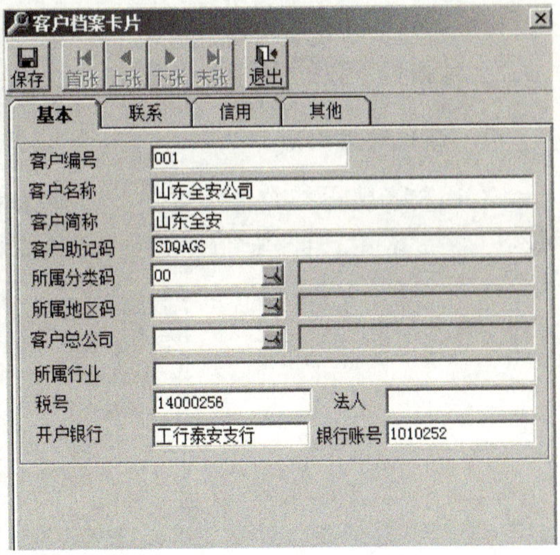

图2-35 “客户档案卡片”对话框

2. 供应商档案设置步骤：

（1）在用友畅捷通T3软件窗口中，选择“基础设置”→“往来单位”→“供应商档案”命令，打开“供应商档案”窗口，如图2-36所示。

（2）单击“增加”按钮，弹出“供应商档案卡片”对话框，如图2-37所示，输入相关信息，然后单击“保存”按钮。

（3）重复第2步，完成相关设置，然后单击“退出”按钮。

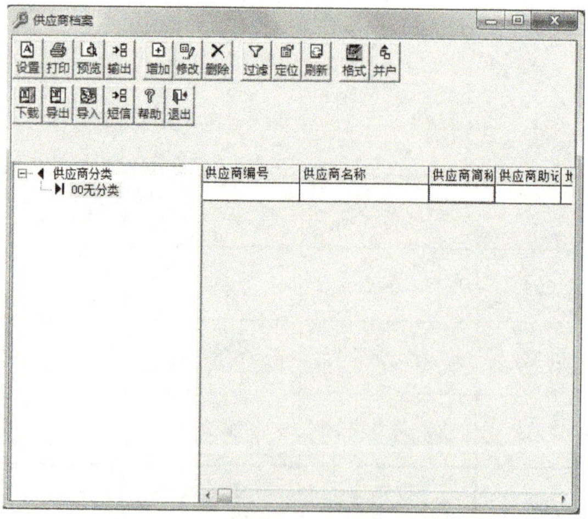

图 2-36 “供应商档案”窗口

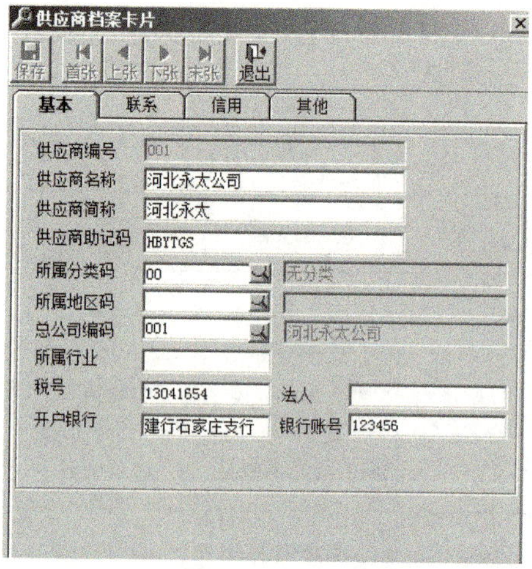

图 2-37 “供应商档案卡片”对话框

四、财务设置

财务设置包括会计科目、凭证类别、项目目录、外币种类的设置。

（一）会计科目设置

设置会计科目是会计工作的重要内容之一，是用户在总账系统中把会计核算和会计管理中所需要的会计科目进行设置，可以分门别类地反映企业经济业务核算资料，为登记账簿、编制财务会计报表奠定基础，为经营管理者提供详细、总括的核算信息以便做出经营决策，制订经营目标。

会计科目设置的内容包括建立会计科目、修改和删除会计科目、指定会计科目等。

1. 建立会计科目

在用友畅捷通T3软件中建立会计科目时，输入的基本内容包括科目编码、科目名称、科目类型、账页格式、助记码等项目，如图2-38所示。

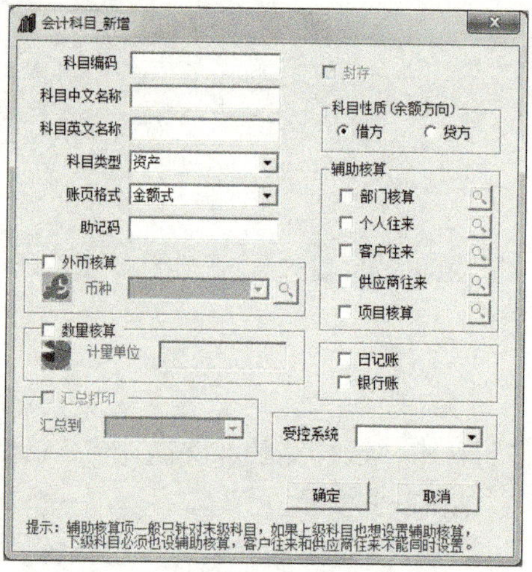

图 2-38 “会计科目_新增”对话框

若所用的会计科目与所选行业会计制度规定的一级会计科目基本一致，则可在建立账套时选择按行业性质预置科目，这样在会计科目初始设置时，只需要对会计科目进行适当的修改即可。如果所使用的会计科目与所选行业会计制度规定的科目相差较多，则可在系统初始设置时不选择按行业性质预置科目，这样可以根据企业自身需要自行设置全部会计科目。

（1）会计科目编码。会计科目编码按照科目编码规则进行。在对会计科目编码时，一般应遵守以下原则：

1）唯一性。每个编码必须唯一地标识某一个科目，不可重复。

2）统一性。所有会计科目的编码标准必须遵守统一的编码方案。

3）扩展性。编码既要适应企业当前核算的要求，又要考虑将来业务发展的变化，在设计编码时应注意保留一些空间，以方便将来科目的增减变动。

（2）会计科目名称。从会计软件的要求来看，企业所使用的会计科目的名称可以是汉字、英文字母、数字等符号，但不能为空。

（3）科目类型。按照国家统一的会计准则制度要求，会计科目按其性质划分为资产类、负债类、共同类、所有者权益类、成本类和损益类六种类型。用户可以选择一级会计科目所属的科目类型。如果增加的是二级或以下会计科目，则系统将自动与其一级会计科目类型保持一致，用户不能更改。

（4）账页格式，用于定义该会计科目在账簿打印时的默认打印格式。一般可以分为普通三栏式、数量金额式、外币金额式等格式。当会计科目有数量核算时，账簿格式设置为“数量金额式”；当会计科目有外币核算要求时，账簿格式设置为“外币金额式”。

（5）外币核算，用于设定该会计科目核算是否有外币核算。

（6）数量核算，用于设定该会计科目是否有数量核算。如果有数量核算，则需设定数量计量单位。

（7）余额方向，用于定义该会计科目余额默认的方向。一般情况下，资产类、成本类、费用类会计科目的余额方向为借方，负债类、权益类、收入类科目的余额方向为贷方。

（8）辅助核算，用于设置会计科目是否有辅助核算。辅助核算的目的是实现对会计数据的多元分类核算，为企业提供多样化的信息。辅助核算一般包括部门核算、个人往来核算、客户往来核算、供应商往来核算、项目核算等。辅助核算一般设置在末级科目上。某一会计科目可以同时设置多种相容的辅助核算。

（9）日记账和银行账，用于设置会计科目是否有日记账、银行账核算要求。

2. 修改和删除会计科目

如果需要对原有会计科目的某些项目进行修改，如账页格式、辅助核算等，可以通过修改功能完成。如果需要删除原有会计科目，可通过删除功能完成。若要修改和删除某会计科目，应先选中该会计科目。

修改或删除会计科目时，应遵循“自下而上”的原则，即先修改或删除下一级科目，然后再修改或删除本级科目。

修改或删除已经输入余额的会计科目时，必须先删除本级及其下级科目的期初余额（改为零），才能修改或删除该科目。

会计科目一经使用（即已经输入凭证）则不允许修改或删除，也不允许作科目升级处理，此时，只能增加同级科目，而不能在该科目下增设下级科目。

3. 指定会计科目

指定会计科目是指定出纳专管的科目。指定科目后才能执行出纳签字以及查询现金、银行存款日记账等操作，从而实现现金账、银行账管理的保密性。

在指定现金科目、银行科目之前，应在建立“库存现金”“银行存款”会计科目时选中“日记账”复选框。

指定现金流量科目的目的是在编制现金流量表时，可利用报表函数取得相应的财务数据。所以在录入凭证时，对指定为现金流量的科目，系统会自动弹出窗口要求指定当前录入分录的现金流量项目。

例 2-7 河北华源公司的会计科目表，见表 2-7。要求在系统中对该公司的会计科目进行设置。

表 2-7 会计科目表

类别	科目编号	科目名称	方向	辅助账类型	计量单位	账页格式
资产	1001	库存现金	借	日记账		金额式
资产	1002	银行存款	借	日记账、银行账		金额式
资产	100201	建行存款	借	日记账、银行账		金额式
资产	100202	中行存款	借	日记账、银行账、外币核算	美元	金额式
资产	1012	其他货币资金	借			金额式
资产	1101	交易性金融资产	借			金额式
资产	110101	成本	借			金额式
资产	110102	公允价值变动	借			金额式
资产	1121	应收票据	借	客户往来		金额式
资产	1122	应收账款	借	客户往来		金额式
资产	1123	预付账款	贷	供应商往来		金额式
资产	1221	其他应收款	借			金额式
资产	122101	差旅费	借	个人往来		金额式
资产	122102	社保	借			金额式
资产	122103	公积金	借			金额式
资产	122104	代扣所得税	借			金额式
资产	122105	其他	借			金额式
资产	1402	在途物资	借			金额式
资产	140201	钢铁	借		吨	数量金额式
资产	140202	橡胶	借		吨	数量金额式
资产	140203	木料	借		方	数量金额式
资产	140204	煤炭	借		吨	数量金额式
资产	140205	标准件	借		箱	数量金额式
资产	140206	其他	借			金额式
资产	1403	原材料	借			金额式
资产	140301	钢铁	借		吨	数量金额式
资产	140302	橡胶	借		吨	数量金额式
资产	140303	木料	借		方	数量金额式
资产	140304	煤炭	借		吨	数量金额式
资产	140305	标准件	借		箱	数量金额式
资产	140306	其他	借			金额式
资产	1405	存库商品	借			金额式
资产	140501	A 设备	借		台	数量金额式

（续）

类别	科目编号	科目名称	方向	辅助账类型	计量单位	账页格式
资产	140502	B设备	借		台	数量金额式
资产	1601	固定资产	借	部门核算		金额式
资产	1602	累计折旧	借	部门核算		金额式
负债	2201	应付票据	贷	供应商往来		金额式
负债	2202	应付账款	贷	供应商往来		金额式
负债	220201	应付款	贷	供应商往来	受控应付	金额式
负债	220202	暂估款	贷	供应商往来		金额式
负债	2203	预收账款	贷	客户往来		金额式
负债	2211	应付职工薪酬	贷			金额式
负债	221101	工资	贷			金额式
负债	221102	福利费	贷			金额式
负债	221103	工会经费	贷			金额式
负债	221104	职工教育经费	贷			金额式
负债	2221	应交税费	贷			金额式
负债	222101	应交增值税	贷			金额式
负债	22210101	进项税额	贷			金额式
负债	22210102	已交税金	贷			金额式
负债	22210103	转出未交增值税	贷			金额式
负债	22210104	销项税额	贷			金额式
负债	22210105	进项税额转出	贷			金额式
负债	22210106	转出多交增值税	贷			金额式
负债	222102	未交增值税	贷			金额式
负债	222103	应交所得税	贷			金额式
负债	222104	应交城建税	贷			金额式
负债	222105	应交教育费附加	贷			金额式
权益	4104	利润分配	贷			金额式
权益	410401	提取法定盈余公积	贷			金额式
权益	410402	提取法定公益金	贷			金额式
权益	410403	提取任意盈余公积	贷			金额式
权益	410404	未分配利润	贷			金额式
成本	5001	生产成本	借			金额式
成本	500101	直接材料	借	项目核算		金额式
成本	500102	直接人工	借	项目核算		金额式
成本	500103	制造费用	借	项目核算		金额式
成本	5101	制造费用	借			金额式
成本	510101	材料费	借			金额式
成本	510102	工资及福利费	借			金额式
成本	510103	折旧费	借			金额式
成本	510104	其他	借			金额式
损益	6001	主营业务收入	贷			金额式
损益	600101	A设备	贷		台	数量金额式
损益	600102	B设备	贷		台	数量金额式
损益	6401	主营业务成本	借			金额式
损益	640101	A设备	借		台	数量金额式
损益	640102	B设备	借		台	数量金额式

（续）

类　别	科目编号	科目名称	方　向	辅助账类型	计量单位	账页格式
损益	6601	销售费用	借			金额式
损益	660101	广告费	借	部门核算		金额式
损益	660102	折旧费	借	部门核算		金额式
损益	660103	工资及福利费	借	部门核算		金额式
损益	660104	其他	借			金额式
损益	6602	管理费用	借			金额式
损益	660201	工资及福利费	借	部门核算		金额式
损益	660202	折旧费	借	部门核算		金额式
损益	660203	差旅费	借	部门核算		金额式
损益	660204	办公费	借	部门核算		金额式
损益	660205	其他	借			金额式
损益	6603	财务费用	借			金额式
损益	660301	利息	借			金额式
损益	660302	其他	借			金额式

操作步骤

1. 在用友畅捷通T3软件窗口中，选择“基础设置”→“财务”→“会计科目”命令，打开“会计科目”对话框，如图2-39所示。“会计科目”对话框中已经存在大量的一级科目，这是因为在建立账套时选择“按行业性质预置科目”选项后，系统自动按照用户所选择的对应会计制度，预置了该制度所规定的所有一级科目，用户可以根据企业的实际情况对其进行修改，增加或删除会计科目。

总账科目设定必须符合国家统一会计制度规定，明细科目可以根据单位实际情况自行设定。

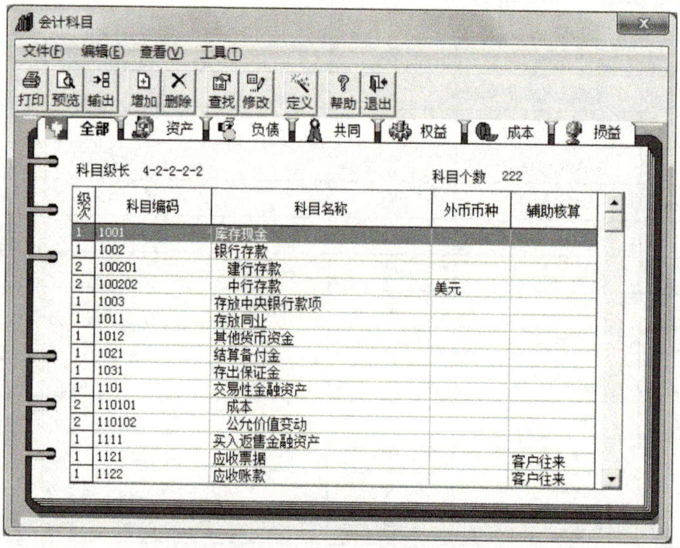

图2-39 “会计科目”对话框

2. “1001库存现金”会计科目已经存在，但需要修改，选择“1001库存现金”科目，单击“修改”按钮，弹出修改“1001库存现金”科目对话框，然后在“日记账”选项前打“√”，如图2-40所示，再单击“确定”按钮，完成修改。单击“返回”按钮，回到“会计科目”对话框，按照同样的步骤对“1002银行存款”等相应科目进行修改。

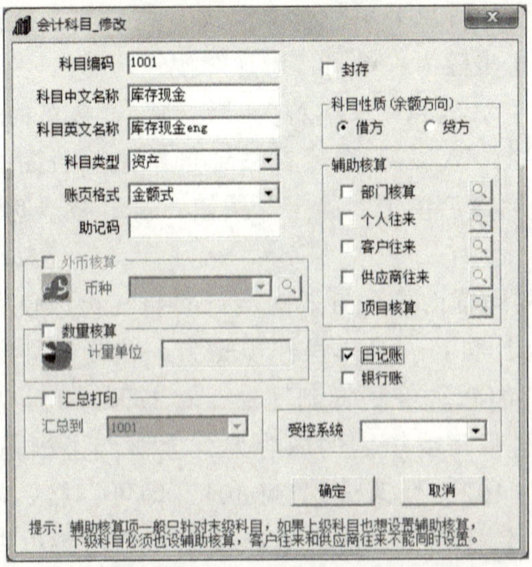

图 2-40　修改“1001 库存现金”科目对话框

3. “100201建行存款”会计科目不存在，需要增加此项，具体操作步骤为：单击“增加”按钮，弹出“会计科目_新增”对话框，输入科目编码为“100201”，科目中文名称为“建行存款”，系统自动根据科目编码确定科目类型，不需要自行选择；账页格式默认为“金额式”，如不需要修改就不用进行操作；助记码自动按科目中文名称拼音首字母生成，如需要修改可进行相应操作；然后在“日记账”“银行账”选项前打“√”，如图2-41所示，完成后单击“确定”按钮。如不需要再增加会计科目，则单击“返回”按钮，返回到“会计科目”对话框；如需要继续增加会计科目，则直接输入或选择相关会计信息，完成后单击“确定”按钮。

4. 对“1121应收票据”会计科目设置辅助核算，因该科目已经存在，故应使用修改会计科目功能，具体操作步骤如下：选择“1121应收票据”科目，单击“修改”按钮，弹出修改“1121应收票据”科目对话框，然后在辅助核算中的“客户往来”选项前打“√”；“受控系统”中会显示“应收”，如果系统没有启用应收款项管理系统，应选择空白，如图2-42所示。然后单击“确定”按钮，完成修改。单击“返回”按钮，回到“会计科目”对话框。

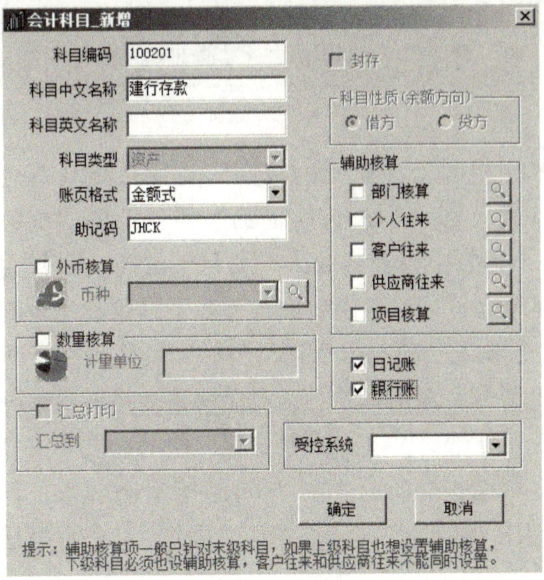

图 2-41　新增“100201 建行存款”科目对话框

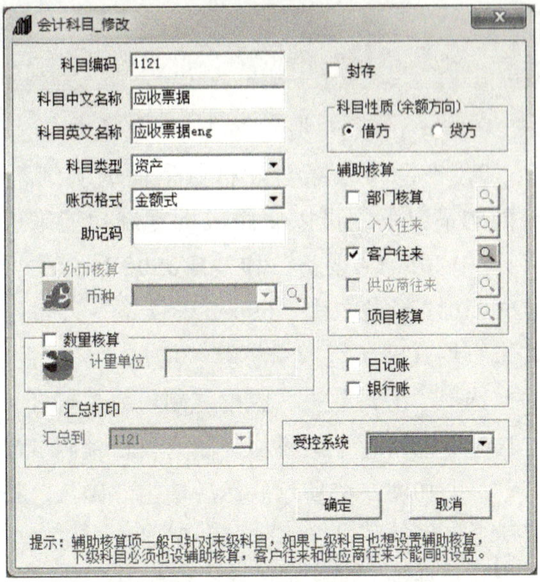

图 2-42　修改“1121 应收票据”科目对话框

5. “140201钢铁”会计科目采用数量金额式，并且该会计科目不存在，故应使用增加会计科目功能，具体操作步骤为：单击“增加”按钮，弹出“会计科目_新增”对话框，输入科目编码为“140201”，科目中文名称为“钢铁”，账页格式改为“数量金额式”，在“数量核算”选项框中打“√”，然后在“计量单位”后面的空白框中输入计量单位“吨”，如图2-43所示。完成后单击“确定”按钮，再单击“返回”按钮，回到“会计科目”对话框。

6. 对于相同名称、相同辅助核算方式的会计科目，可以使用复制功能来进行操作，如增加“140301钢铁”会计科目，具体操作步骤为：在会计科目窗口中，选择“140201钢铁”会计科目，选择“编辑”→“复制”命令，打开“会计科目_新增”对话框，已经按照“140201钢铁”科目需要填制的内容原样复制到了当前对话框中，如图2-44所示，再把会计科目编码“140201”改成“140301”即可，然后单击“确定”按钮，再单击“返回”按钮，回到“会计科目”对话框。使用复制功能可以大大减少手工输入的工作量。

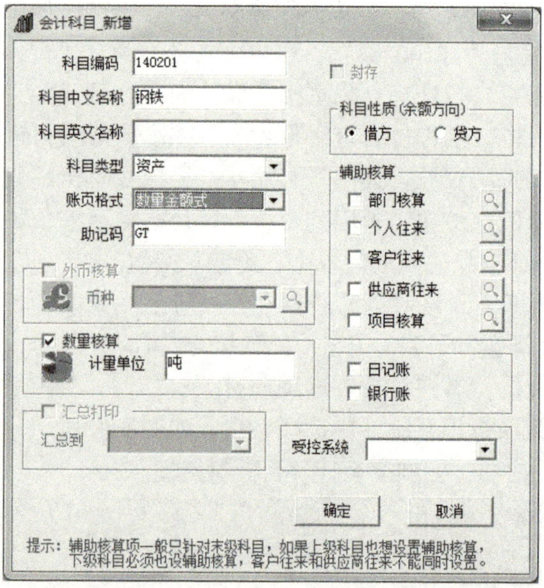

图 2-43 修改“140201 钢铁”科目对话框

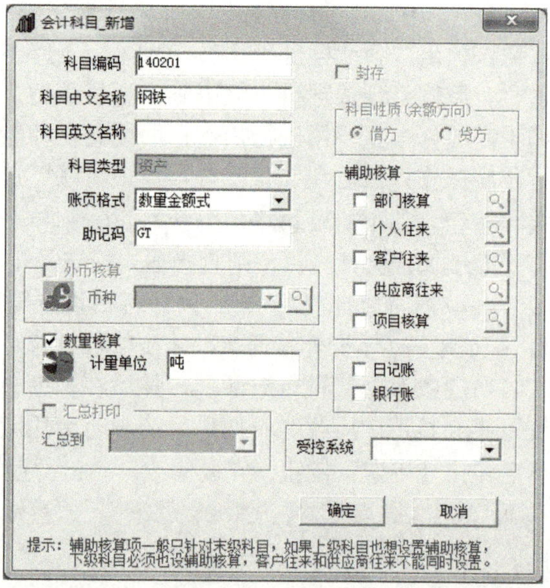

图 2-44 新增“140301 钢铁”科目对话框

7. 在两个一级会计科目下面的明细科目名称相同、甚至辅助核算或者数量核算等也相同的情况下，可以使用成批复制功能来进行操作。如“1405库存商品”科目下的明细科目为“140501A设备”和“140502B设备”，而“6001主营业务收入”科目下的明细科目为“600101A设备”和“600102B设备”，并且这两个会计科目下的明细科目都是采用数量金额式账页格式即实行数量核算。增加“6001主营业务收入”科目的明细科目时，具体操作步骤为：选择“编辑”→“成批复制”命令打开“成批复制”对话框，在该对话框中，将科目编码“1405”的所有下级科目复制为科目编码“6001”的下级，并在“数量核算”前的选项框中打“√”，如图2-45所示。然后单击“确认”按钮，如图2-46所示。在“6001主营业务收入”科目下自动增加了“600101A设备”和“600102B设备”两个明细科目，并且这两个明细科目都是采用数量金额式的账页格式，计量单位也是“台”。

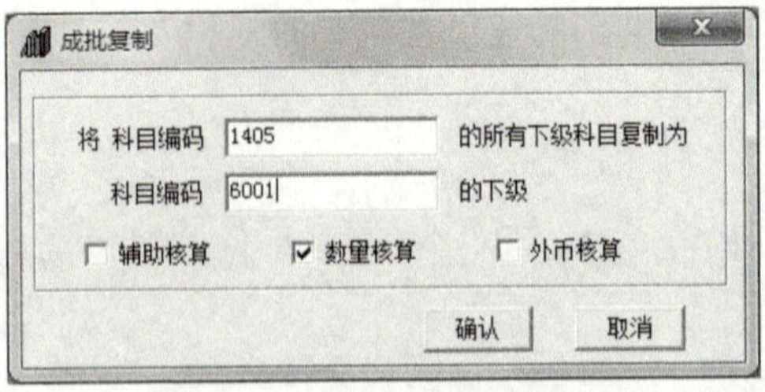

图 2-45 “成批复制”对话框

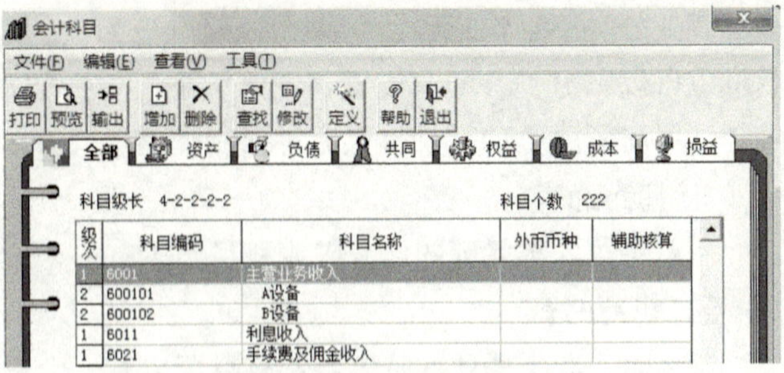

图 2-46 成批复制完成对话框

8. 按照操作步骤2～7所述操作对表2-7所列的会计科目进行设置。

9. 指定科目的具体操作步骤为：在“会计科目”对话框中，选择“编辑”→“指定科目”命令，打开“指定科目”对话框，左边选择“现金总账科目”，把科目“1001库存现金”从待选科目转入已选科目，如图2-47所示；接着，左边选择“银行总账科目”，把科目“1002银行存款”从待选科目转入已选科目。单击“确认”按钮。

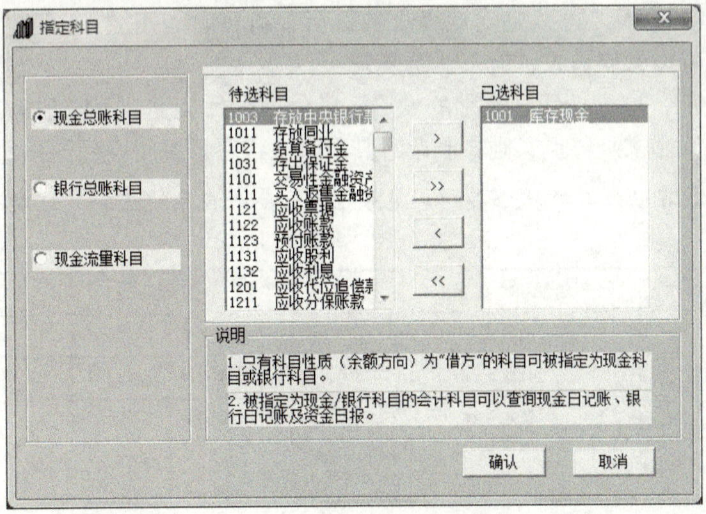

图 2-47 “指定科目”对话框

提示

1. 科目已经使用后再增加明细科目，系统会自动将上级科目的数据结转到新增加的第一个明细科目上，以保证账账平衡。

2. 已有下级科目的科目，不能修改其编码，必须先删除下一级科目，然后再修改本级科目编码。

3. 已经输入余额的科目，不能修改其编码，必须先删除本级及下级科目的期初余额，才能修改该科目编码。

4. 已有数据的科目不能修改科目的相应属性。

（二）凭证类别设置

凭证类别与手工账方式下的类型基本相同，许多企业为了便于管理或登录方便，一般对记账凭证进行分类编制，但各企业的分类标准不尽相同，可以按照本单位的需要对凭证进行分类。

凭证分类不影响记账的结果，一般可分为收款凭证、付款凭证和转账凭证。业务量较少的单位也可以不分类，即只设置“记账凭证”单一类别。某些类别的凭证在制单时对科目有一定限制，用友畅捷通T3软件提供五种限制类型。

1. 借方必有

制单时，此类凭证的借方限制科目至少有一个发生额。

2. 贷方必有

制单时，此类凭证的贷方限制科目至少有一个发生额。

3. 凭证必有

制单时，此类凭证借方限制科目或者贷方限制科目至少一方有发生额。

4. 凭证必无

制单时，此类凭证无论是借方限制科目还是贷方限制科目均无发生额。

5. 无限制

制单时，此类凭证可以使用所有合法的科目。

限制科目由用户输入，可以是任意级次的科目，科目之间用“,”（英文半角状态下）分隔，数量不限，也可以参照输入，但不能重复录入。

在录入凭证之前，应进行凭证类别的设置；已使用的凭证类别不能删除，也不能修改类别字；如果限制科目为非末级科目，则在制单时其所有下级科目都将受到同样的限制。

例 2-8 河北华源有限公司的凭证类别，见表 2-8。要求在系统中对凭证类别进行相应设置。

表 2-8　凭证类别

序　号	凭证类别	性　质	科　目
1	收款凭证	借方必有	1001，1002
2	付款凭证	贷方必有	1001，1002
3	转账凭证	凭证必无	1001，1002

操作步骤

1. 在用友畅捷通T3软件窗口中，选择“基础设置”→“财务”→“凭证类别”命令，打开“凭证类别预置”对话框。

2. 单击“收款凭证 付款凭证 转账凭证”单选按钮，如图2-48所示。

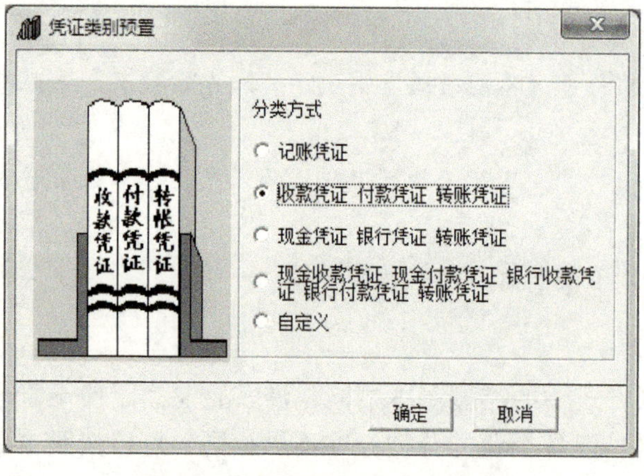

图 2-48　“凭证类别预置”对话框

3. 单击“确定”按钮，系统弹出“凭证类别”对话框，在对话框中单击收款凭证“限制类型”下的三角按钮，选择“借方必有”；在“限制科目”栏输入“1001，1002”。

4. 按照步骤3的操作，设置付款凭证的限制类型为“贷方必有”，限制科目为“1001，1002”；转账凭证的限制类型为“凭证必无”，限制科目为“1001，1002”。如图2-49所示。

5. 设置完成后，单击“退出”按钮。

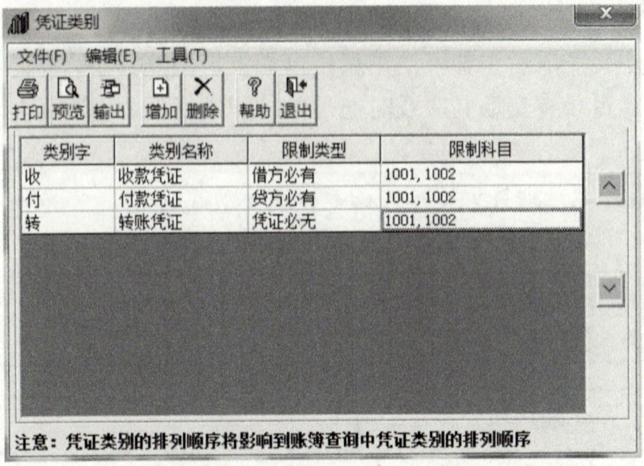

图 2-49 设置凭证类别对话框

（三）项目目录设置

项目核算是账务系统辅助核算的一项重要功能。所谓项目，可以是一个专门的经营或管理的内容。为了适应某些企业项目核算种类繁多的情况，在计算机账务系统中，借助于计算机处理数据的特点，设计了项目核算与管理功能，用户可以将具有相同特性的一类项目定义成一个项目大类，在处理总账业务的同时进行项目核算与管理。一个项目大类可以核算多个项目，为了便于管理，用户可以对这些项目进行分级管理。

项目目录设置包括增加、修改、删除项目大类，定义项目核算科目、项目分类、项目结构，并进行项目目录维护。

1. 项目大类

定义项目大类即定义项目核算的分类类别。项目大类的名称是该项目的总称，而不是会计科目名称。例如在建工程按具体工程项目核算，其项目大类名称为“工程项目”而不是“在建工程”。

2. 项目核算科目

在设置会计科目时，把将要进行项目核算的会计科目（如“在建工程”“生产成本”等）设置为项目核算会计科目。

指定项目核算科目，即具体指定需按此类项目核算的科目。一个项目大类可以指定多个科目，但一个科目只能指定一个项目大类。

3. 项目分类

为了便于统计，可以将同一项目大类下的项目进一步划分，若无分类，也必须将项目定义为“无分类”，例如将生产成本项目大类进一步划分为自行开发项目和委托开发项目。

4. 项目结构

项目结构具体反映了项目的内容，系统默认四个栏目，即项目编号、项目名称、是否结算、所属分类码。用户可以将项目名称改为用户所需的名称，例如产品名称、工程名称等。已输入数据的栏目最好不要删除，否则这些栏目的数据将无法查询。

5. 项目目录维护

项目大类及分类定义完成后，即可使用项目目录维护功能，录入各个项目的名称及定义的其他数据，若平时项目目录有变动，应及时通过本功能进行调整。在每年年初，应将已结算或不用的项目删除。

例 2-9设置成本项目大类项目目录，具体资料见表 2-9。

表 2-9 成本项目大类项目目录

项目设置步骤	设置内容
项目大类	生产成本
项目一级科目	生产成本
项目二级科目	直接材料、直接人工、制造费用
项目分类	自行研发项目；引进技术项目
项目名称	A 设备（所属分类为 1）；B 设备（所属分类为 2）

操作步骤

1. 在用友畅捷通T3软件窗口中，选择“基础设置”→“财务”→“项目目录”命令，打开“项目档案”对话框，如图2-50所示。

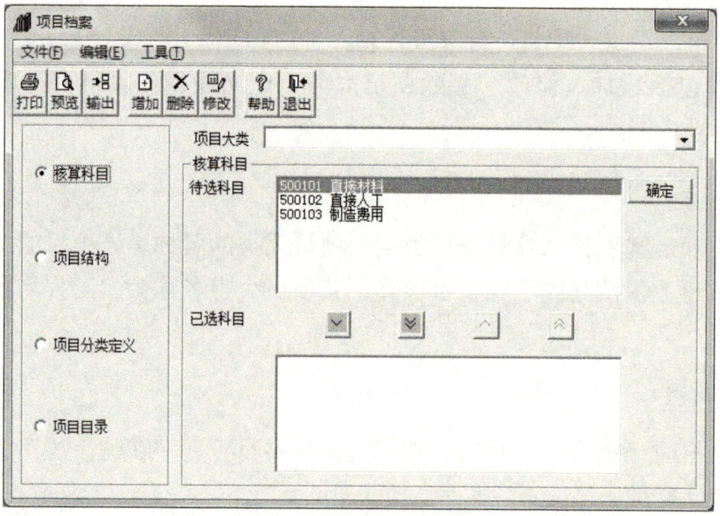

图 2-50 “项目档案”对话框

2. 单击“增加”按钮，进入项目大类名称设置对话框，输入新项目大类名称为“成本项目”，选择“普通项目”选项，如图2-51所示。

3. 单击“下一步”按钮，进入项目级次设置对话框，由于此项目只有一级分类，所以设置一级分类为一位数就够用了，定义项目级次在此不需要单独设置，如图2-52所示。

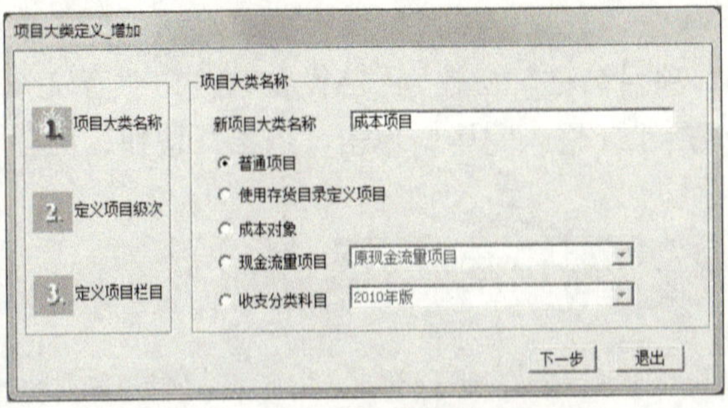

图 2-51　项目大类名称设置对话框

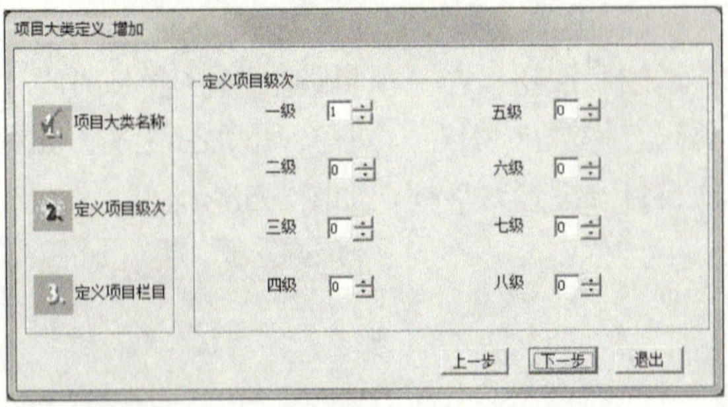

图 2-52　项目级次设置对话框

4. 单击“下一步”按钮，进入项目栏目设置对话框，使用默认设置，如图2-53所示。

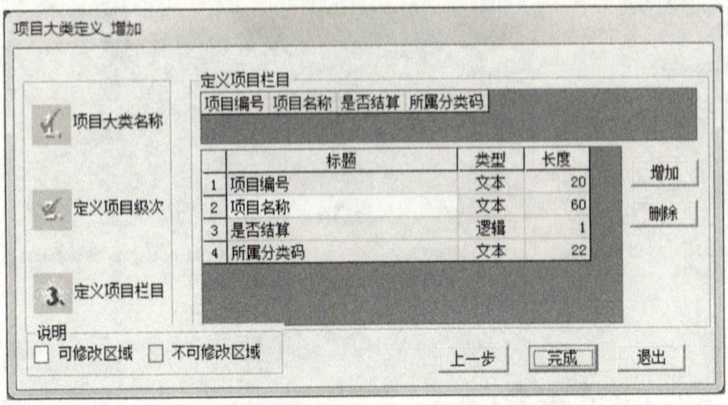

图 2-53　项目栏目设置对话框

5. 单击“完成”按钮，返回“项目档案”对话框，在“项目大类”的下拉列表框中选择“成本项目”，将“核算科目”选项卡中的待选科目“500101直接材料”“500102直接人工”“500103制造费用”转入已选科目内，如图2-54所示。单击“确定”按钮，系统显示保存成功。

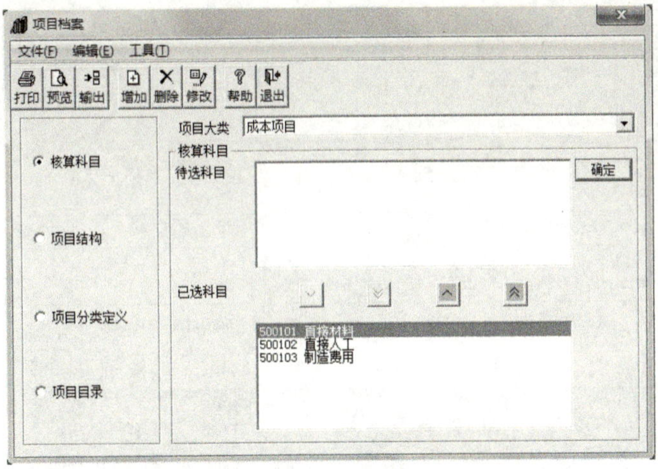

图 2-54　核算科目设置对话框

6. 单击“项目结构”标签，使用默认设置，如图2-55所示。

7. 单击“项目分类定义”标签，再单击“增加”按钮，在“分类编码”栏输入“1”，在“分类名称”栏输入“自行研发项目”，然后单击“确定”按钮；同样，在“分类编码”栏输入“2”，在“分类名称”栏输入“引进技术项目”，如图2-56所示。

8. 单击“项目目录”标签，再单击“维护”按钮，进入“项目目录维护”对话框，单击“增加”按钮，在“项目编号”栏输入“1”，在“项目名称”栏输入“A设备”，在“所属分类码”栏输入“1”；同样，增加B设备，如图2-57所示。输入完毕，单击“退出”按钮，回到项目目录设置对话框，如图2-58所示。

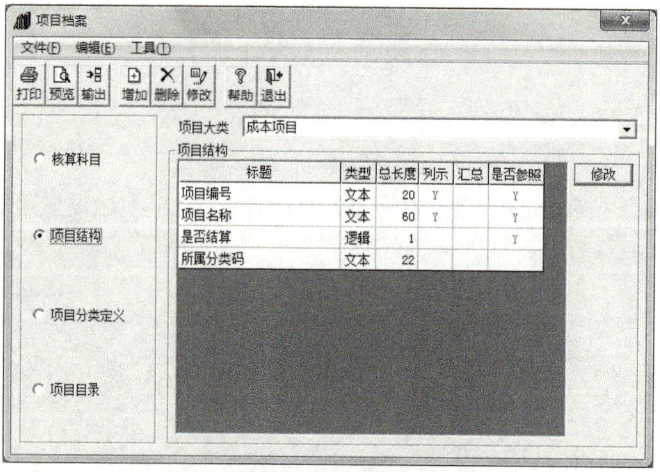

图 2-55 项目结构设置对话框

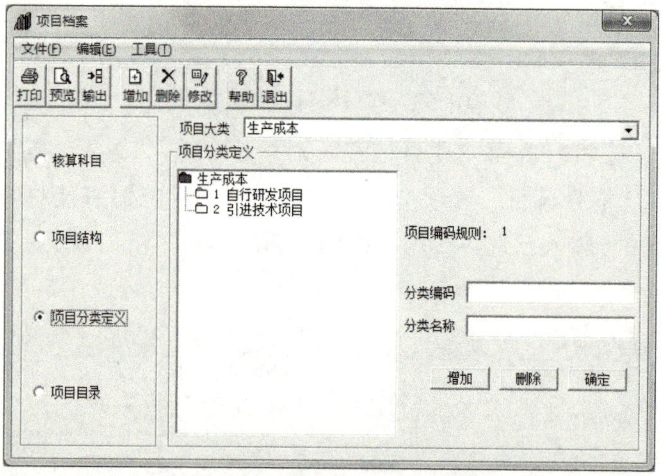

图 2-56 项目分类设置对话框

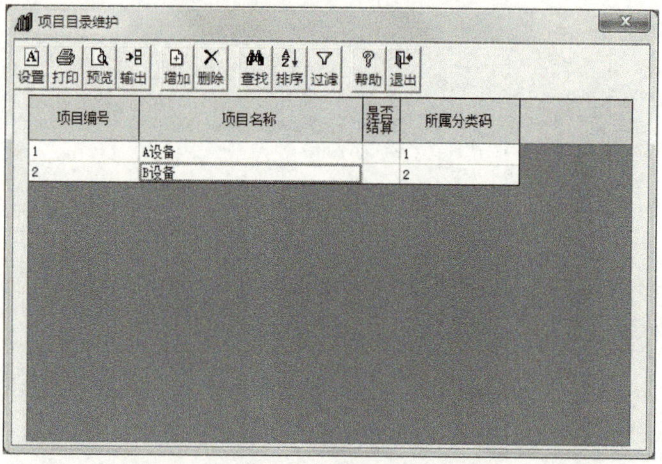

图 2-57 “项目目录维护”对话框

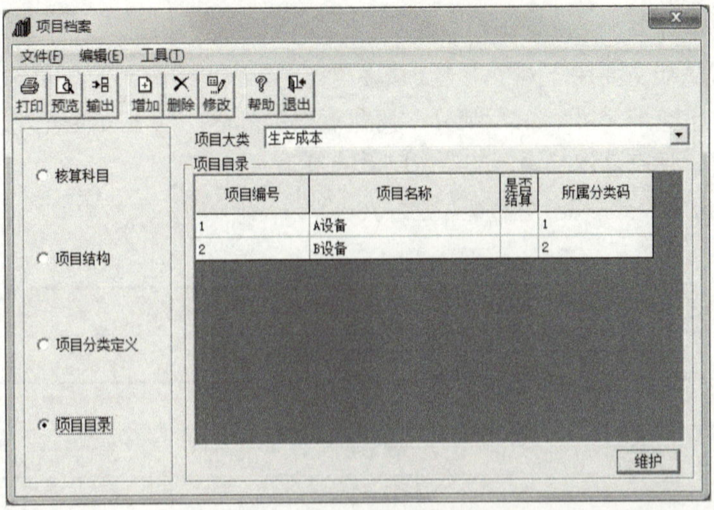

图 2-58 项目目录设置对话框

（四）外币种类设置

外币种类设置的内容有币符、币名、汇率小数位、折算方式、最大折算误差、固定汇率与浮动汇率、记账汇率、调整汇率等。汇率管理功能是专为外币核算服务的。利用该功能可以对账套所使用的外币进行定义；可对在填制凭证中所用的汇率进行定义，以便制单时调用，减少录入汇率的次数和差错。当汇率发生变化时，应预先通过该功能进行定义，否则制单时不能正确录入汇率。对于使用固定汇率（即使用月初或年初汇率）作为记账汇率的用户，在填制每月的凭证前，应预先通过该功能录入该月的记账汇率，否则在填制当月外币凭证时，将会出现汇率为零的错误；对于使用变动汇率（即使用当日汇率）作为记账汇率的用户，在填制当天的凭证前，应预先通过该功能录入当天的记账汇率。“外币设置”对话框如图2-59所示，本例采用固定汇率进行设置，增加美元，币符USD，记账汇率6.5。

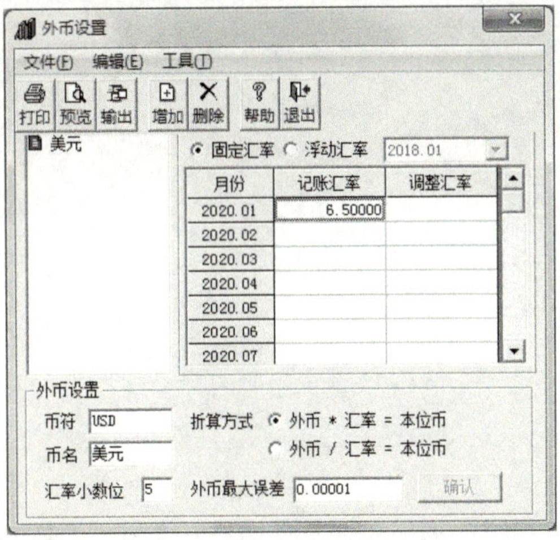

图 2-59 “外币设置”对话框

五、收付结算设置

收付结算设置包括结算方式、付款条件和开户银行的设置。

（一）结算方式设置

结算方式设置功能主要用于建立并管理单位在经营活动中所涉及的与银行之间的货币结算方式，如现金结算、支票结算、信汇结算、商业汇票结算等。为了方便管理，提高银行对账效率，在账务系统中一般要设置与银行的资金结算方式。

例 2-10 设置结算方式，具体内容见表 2-10。

表 2-10 结算方式设置

编号	名称	票据管理
1	现金	
2	支票	
201	现金支票	
202	转账支票	
3	商业汇票	
301	商业承兑汇票	
302	银行承兑汇票	
4	银行本票	
5	其他	

操作步骤

1. 在用友畅捷通T3软件窗口中，选择“基础设置”→“财务”→“收付结算”→“结算方式”命令，打开“结算方式”对话框，如图2-60所示。

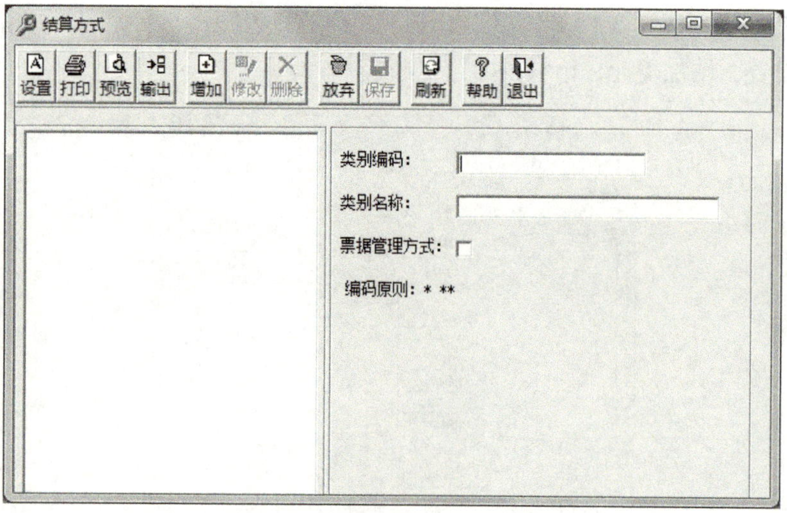

图 2-60 “结算方式”对话框

2. 单击“增加”按钮，按照编码原则在类别编码中输入“1”，在类别名称中输入“现金”，单击“保存”按钮；接着，在“类别编码”栏中输入“2”，在“类别名称”栏中输入“支票”，在“票据管理方式”选项框内打“√”（对于支票类结算方式，要选择票据管理方式），单击“保存”按钮；进行同样的操作，添加表2-10中的所有结算方式。添加完毕，单击“退出”按钮，如图2-61所示。

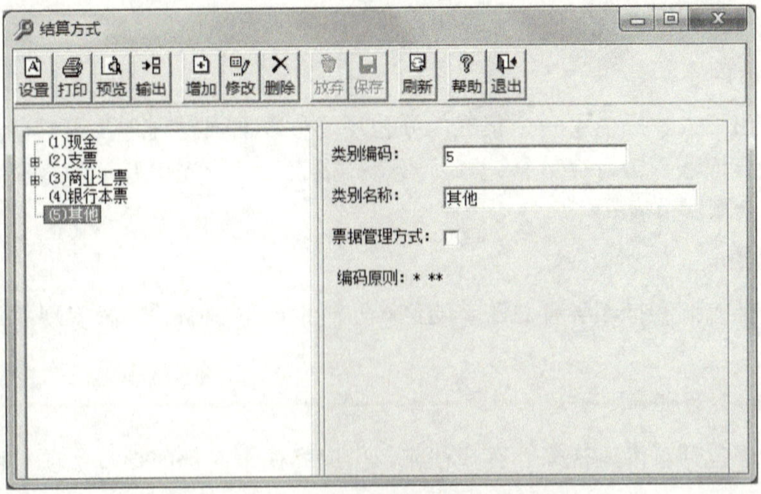

图 2-61 结算方式设置完成对话框

（二）付款条件设置

付款条件也叫现金折扣，是指企业为了鼓励客户偿还货款而允诺在一定期限内给予规定的折扣优待。这种折扣条件通常可表示为“5/10、2/20、n/30”，它的意思是：客户在10天内偿还货款，可得到5%的折扣，即只付原价的95%；在10天以上20天内偿还货款，可得到2%的折扣，即只要付原价的98%；在20天以上30天内偿还货款，则需按照全额支付；在30天以后偿还货款，则不仅要按全额支付，可能还要支付延期付款的利息或违约金。付款条件主要在采购订单、销售订单、采购结算、销售结算、客户目录、供应商目录中引用。系统最多同时支持4个时间段的折扣。

（三）开户银行设置

系统支持设置多个开户行及账号。开户银行功能用于查询及维护使用单位的开户银行信息。开户银行一旦被引用，便不能进行修改或删除操作。

任务三 总账管理系统的初始化设置

一、总账系统功能概述

总账系统又称为账务处理系统，是企业会计信息系统的一个重要的核心子系统，其基本功能包括总账管理系统初始化、凭证管理、出纳管理、账簿管理、辅助核算管理、期末处理。

（一）总账管理系统初始化

总账管理系统初始化是由企业用户根据自身的行业特性和管理需求，将通用的总账管理系统设置为适合企业自身特点的专用系统的过程。总账管理系统初始化主要包括系统控制参数设置和期初余额录入两项内容。

（二）凭证管理

凭证是记录企业各项经济业务发生的载体，凭证管理是总账管理系统的核心功能，主要包括填制凭证、出纳签字、审核凭证、记账和查询打印凭证等。

（三）出纳管理

总账系统为出纳人员提供了一个集成的办公环境，以加强对现金及银行存款的管理，包括查询和打印现金日记账、银行存款日记账、资金日报表，进行支票登记和管理，进行银行对账并编制银行存款余额调节表。

（四）账簿管理

账簿管理包括查询和打印各种总账、明细账、辅助账的数据，轻松实现总账、明细账和凭证的一体化查询。

（五）辅助核算管理

辅助核算管理包括对个人往来、客户往来、供应商往来、部门核算、项目核算等辅助核算项目的管理。

（六）期末处理

期末处理功能主要完成自动转账凭证的定义、自动转账凭证的生成、对账和结账等内容。

二、总账系统初始化设置

总账系统初始化设置主要包括系统控制参数设置和期初余额录入两项内容。

（一）系统控制参数设置

总账系统的参数将决定总账系统的输入控制、处理方法、数据流向、输出格式等，设定后一般不能随意更改，总账系统将参数分为以下4个选项卡。

1. “凭证”选项卡

（1）制单控制。主要在填制凭证时设置，明确系统应对哪些操作进行控制，包括以下几个复选框。

1）制单序时控制。此选项和“系统编号”单选按钮联用，制单时某类凭证编号必须按日期顺序自小到大排列，凭证日期既不能小于该类别最后一张凭证日期，也不能大于系统日期，如果有特殊需要，可以将其改为不序时制单。

2）支票控制。若选择了此项，在制单时使用银行科目编制凭证时，系统针对已设置的票据管理结算方式进行登记，如果输入的支票号在支票登记簿中已存在，系统提供登记支票报销的功能；否则，系统提供登记支票登记簿的功能。

3）资金及往来赤字控制。若选择了此项，在填制凭证时，当“资金及往来科目”的最新余额出现负数，系统将予以提示。

4）制单权限控制到科目。如果需要明确操作员只能使用特定科目填制凭证，则选中该选项，然后在明细权限中为操作员指定制单时可以使用的科目种类。设置完成后，操作员制单时，科目参照中只显示操作员有权限的科目。

5）允许修改、作废他人填制的凭证。该选项决定了非凭证制单人发现凭证有误时是否允许其进行修改或作废。

6）允许查看他人填制的凭证。若选择了此选项，则可以查询他人填制的凭证。

7）可以使用其他系统的受控科目。若某科目为其他系统的受控科目（如设置为客户往来辅助核算的科目为应收系统的受控科目），一般来说，为了防止重复制单，应只允许其受控系统使用该科目进行制单，总账管理系统是不能使用该科目进行制单的。如果希望在总账管理系统中也能使用这些科目填制凭证，则应选择此选项。

8）现金流量项目必录。选择该选项，在输入凭证时如果使用了现金流量科目，就必须输入现金流量项目及金额。

（2）凭证控制。凭证控制主要包括以下几个复选框。

1）打印凭证页脚姓名。决定在打印凭证时，是否自动打印制单人、出纳、审核人和记账人的姓名。

2）凭证审核控制到操作员。如果需要指定某具有凭证审核权限的操作员只能审核某些制单人填制的凭证，则应选择该选项。

3）出纳凭证必须经由出纳签字。若要求具有现金科目、银行科目的凭证需由出纳人员核对签字，则应选择此项。

4）未审核的凭证允许记账。若选择该项，凭证未经过审核也可以记账。

5）打印项目核算凭证时，显示项目分类编码。若选择此项，则在打印项目辅助核算凭证时，显示项目分类编码。

（3）凭证编号方式。系统提供系统编号和手工编号两种方式。如果选用系统编号，系统在填制凭证时按照设置的凭证类别按月自动编号。

（4）外币核算。有外币业务时，企业可以选择“固定汇率”或“浮动汇率”处理方式。

（5）预算控制。根据预算管理系统或财务分析系统设置的预算数对业务发生进行控制。

（6）合并凭证显示、打印。选择此选项，在填制凭证、查询凭证、出纳签字和凭证审核时，凭证“按科目、摘要相同方式合并”或“按科目相同方式合并”显示，在明细账显示窗口提供是否“合并显示”的选项。

2. “账簿”选项卡

“账簿”选项卡用来设置各种账簿的输出方式和打印要求等。

（1）打印位数宽度。定义正式账簿打印时各栏目的宽度，包括摘要、金额、外币、汇率、数量、单价。

（2）明细账（日记账、多栏账）打印方式。打印正式明细账、日记账或多栏账时，应按单位实际情况选择按年排页还是按月排页。

（3）凭证、账簿套打方式选择。打印凭证、正式账簿时是否使用套打纸进行打印，应按实际情况选择。

（4）明细账查询权限控制到科目。该选项可对查询和打印权限作进一步细化，如只允许某操作员查询或打印某科目明细账，而不能查询或打印其他科目的明细账。这种情况下，则应选择此选项，然后再到系统菜单“设置”下的“明细权限”中去设置明细账科目查询权限。

（5）正式账每页打印行数。可对明细账、日记账、多栏账的每页打印行数进行设置。双击表格或按空格键对行数直接修改即可。

（6）连续（针式打印机）是指针式打印机使用的是两边带连续走纸孔的一类纸型；非连续（喷墨和激光打印机）是指喷墨和激光打印机使用的是没有走纸孔的复印类纸型。

3. “会计日历”选项卡

在“会计日历”选项卡中，可查看各会计期间的起始日期与结束日期以及启用会计年度和启用日期。此处仅能查看会计日历的信息，如需修改需要在系统管理中进行。

4. “其他”选项卡

“其他”选项卡中包括账套信息、数据精度及排序方式等内容。

例 2-11 设置选项参数，相关资料见表 2-11。

表 2-11 选项参数设置

选项卡	参数设置
凭证	制单序时控制
	支票控制
	资金及往来赤字控制
	允许修改、作废他人填制的凭证
	允许查看他人填制的凭证
	可以使用其他系统受控科目
	凭证编号方式采用系统编号
	出纳凭证必须经由出纳签字
	外币核算采用固动汇率
	其他默认设置
账簿	账簿打印位数宽度、每页打印行数按软件标准设置，明细账打印方式按年排页
会计日历	2020 年 1 月 1 日—2020 年 12 月 31 日
其他	部门、个人、项目按编码排序
	其他采用默认设置

操作步骤

1. 在用友畅捷通T3软件窗口，选择“总账”→“设置”→“选项”命令，打开“选项”对话框，按照表2-11中所描述的内容进行相应选项设置，如图2-62所示。

2. 单击“账簿”标签，按照表2-11中所描述的内容进行相应选项设置，如图2-63所示。

3. 单击“会计日历”标签，查看会计日历，如图2-64所示。在这里显示的内容不能进行修改，只能查看，若要修改需要到系统管理中进行。

4. 单击“其他”标签，按照表2-11中所描述的内容进行相应选项设置，如图2-65所示。

5. 单击“确定”按钮，完成相关设置。

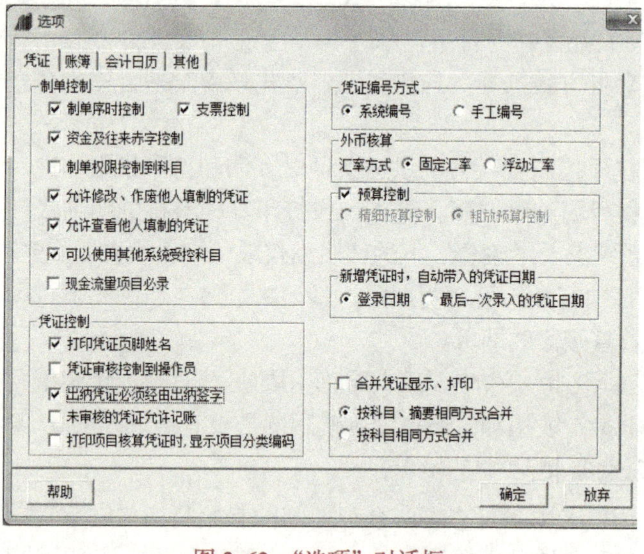

图 2-62 “选项”对话框

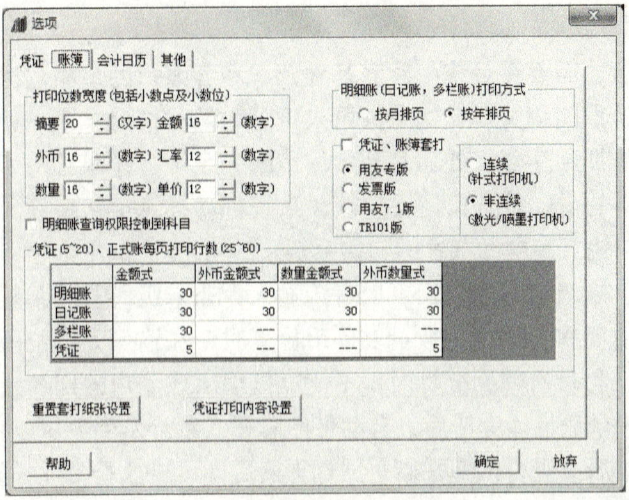

图 2-63　账簿设置对话框

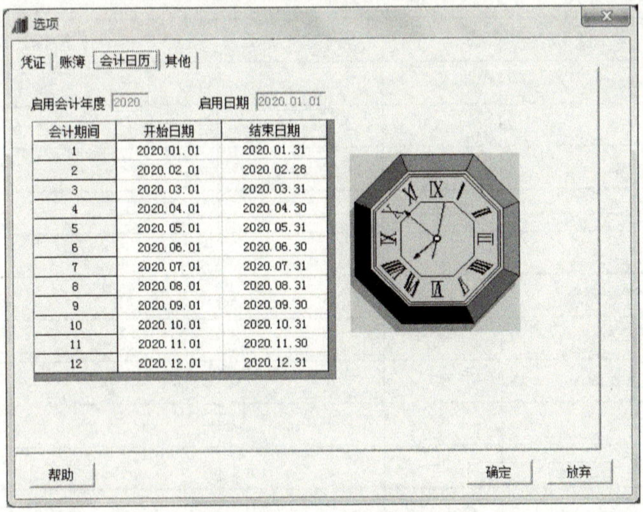

图 2-64　会计日历设置对话框

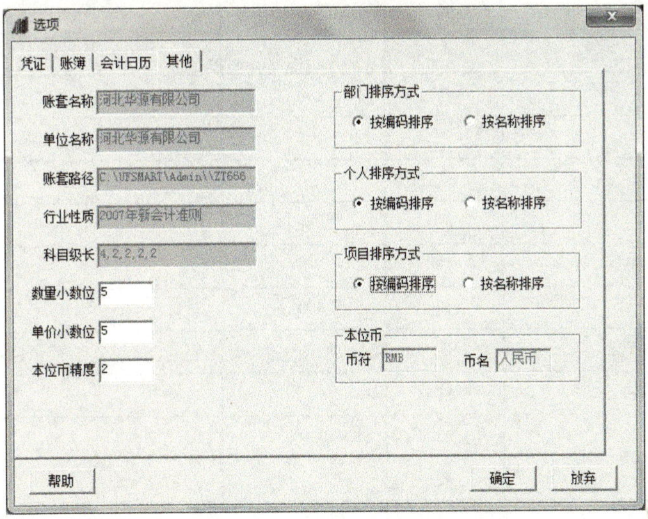

图 2-65　其他项目设置对话框

（二）期初余额录入

企业账套建立之后，需要在系统中建立基础档案和各账户的余额数据，各账户余额数据的准备与总账启用的会计期间相关。期初余额录入可分为两种情况：第一种是年初建账，可以录入年初余额；第二种是期中建账，如10月开始使用账务系统，建账月份为10月，可以录入10月初的期初余额及1-10月的借、贷方累计发生额，系统自动计算年初余额。如果某一个科目设置了辅助核算项目，还应输入其辅助核算的初始余额。

录入期初余额时，末级科目的余额可以直接输入；非末级科目的余额数据由系统根据末级科目数据逐级向上汇总而来；科目有数量、外币核算时，在输入完本位币金额后，还要输入相应的数量和外币信息；科目有辅助核算时，不能直接输入该账户的期初余额，而必须输入辅助账的期初余额。辅助账余额输入完毕后，自动带回总账。累计发生额可以直接输入。

期初数据录入完毕后应进行试算平衡，试算平衡后即可进入日常业务处理阶段。

例2-12 录入期初余额，相关资料见表2-12～表2-17。

表2-12 会计科目期初余额表

科目编码	科目名称	方向	计量单位	期初余额
1001	库存现金	借		2 500
1002	银行存款	借		6 150 000
100201	建行存款	借		5 500 000
100202	中行存款	借		650 000
			美元	$100 000
1012	其他货币资金	借		100 000
1122	应收账款	借		705 000
1221	其他应收款	借		8 500
122101	差旅费	借		8 500
1403	原材料	借		1 087 000
140301	钢铁	借		75 000
			吨	25
140302	橡胶	借		330 000
			吨	30
140303	木料	借		480 000
			方	120
140304	煤炭	借		92 000
			吨	230
140305	标准件	借		110 000
			箱	220
1405	存库商品	借		1 040 000
140501	A 设备	借		500 000
			台	50
140502	B 设备	借		540 000
			台	45

（续）

科目编码	科目名称	方向	计量单位	期初余额
1601	固定资产	借		21 702 000
1602	累计折旧	贷		8 090 755
2202	应付账款	贷		819 000
220201	应付款	贷		702 000
220202	暂估款项	贷		16 000
2221	应交税费	贷		439 300
222102	未交增值税	贷		263 000
222103	应交企业所得税	贷		150 000
222104	应交城建税	贷		18 410
222105	应交教育费附加	贷		7 890
4001	实收资本	贷		15 000 000
4002	资本公积	贷		2 325 970
4104	利润分配	贷		4 220 975
410404	未分配利润	贷		4 220 975

表 2-13 “应收账款”科目下的业务 （单位：元）

日期	凭证号	客户	摘要	方向	期初余额	业务员	票号
2019.12.10	转 12	山东全安	销售商品	借	180 000	刘子鸣	Z123456
2019.12.15	转 18	武汉天源	销售商品	借	250 000	吴少鹏	Z254789
2019.12.20	转 20	广东宝远	销售商品	借	275 000	杨静杰	Z321587

表 2-14 “其他应收款——差旅费”科目下的业务 （单位：元）

日期	凭证号	部门	人员	摘要	方向	余额
2019.12.09	转 8	财务处	李强	预借差旅费	借	1 500
2019.12.12	转 15	供应处	田凡	预借差旅费	借	5 000
2019.12.18	转 19	供应处	赵小明	预借差旅费	借	2 000

表 2-15 “固定资产、累计折旧”科目下的业务 （单位：元）

科目编码	科目名称	部门编码	部门名称	借方金额	贷方金额
1601	固定资产	1	经理办公室	12 300 000	
		2	财务处	22 000	
		501	一车间	5 180 000	
		502	二车间	4 200 000	
1602	累计折旧	1	经理办公室		4 644 500
		2	财务处		5 133.33
		501	一车间		1 907 088.33
		502	二车间		1 534 033.34

表 2-16 “应付账款——应付款”科目下的业务 （单位：元）

日期	凭证号	客户	摘要	方向	期初余额	业务员	票号
2019.12.05	转 5	河北永太	采购材料	贷	234 000	赵小明	Z546789
2019.12.13	转 16	南京高能	采购材料	贷	292 500	张敏	Z245689
2019.12.25	转 24	海南明润	采购材料	贷	175 500	赵小明	Z326287

表 2-17 “应付账款——暂估款项”科目下的业务 （单位：元）

日期	凭证号	客户	摘要	方向	期初余额	业务员	票号
2019.12.28	转 28	山西煤化	采购材料	贷	16 000	赵小明	Z546889

操作步骤

1. 在用友畅捷通T3软件窗口，选择“总账”→“设置”→“期初余额”命令，打开“期初余额录入”对话框，如图2-66所示。

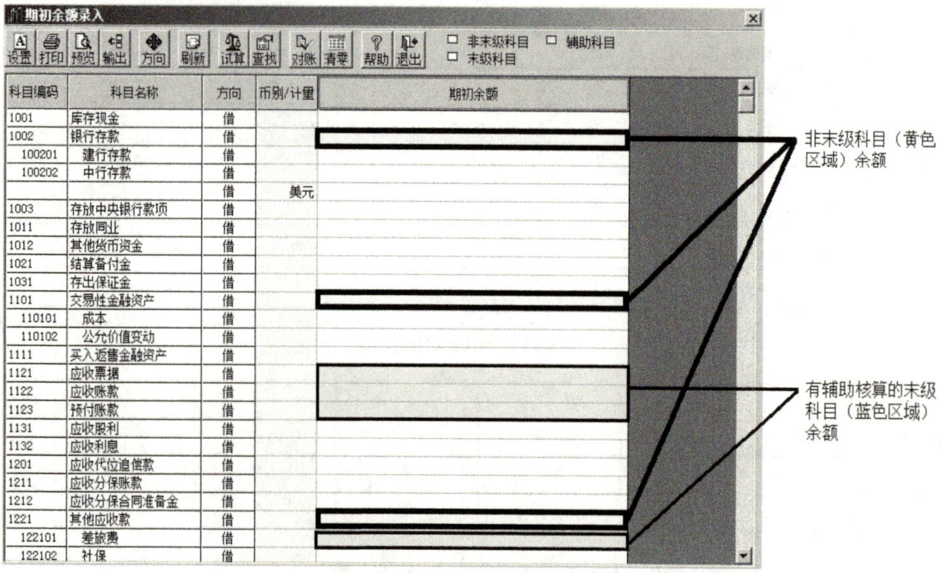

图 2-66 “期初余额录入”对话框

2. 末级科目的期初余额（白色区域），可以直接录入。如“1001库存现金”，直接在期初余额单元格内录入“2 500”。同样，录入表2-12中其他末级科目。

3. 非末级科目（黄色区域）余额，不需要直接录入，而由明细科目数据自动汇总产生。

4. 对于有辅助核算的末级科目（蓝色区域），则双击期初余额录入单元格，在弹出的对话框录入相应明细，如“1122应收账款”，双击蓝色的期初余额录入单元格，弹出“客户往来期初”对话框，如图2-67所示，单击“增加”按钮。

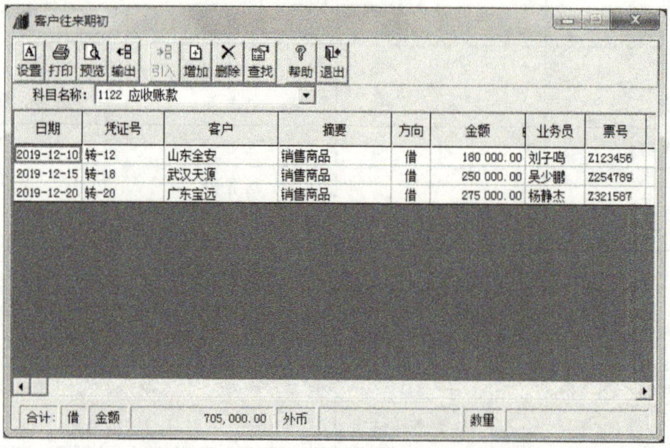

图 2-67 “客户往来期初”对话框

5. 对于有数量核算的末级科目，应录入期初余额和数量。如“140301钢铁”，在期初余额录入单元格内输入“75 000”，在计量单位的期初余额录入单元格内输入“25”，如图2-68所示。采用同样操作，录入表2-12中其他有数量核算的末级科目。

6. 期初余额录入完成后，为了保证初始数据的正确性，必须依据“资产=负债+所有者权益”的静态平衡公式进行试算平衡，即进行期初余额平衡校验。

单击“试算”按钮，弹出“期初试算平衡表”对话框，如图2-69所示，如果出现蓝字的“试算结果平衡”，则表明期初余额通过试算；如果出现红字“试算结果不平衡”，表明期初余额有问题，需要核对相关数据，检查其错误所在。然后单击“确认”按钮。

7. 在录入期初余额时，还应进行期初对账，以保证账账相符。单击“对账”按钮，弹出“期初对账”对话框，如图2-70所示，单击“开始”按钮，系统开始自动对账，如图2-71所示，完成期初对账后，单击“退出”按钮。

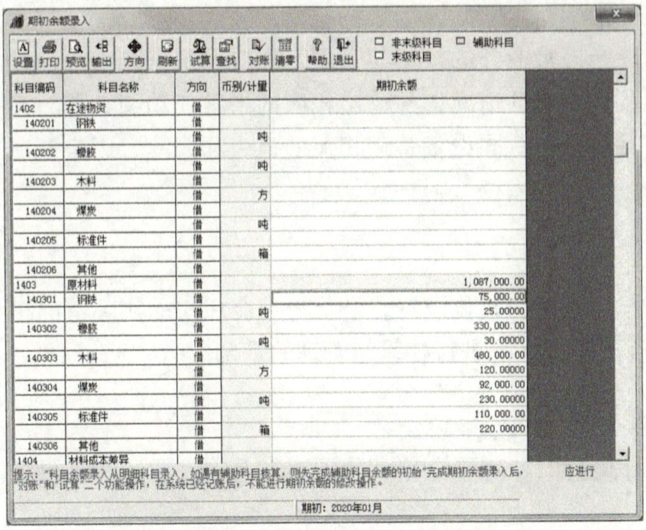

图 2-68 “期初余额录入”对话框

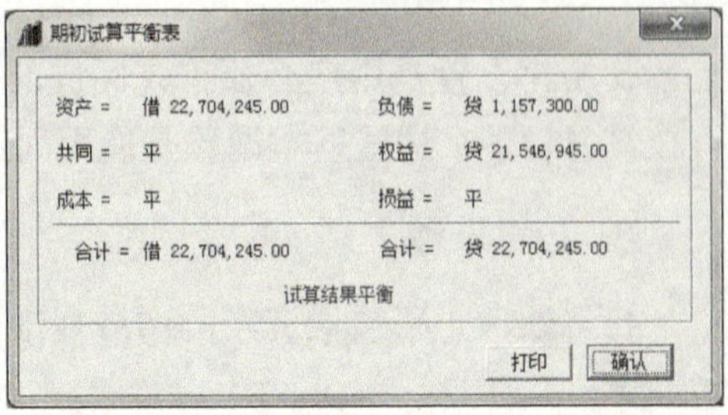

图 2-69 “期初试算平衡表”对话框

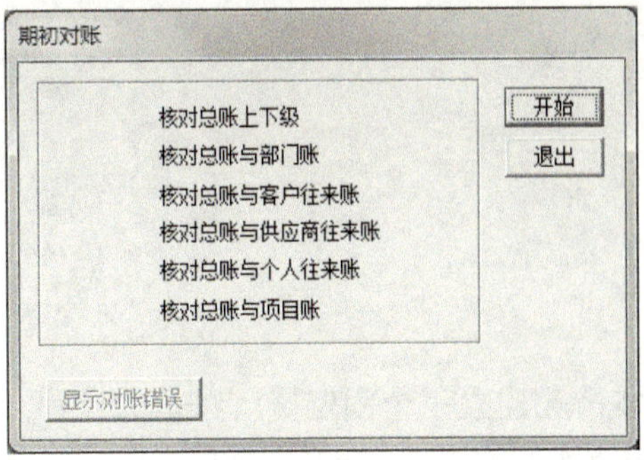

图 2-70 “期初对账”对话框

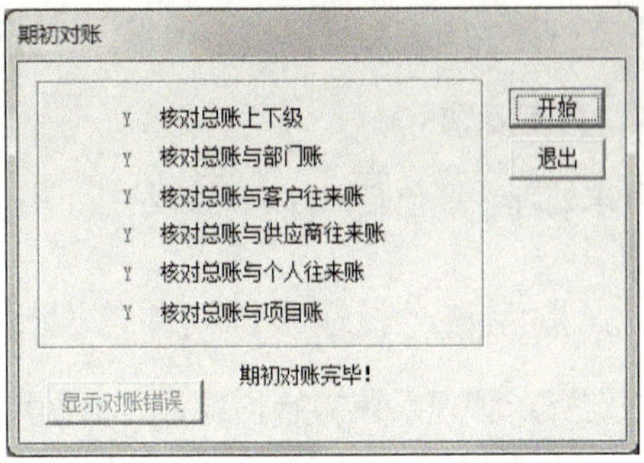

图 2-71 期初对账完成对话框

8. 完成期初余额的相关处理，单击“确定”按钮。

提示

1. 总账系统的启用日期不能在系统的启用日期之前。
2. 期初余额试算不平衡，不能记账，但可填制凭证。
3. 若已经记过账，则不能再录入或修改期初余额，也不能执行“结转上年余额”的功能。

任务四 固定资产管理系统的初始化设置

一、固定资产管理系统概述

固定资产管理系统的主要任务是完成企业固定资产日常业务的核算和管理，生成固定资产卡片，按月反映固定资产的增减变动、原值变化及其他变化，按月计提折旧生成折旧分配凭证。固定资产管理系统和总账系统在数据上具有共享关系，在固定资产管理系统中，固定资产的增减变化核算和折旧计提等数据会通过记账凭证的形式传递给总账系统，固定资产系统还可以通过系统对账来检查与总账系统的平衡关系。

固定资产管理系统的功能是完成固定资产日常业务的核算与管理，生成固定资产卡片，按月反映固定资产的增加、减少、原值变动及其他变动情况，并输出相应的增减变动明细账，按月自动计提折旧，生成折旧分配凭证，同时输出一些同设备管理相关的报表和账簿。固定资产管理系统的主要功能包括以下方面：

1. 初始化设置

初始化设置是用户必须首先完成的工作，通过初始化设置，系统将按照用户的实际情况进行核算与管理。这些基本设置是使用固定资产管理系统进行核算与管理的基础。

2. 日常处理

日常处理主要包括资产的增减变动、计提折旧、查看清单和分配表以及填制凭证和进行批量制单。

3. 账表管理

账表管理主要是对账簿、各类报表进行查询与修改。

4. 月末处理

月末处理主要包括对账与月末结账。

二、固定资产管理系统初始化设置

固定资产管理系统初始化设置是根据用户的具体情况建立一个固定资产账套的过程。初始化设置包括建立固定资产账套、设置基础数据、固定资产原始卡片录入。

（一）建立固定资产账套

第一次进入固定资产管理界面，系统将自动启动建账向导。建立固定资产账套是根据企业具体情况，在已经建立会计核算的基础上建立一个适合企业实际情况的固定资产账套的过程。建立固定资产账套需要设置的内容主要包括约定及说明、启用月份、折旧信息、编码方式、账务接口和补充参数六部分。

例 2-13 设置控制参数，相关资料见表 2-18。

表 2-18 控制参数设置

控制参数	参数设置
启用月份	2020.1
约定及说明	同意
折旧信息	本账套计提折旧 主要折旧方法：平均年限法（一） 折旧汇总分配周期：1 个月 当“月初已计提月份 = 可使用月份 -1”时，将剩余折旧金额全部提足（工作量法除外）
编码方式	资产类别编码长度：2-1-1-2 固定资产编码方式：按“类别编号 + 部门编号 + 序号”自动编码；序号长度：5
账务接口	与账务系统进行对账 对账科目： 固定资产对账科目：1601，固定资产 累计折旧对账科目：1602，累计折旧 在对账不平衡的情况下，不允许固定资产月末结账
补充参数	业务发生后立即制单 月末结账前一定要完成制单及登账业务 可纳税调整的增加方式：直接购入 固定资产默认入账科目：1601，固定资产 累计折旧默认入账科目：1602，累计折旧 可抵扣税额入账科目：22210101，进项税额

操作步骤

1．在用友畅捷通T3软件窗口，打开“固定资产”菜单，系统弹出初始化设置对话框。如图2-72所示。

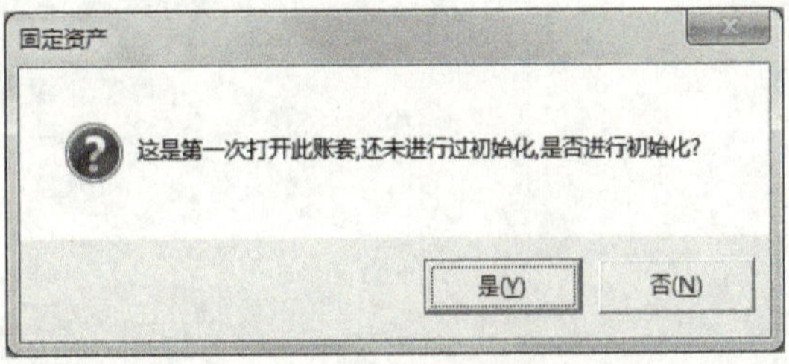

图 2-72 初始化设置对话框

2．单击“是”按钮，打开“固定资产初始化向导”对话框，选择“我同意”选项，如图2-73所示。

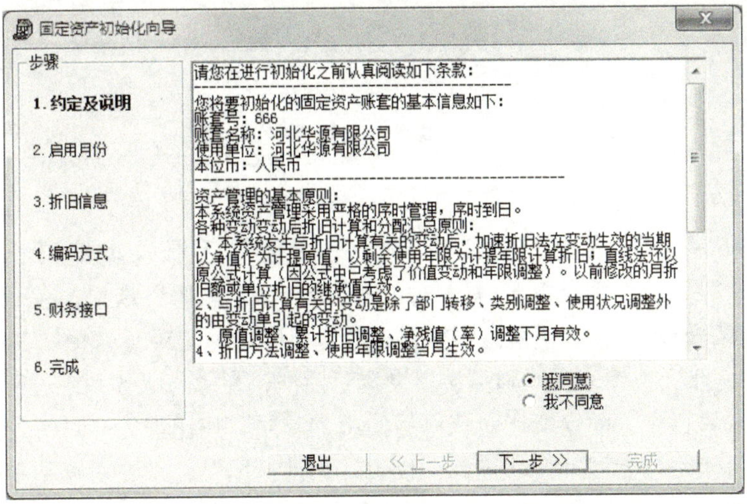

图 2-73 “固定资产初始化向导”对话框

3. 单击“下一步”按钮，进入启用月份设置对话框，账套启用月份选择“2020.01”，如图2-74所示。

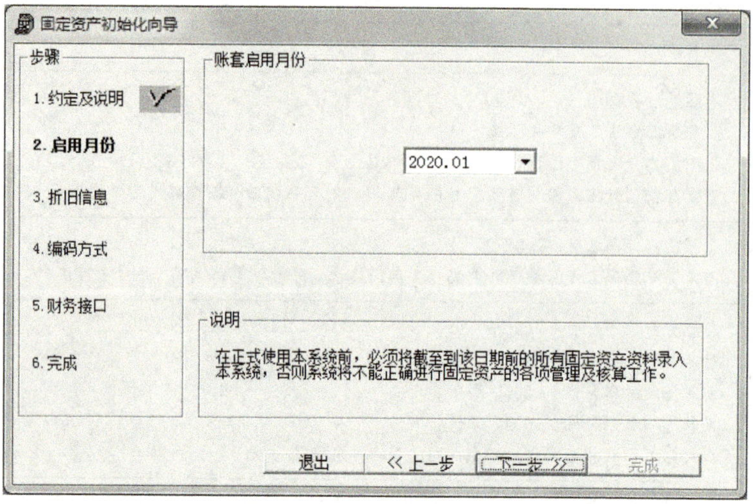

图 2-74　启用月份设置对话框

4. 单击“下一步”按钮，进入折旧信息设置对话框，主要折旧方法选择“平均年限法（一）”；折旧汇总分配周期选择“1”；在“当（月初已计提月份=可使用月份-1）时将剩余折旧全部提足（工作量法除外）”选项前打“√”，如图2-75所示。

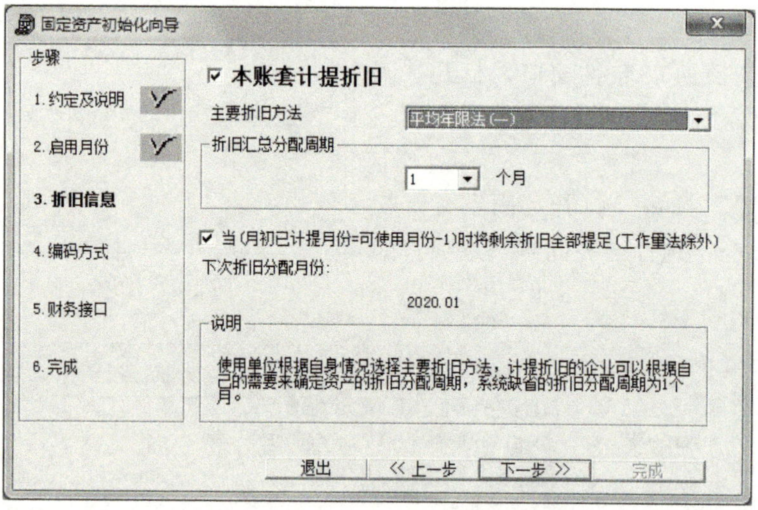

图 2-75　折旧信息设置对话框

5. 单击“下一步”按钮，进入编码方式设置对话框，在编码长度方框内输入“2”“1”“1”“2”；在固定资产编码方式中选择“自动编码”选项，在下拉列表框中选择“类别编号+部门编号+序号”，使用微调按钮将序号长度选为“5”，如图2-76所示。

6. 单击“下一步”按钮，进入财务接口设置对话框，在“与账务系统进行对账”选项框内打“√”；在对账科目中，固定资产对账科目使用“参照”按钮选为“1601，固定资产”，将累计折旧对账科目使用“参照”按钮选为“1602，累计折旧”；“在对账不平情况下允许固定资产月末结账”选项框内不打“√”，如图2-77所示。

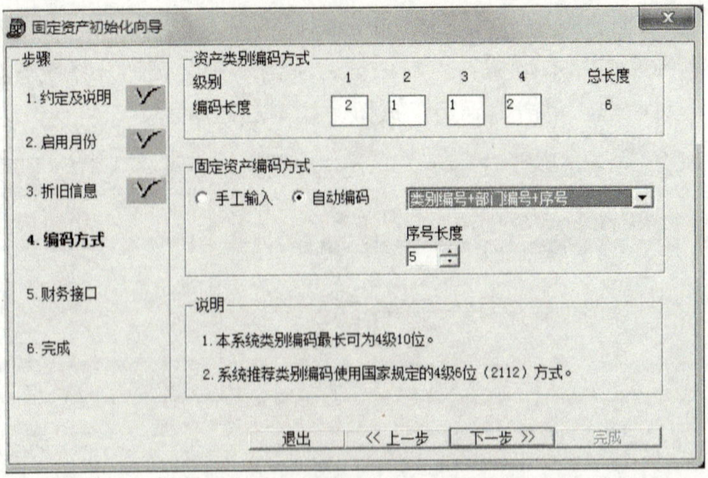

图 2-76　编码方式设置对话框

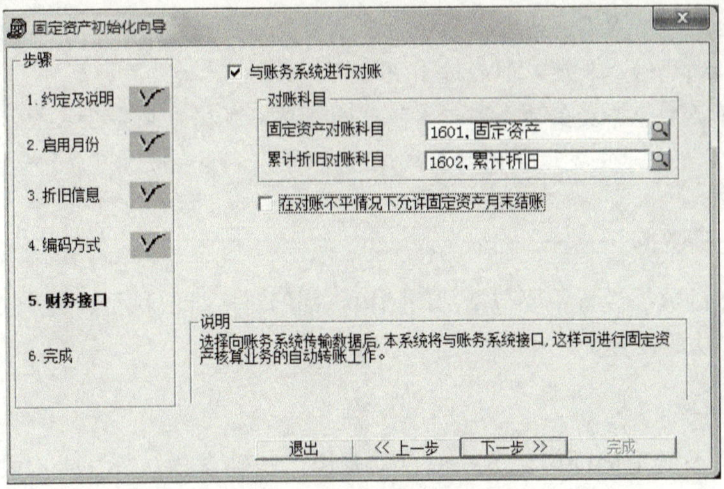

图 2-77　财务接口设置对话框

7. 单击“下一步”按钮，进入固定资产初始化“完成”对话框，核对相关信息设置是否正确，可单击“上一步”按钮进行相应修改；如果没有错误，单击“完成”按钮，如图2-78所示。

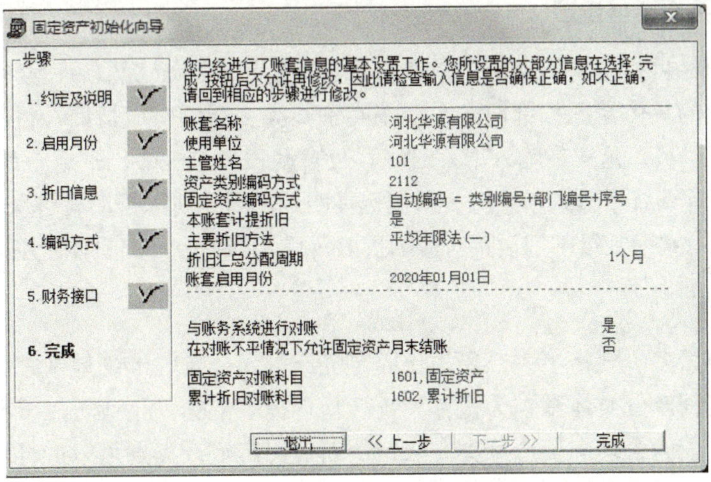

图 2-78　固定资产初始化“完成”对话框

8. 单击“完成”按钮，弹出“已经完成了新账套的所有设置工作。是否确定所设置的信息完全正确并保存对新账套的所有设置？”对话框，单击“是”按钮，系统弹出“已成功初始化本固定资产账套！”对话框。单击“确定”按钮，如图2-79所示。

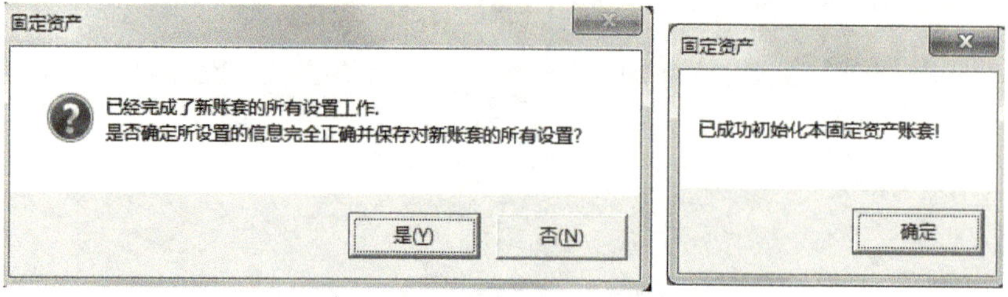

a）　　b）

图 2-79　固定资产账套设置完成对话框

提示

1. 固定资产账套建立后，有些参数是不能修改的，所以在设置时一定要慎重。
2. 固定资产的账套启用月份应和系统管理中固定资产的启用日期保持一致。
3. 资产类别编码的总长度不能超过 10 位。
4. 如果选择了“业务发生后立即制单”复选框，完成相关业务后系统会立即生成凭证，否则用户需要在批量制单中完成凭证的生成工作。

（二）设置基础数据

固定资产的基础数据设置主要包括部门档案、部门对应折旧科目、资产类别、增减方式、使用状况和折旧方法的设置。

1. 部门档案设置

固定资产管理系统中的部门档案一般自动调用“基础设置”→“机构设置”→“部门档案”中的内容，不需要在固定资产管理系统中单独设置。当然，如果在“基础设置”中未做设置，可以在“固定资产”→“设置”→“部门档案”里进行设置，设置方法与在“基础设置”中一样。

2. 部门对应折旧科目设置

部门对应折旧科目是指折旧费用的入账科目。固定资产计提折旧后，必须把折旧归入成本或费用，根据企业的具体情况按部门归类或按类别归类。部门对应折旧科目的设置就是给每个部门选择一个折旧科目，这样在输入卡片时该科目自动添入卡片中，不必一个一个输入。

在固定资产管理系统中输入卡片时，只能选择明细部门，所以折旧科目也只有给明细部门设置才有意义。如果对某一上级部门设置对应的折旧科目，则下级部门只能沿用上级部门的设置。

3. 资产类别设置

固定资产种类繁多、规格不一，要强化固定资产管理，及时准确地做好固定资产核算，必须建立科学的固定资产分类体系，为核算和统计管理提供依据。企业可以根据自身的特点和管理要求，确定一个较为合理的资产分类方法，从而对固定资产类别可以进行增加、修改、删除的操作。

4. 增减方式设置

增减方式设置主要是在固定资产有增减变动时使用。系统内置了六种增加方式和七种减少方式。增加方式主要有直接购买、投资者投入、捐赠、盘盈、在建工程转入、融资租入；减少方式主要有出售、盘亏、投资转出、捐赠转出、报废、毁损、融资租出。

5. 使用状况设置

从固定资产核算管理的角度看，企业需要明确资产的使用状况，一方面可以正确地计算和计提折旧，另一方面便于统计固定资产的使用状况，提高固定资产的利用效率。系统预置的使用状况有在用、季节性停用、经营性出租、大修理停用、未使用及不需用。

6. 折旧方法设置

折旧方法设置是固定资产管理系统自动计算折旧的基础。系统给出了常用的五种方法：不提折旧、平均年限法（一和二）、工作量法、年数总和法、双倍余额递减法。这五种方法是系统设置的折旧方法，只能选用，不能修改和删除。如果这几种方法不能满足企业的使用需要，可以利用系统提供的折旧方法自定义功能，重新定义适合企业的折旧方法名称和计算公式。

例 2-14

1. 设置部门对应折旧科目，相关资料见表 2-19。

表 2-19 部门对应折旧科目表

部门名称	对应折旧科目
经理办公室	660202，管理费用——折旧费
财务处	660202，管理费用——折旧费
人事处	660202，管理费用——折旧费
供应处	660202，管理费用——折旧费
一车间	510103，制造费用——折旧费
二车间	510103，制造费用——折旧费
销售一部	660102，销售费用——折旧费
销售二部	660102，销售费用——折旧费

2. 设置资产类别，相关资料见表 2-20。

表 2-20 资产类别资料

编号	类别名称	净残值率	折旧方法	计量属性
01	房屋及建筑物	5%	平均年限法（一）	正常计提
02	机器设备	4%	平均年限法（一）	正常计提
03	运输设备	4%	平均年限法（一）	正常计提
04	办公设备及其他设备	0%	平均年限法（一）	正常计提

3. 增减方式对应入账科目，相关资料见表 2-21。

表 2-21 增减方式对应入账科目资料

增减方式	对应入账科目
增加方式	
直接购入	100201，建行存款
减少方式	
出售	100201，建行存款
报废	1606，固定资产清理
毁损	1606，固定资产清理

操作步骤

1. 设置部门对应折旧科目步骤：

在用友畅捷通T3软件窗口，选择“固定资产”→“设置”→“部门对应折旧科目”命令，打开“部门编码表”窗口，在左边选择“经理办公室”，单击“操作”按钮，然后在“折旧科目”选项框中使用“参照”按钮，选择“损益”→“管理费用——折旧费”，如图2-80所示。然后单击“保存”按钮。采用同样操作，设置表2-19内的相关内容。设置完毕，单击“退出”按钮，如图2-81所示。

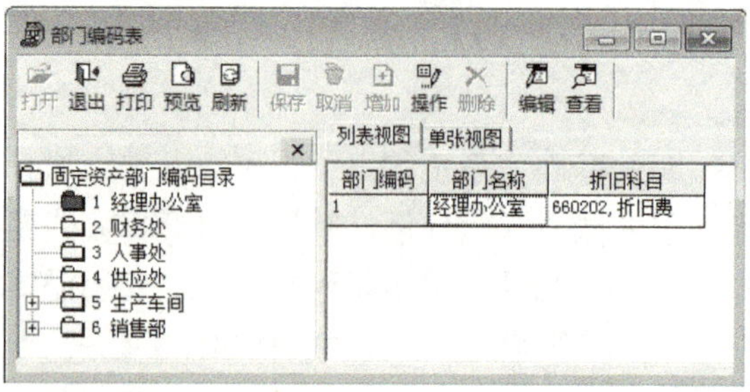

图 2-80 “部门编码表”窗口

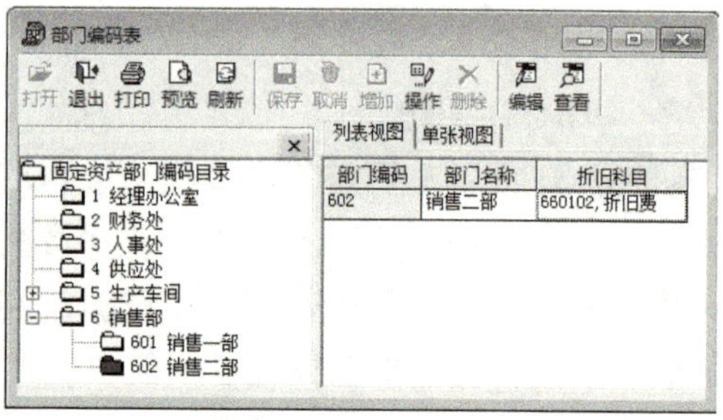

图 2-81 部门编码表设置完成窗口

2. 设置资产类别步骤：

（1）单击“固定资产”→“设置”→“资产类别”命令，打开“类别编码表”窗口，如图2-82所示。

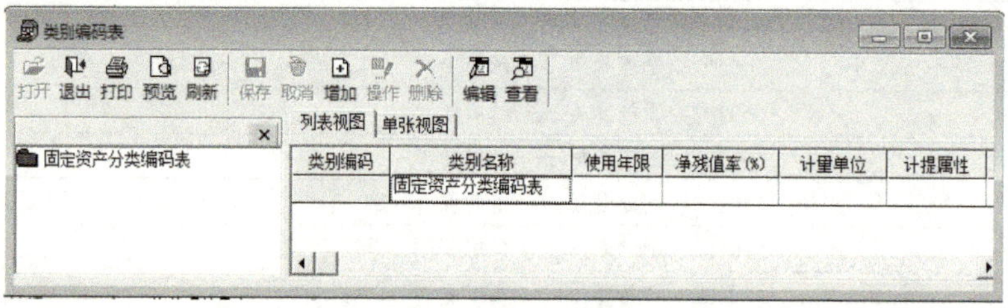

图 2-82 “类别编码表”窗口

（2）单击“增加”按钮，进入固定资产类别设置窗口，系统自动按顺序填入类别编码并且可以修改；在“类别名称”栏输入“房屋及建筑物”，在“净残值率”栏输入“5%”，计提属性默认为“正常计提”，一般不用改动；折旧方法选择“平均年限法（一）”，卡片样式选择“通用样式”，固定资产使用“参照”按钮选择“1601，固定资产”，累计折旧使用“参照”按钮选择“1602，累计折旧”，单击“保存”按钮，如图2-83所示。固定资产类别设置完成，如图2-84所示。

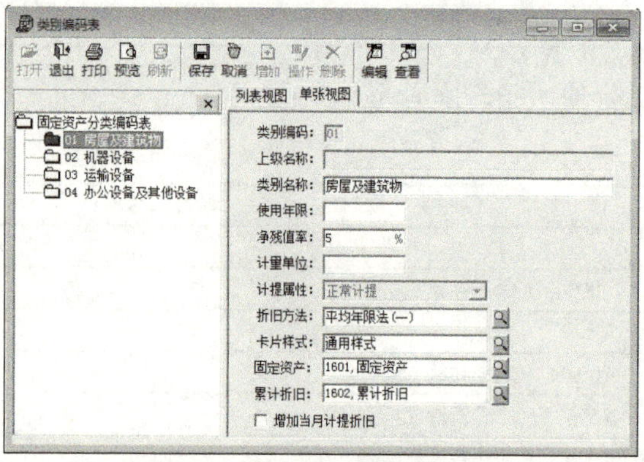

图 2-83 固定资产类别设置窗口

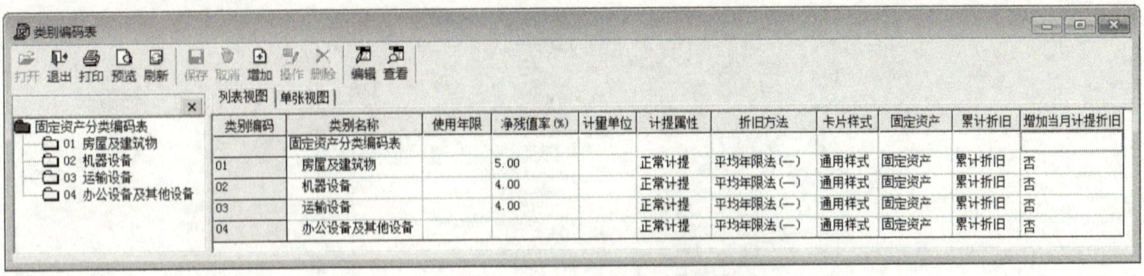

图 2-84　固定资产类别设置完成窗口

提示

1. 资产类别编码不能重复，同一级的类别名称不能相同。
2. 增加明细分类时，需先单击其上一级分类，然后再单击“增加”按钮。

3. 设置增减方式的对应入账科目步骤：

（1）选择“固定资产”→“设置”→“增减方式”命令，打开“增减方式”窗口，如图2-85所示。

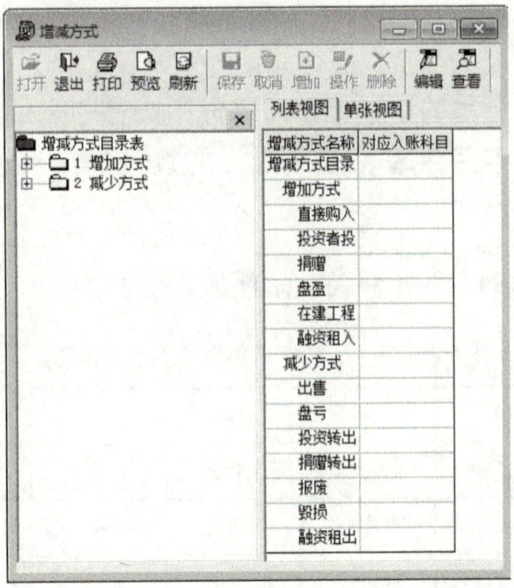

图 2-85　“增减方式”窗口

（2）单击“增加”按钮，进入增减方式设置窗口，对应入账科目使用“参照”按钮选择“100201，建行存款”，单击“保存”按钮，如图2-86所示。

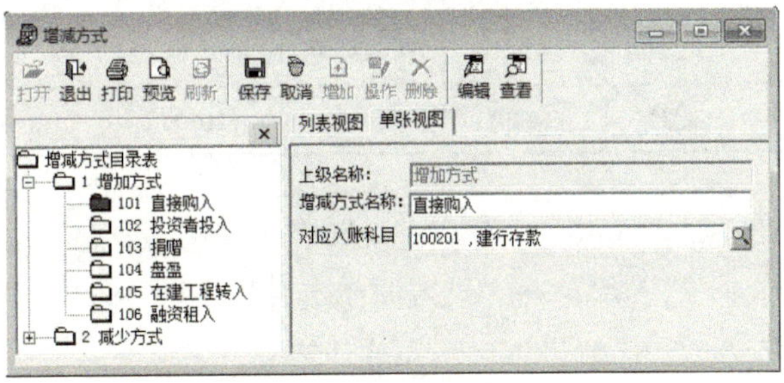

图 2-86　增减方式设置窗口

（3）采用同样操作，设置表2-21中的内容，设置完毕，单击“退出”按钮，如图2-87所示。

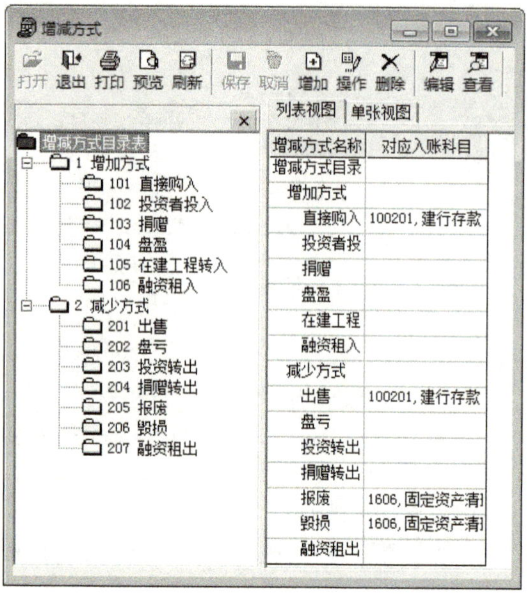

图 2-87 增减方式设置完成窗口

（三）固定资产原始卡片录入

卡片项目是资产卡片上显示的用来记录固定资产资料的栏目，如原值、资产名称、使用年限、折旧方法等，这些是卡片最基本的项目。通过固定资产卡片的录入以保持历史资料的连续性。

例 2-15 录入固定资产原始卡片，相关初始数据见表 2-22。

表 2-22 固定资产原始卡片初始数据

类别编号	03	01	04	04	01	01	02	02
固定资产名称	汽车	办公楼	计算机	复印机	厂房 1	厂房 2	数控车床 1	数控车床 2
部门名称	经理办公室	经理办公室	财务处	财务处	一车间	二车间	一车间	二车间
增加方式	直接购入	投资者投入	直接购入	直接购入	投资者投入	投资者投入	直接购入	直接购入
使用年限 / 年	10	20	5	5	20	20	15	15
开始使用日期	2015-5-1	2012-1-1	2018-10-1	2018-10-1	2012-1-1	2012-1-1	2017-8-1	2017-8-1
原值 / 元	300 000	12 000 000	15 000	7 000	5 000 000	4 000 000	180 000	200 000
累计折旧 / 元	132 000	4 512 500	3 500	1 633.33	1 880 208.33	1 504 166.67	26 880	29 866.67
对应折旧科目	660202	660202	660202	660202	510103	510103	510103	510103

操作步骤

1. 选择“固定资产”→“卡片”→“录入原始卡片”→命令，打开“资产类别参照”对话框，如图2-88所示，选择“03　运输设备”，单击“确认”按钮。

2. 在“固定资产卡片”录入窗口，输入固定资产相关信息：卡片编号由系统自动生成，也可以手工修改；固定资产编号由系统自动生成；固定资产名称输入“汽车”；部门名称选择输入“经理办公室”；增加方式选择输入“直接购入”；使用状况选择输入“在用”；使用年限直接输入“10年0月”；开始使用日期直接输入“2015-05-01”；原值直接输入“300 000”；累计折旧直接输入“132 000”。单击“保存”按钮，如图2-89所示。

3. 采用同样操作，录入表2-22中的固定资产原始卡片，输入完毕，单击“退出”按钮。

4. 如果固定资产卡片原始数据录入有误，可以进行修改。选择“固定资产”→“卡片”→“卡片管理”命令，在打开的“卡片管理”对话框中进行修改。

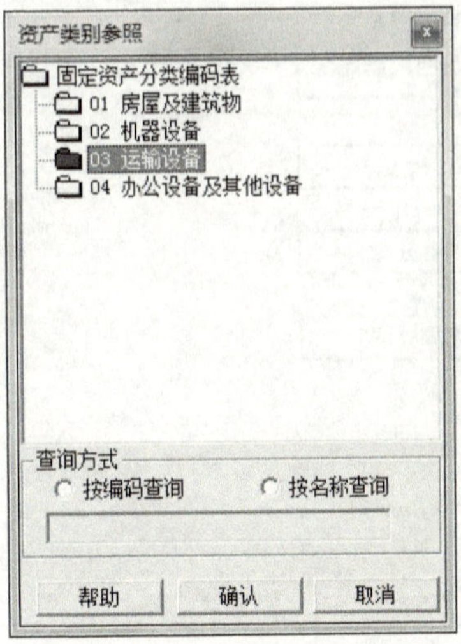

图 2-88 “资产类别参照”对话框

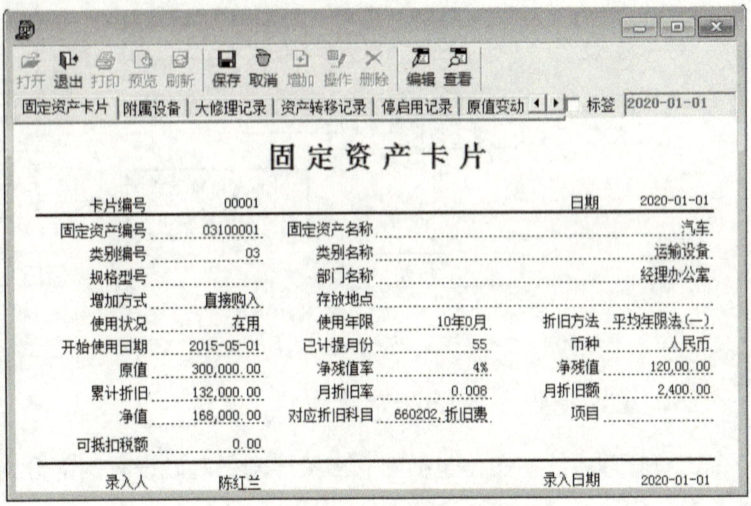

图 2-89 固定资产卡片录入完毕窗口

任务五 工资管理系统的初始化设置

工资是企业职工薪酬的重要组成部分，它不仅是成本的计算内容，同时也是企业进行各种费用计提的基础。工资管理是每个单位财务部门最基本的工作之一，工资核算的正确与否，不仅关系到职工的自身利益，也影响到企业成本费用的核算。

一、工资管理的基本功能

工资管理是人力资源管理的重要组成部分。工资核算的任务是以职工个人的工资原始数据为基础，计算应发工资、扣款合计和实发工资等，编制工资结算表，汇总工资数据，计算个人所得税，分配与计提工资费用并自动转账。

工资管理系统的基础功能包括：工资类别管理、人员档案管理、工资数据管理、工资报表等。

二、工资管理的流程

工资管理流程如图2-90所示。

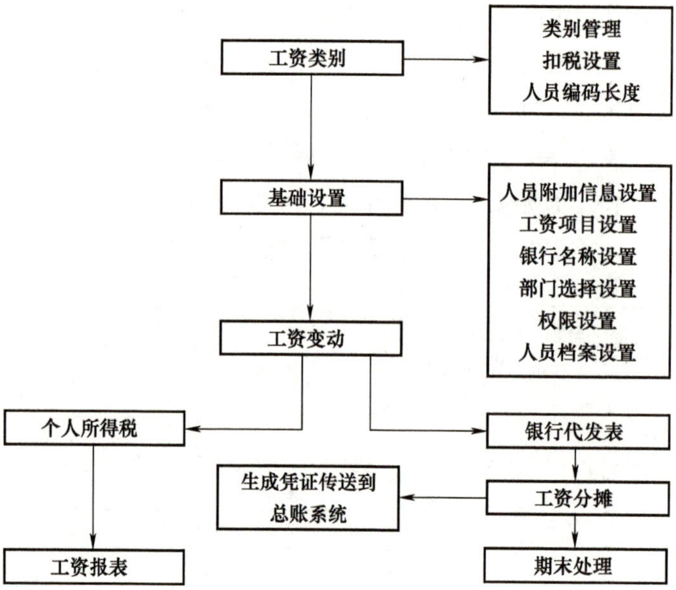

图 2-90 工资管理流程

三、工资管理系统的初始化操作

工资管理系统初始化包括建立工资账套和基础设置两部分内容。

（一）建立工资账套

例 2-16 启用工资模块，用 101 陈红兰的身份建立工资账套，工资模块信息如下：

工资类别：单个　　核算币别：人民币（RMB）

扣税设置：代扣个人所得税　　扣零设置：不扣零

人员编码长度：3 位　　启用日期：2020-01-01

操作步骤

1. 以101陈红兰的身份登录用友畅捷通T3软件，打开“工资”菜单，弹出“建立工资套”对话框，如图2-91所示。

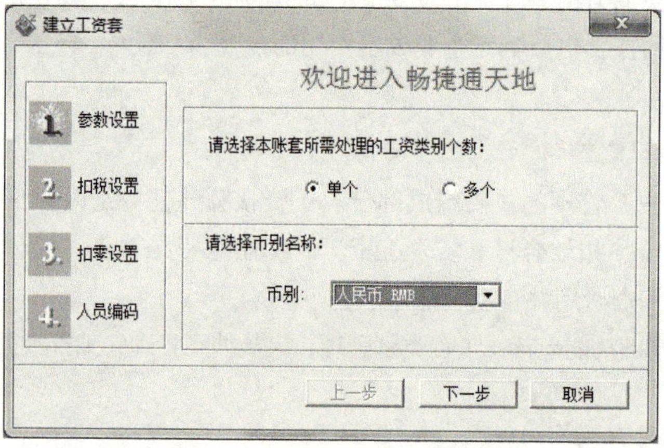

图 2-91 “建立工资套”对话框

2. 单击“下一步”按钮，进入扣税设置对话框，选中“是否从工资中代扣个人所得税”，再单击“下一步”按钮，如图2-92所示。

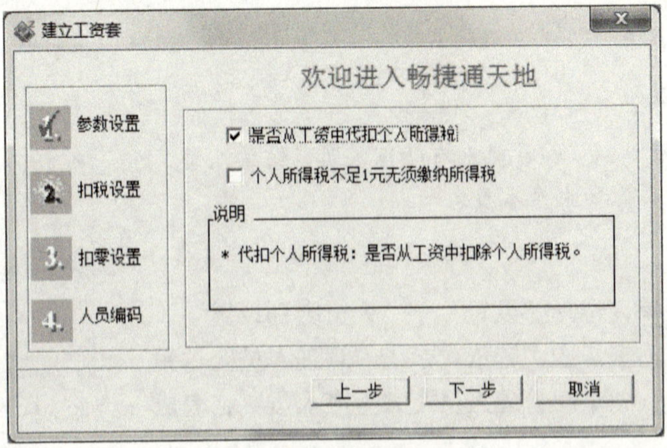

图 2-92 扣税设置对话框

3. 进入扣零设置对话框，按照例题要求，不进行扣零设置，单击“下一步”按钮，如图2-93所示。

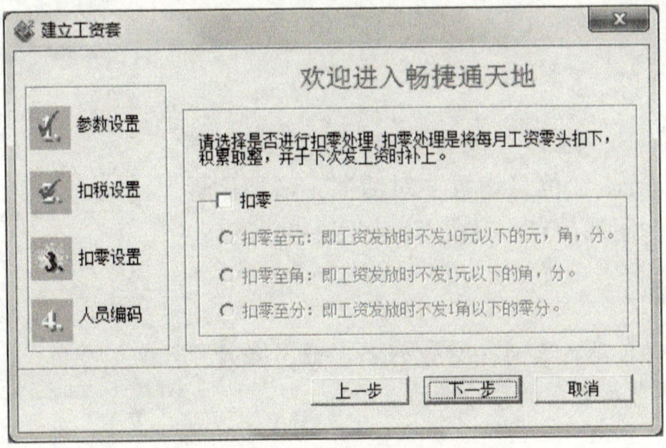

图 2-93 扣零设置对话框

4. 进入人员编码设置对话框，按要求，修改人员编码长度为“3”，启用日期为“2020-01-01”，如图2-94所示。

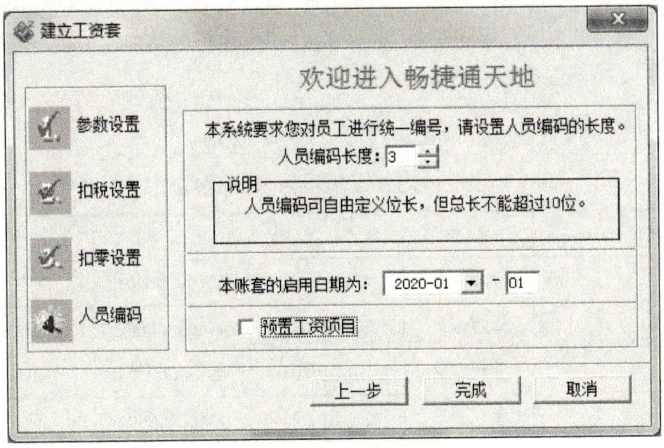

图 2-94 人员编码设置对话框

5. 单击“完成”按钮，弹出“是否以2020-01-01为当前工资类别的启用日期？”对话框，单击“确定”按钮，完成建立工资账套的设置。

（二）基础设置

1. 人员类别设置

例 2-17 设置人员类别。人员类别有管理人员、销售人员、采购人员、车间管理人员和生产人员。

操作步骤

打开“工资”菜单，选择“设置”→“人员类别设置”，弹出“类别设置”对话框，按例题依次录入“管理人员”“销售人员”“采购人员”“车间管理人员”“生产人员”，完成后，如图2-95所示。

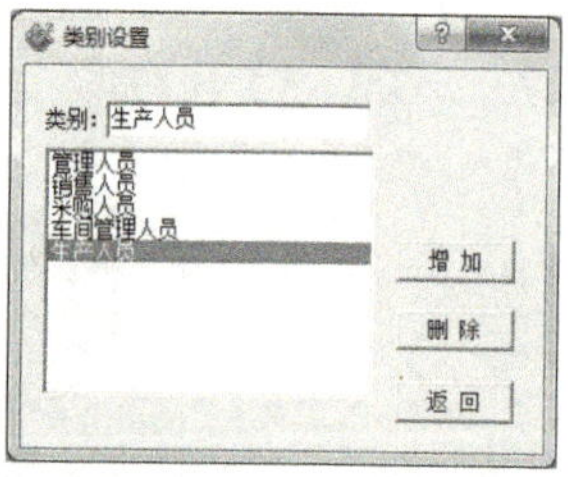

图 2-95 “类别设置”对话框

2. 人员附加信息设置

例 2-18 设置人员附加信息。人员附加信息包括性别、工龄和职务。

操作步骤

打开“工资”菜单，选择“设置”→“人员附加信息设置”，弹出“人员附加信息设置”对话框，增加“性别”“工龄”“职务”附加信息，完成后，如图2-96所示。

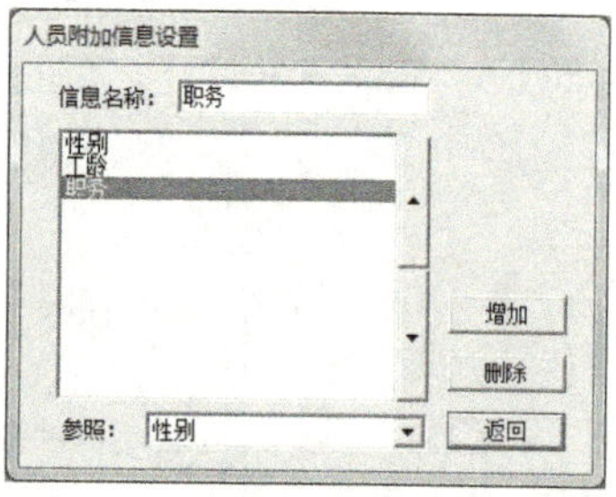

图 2-96 “人员附加信息设置”对话框

3. 银行名称设置

例 2-19 设置银行名称。名称为建设银行，账号长度为 11 位，录入时需要自动带出的账号长度为 9 位。

操作步骤

打开“工资”菜单，选择“设置”→“银行名称设置”，弹出“银行名称设置”对话框，增加建设银行的相关信息，完成后，如图2-97所示。

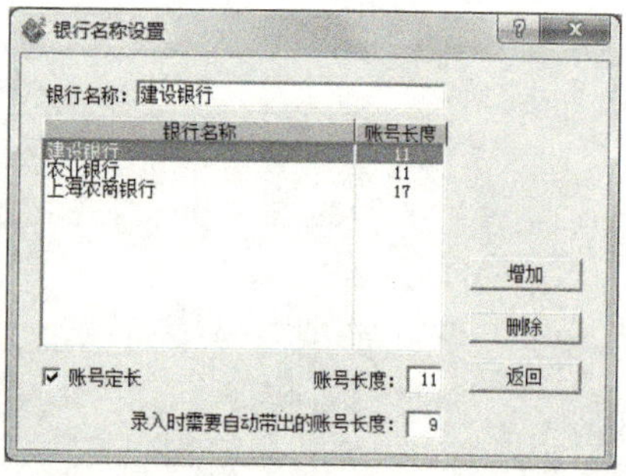

图 2-97 “银行名称设置”对话框

4. 人员档案设置

例 2-20 设置工资项目人员档案，相关内容见表 2-23。

表 2-23 工资项目人员档案

人员编号	人员姓名	部门编号	人员类别	进入时间	账号	性别	工龄	职务
101	郑铭	1	管理人员	2012-01-01	43460000001	男	8	总经理
201	陈红兰	2	管理人员	2013-03-01	43460000002	女	7	会计主管
202	张丽	2	管理人员	2014-05-01	43460000003	女	6	会计
203	李强	2	管理人员	2014-01-01	43460000004	男	6	出纳
401	田凡	4	采购人员	2016-02-01	43460000005	女	4	采购主管
402	赵小明	4	采购人员	2015-01-01	43460000006	男	5	采购人员

（续）

人员编号	人员姓名	部门编号	人员类别	进入时间	账号	性别	工龄	职务
403	张敏	4	采购人员	2017-01-01	43460000007	女	3	采购人员
501	韩达	501	车间管理人员	2014-05-01	43460000008	男	6	车间主管
502	张若飞	501	生产人员	2016-01-01	43460000009	男	4	生产人员
503	冯兴岩	502	车间管理人员	2015-02-01	43460000010	男	5	车间主管
504	胡佳新	502	生产人员	2015-05-01	43460000011	男	5	生产人员
601	宋芳	601	销售人员	2014-06-01	43460000012	女	6	销售主管
602	刘子鸣	601	销售人员	2017-03-01	43460000013	男	3	销售人员
603	吴少鹏	602	销售人员	2014-04-01	43460000014	男	6	销售主管
604	杨静杰	602	销售人员	2018-01-01	43460000015	男	2	销售人员

操作步骤

打开“工资”菜单，选择“设置”→“人员档案”，弹出“人员档案”设置窗口，依次将例题中人员的信息录入到系统中，完成后，如图2-98所示。

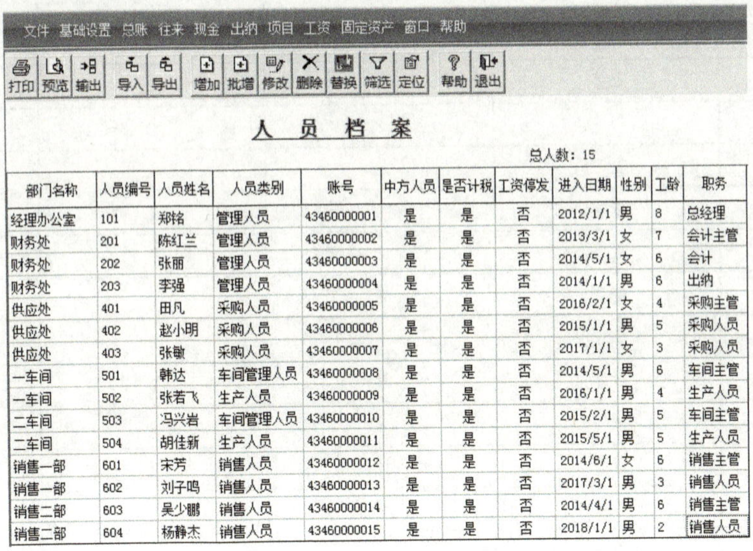

部门名称	人员编号	人员姓名	人员类别	账号	中方人员	是否计税	工资停发	进入日期	性别	工龄	职务
经理办公室	101	郑铭	管理人员	43460000001	是	是	否	2012/1/1	男	8	总经理
财务处	201	陈红兰	管理人员	43460000002	是	是	否	2013/3/1	女	7	会计主管
财务处	202	张丽	管理人员	43460000003	是	是	否	2014/5/1	女	6	会计
财务处	203	李强	管理人员	43460000004	是	是	否	2014/1/1	男	6	出纳
供应处	401	田凡	采购人员	43460000005	是	是	否	2016/2/1	女	4	采购主管
供应处	402	赵小明	采购人员	43460000006	是	是	否	2015/1/1	男	5	采购人员
供应处	403	张敏	采购人员	43460000007	是	是	否	2017/1/1	女	3	采购人员
一车间	501	韩达	车间管理人员	43460000008	是	是	否	2014/5/1	男	6	车间主管
一车间	502	张若飞	生产人员	43460000009	是	是	否	2016/1/1	男	4	生产人员
二车间	503	冯兴岩	车间管理人员	43460000010	是	是	否	2015/2/1	男	5	车间主管
二车间	504	胡佳新	生产人员	43460000011	是	是	否	2015/5/1	男	5	生产人员
销售一部	601	宋芳	销售人员	43460000012	是	是	否	2014/6/1	女	6	销售主管
销售一部	602	刘子鸣	销售人员	43460000013	是	是	否	2017/3/1	男	3	销售人员
销售二部	603	吴少鹏	销售人员	43460000014	是	是	否	2014/4/1	男	6	销售主管
销售二部	604	杨静杰	销售人员	43460000015	是	是	否	2018/1/1	男	2	销售人员

图 2-98　人员档案设置窗口

5. 权限设置

例 2-21 设置操作员 102 张丽为河北华源有限公司的工资类别主管。

操作步骤

打开“工资”菜单，选择“设置”→“权限设置”，弹出“权限设置”对话框，在对话框左侧选择“102张丽”，再单击“修改”按钮，在“工资类别主管”前打上“√”，账套选择为“001〔河北华源有限公司〕”，修改后，单击“保存”按钮，完成设置，如图2-99所示。

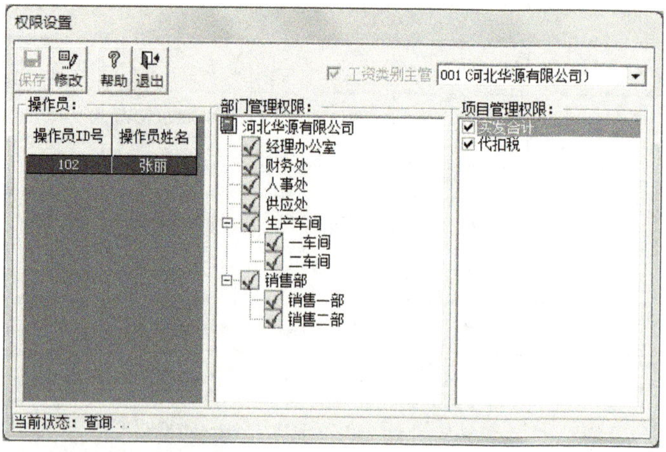

图 2-99 工资权限设置对话框

6. 工资项目设置

例 2-22 河北华源有限公司的工资项目见表 2-24。

表 2-24 工资项目

工资项目名称	类　型	长　度	小数位数	增　减　项
代扣税	数字	10	2	减项
实发合计	数字	10	2	增项
基本工资	数字	8	2	增项
岗位工资	数字	8	2	增项
工龄工资	数字	8	2	增项
岗位津贴	数字	8	2	增项
奖金	数字	8	2	增项
病假天数	数字	8	2	其他
病假扣款	数字	8	2	减项
事假天数	数字	8	2	其他
事假扣款	数字	8	2	减项
应发合计	数字	10	2	增项
保险费	数字	8	2	减项
住房公积金	数字	8	2	减项
扣款合计	数字	10	2	减项

操作步骤

1. 打开“工资”菜单，选择“设置”→“工资项目设置”，弹出“工资项目设置”对话框，如图2-100所示。

2. 单击“增加”按钮，在当前的“工资项目”选项卡中录入“基本工资”或通过右侧的名称参照功能选择“基本工资”，类型选择“数字”，长度设置为“8”位，小数设置为“2”位，增减项设置为“增项”，设置完成后，如图2-101所示。

3. 其他工资项目按照以上步骤进行增加，完成后，如图2-102所示。

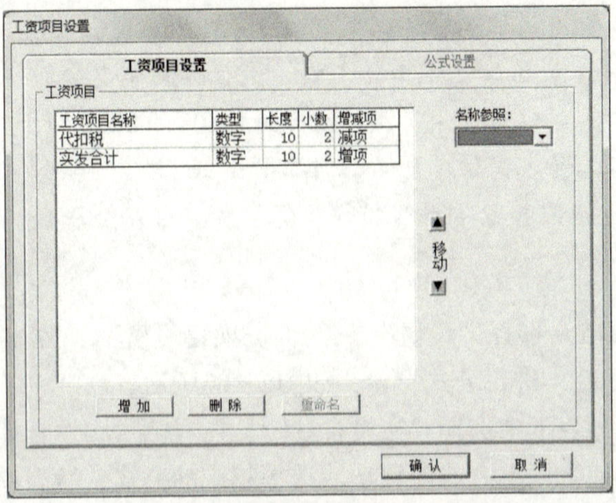

图 2-100 “工资项目设置”对话框

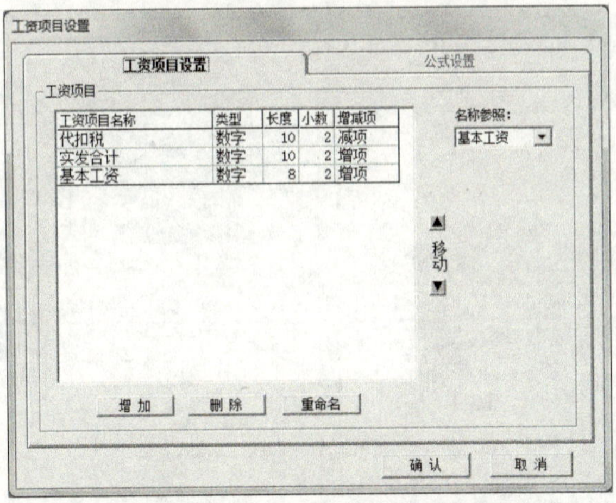

图 2-101 基本工资项目设置对话框

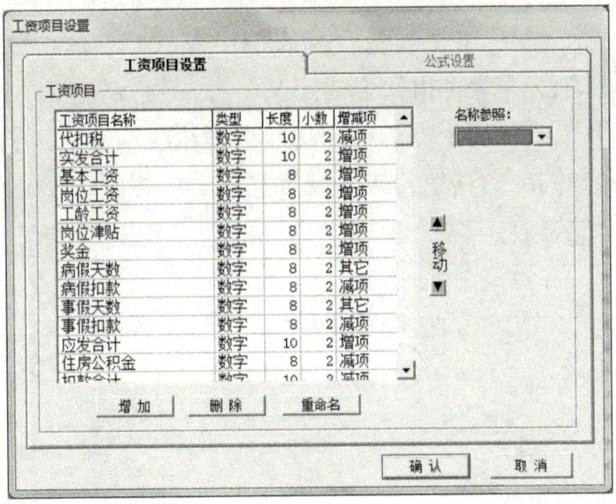

图 2-102 工资项目设置完成对话框

7. 工资公式设置

例 2-23

实发工资 = 应发合计 − 扣款合计

病假扣款 =（基本工资 + 岗位工资 + 工龄工资）÷21.75×0.5× 病假天数

事假扣款 =（基本工资 + 岗位工资 + 工龄工资）÷21.75× 事假天数

应发合计 = 基本工资 + 岗位工资 + 工龄工资 + 岗位津贴 + 奖金

保险费 =（基本工资 + 岗位工资 + 工龄工资）×（0.08+0.02+0.01）

住房公积金 =（基本工资 + 岗位工资 + 工龄工资）×0.08

扣款合计 = 代扣税 + 病假扣款 + 事假扣款 + 保险费 + 住房公积金

操作步骤

1. 打开“工资”菜单，选择“设置”→“工资项目设置”，弹出“工资项目设置”对话框，单击“公式设置”标签，进行公式设置，如图2-103所示。

2. 在“工资项目”列表框中选择“实发合计”，在右侧“实发合计公式定义”中直接输入“应发合计–扣款合计”或者用下方的参照功能选择相应的公式，然后单击“公式确认”按钮，如图2-104所示。

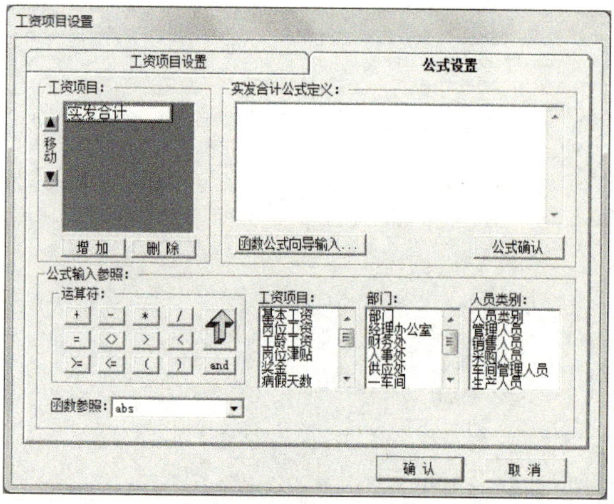

图 2-103 公式设置对话框

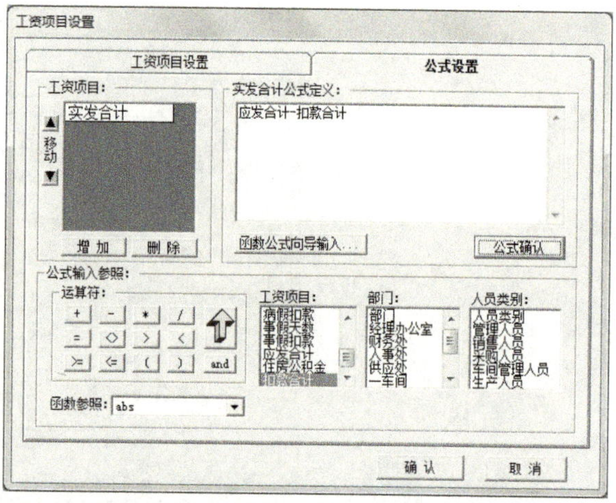

图 2-104 实发合计公式设置对话框

3. 单击“增加”按钮，在“工资项目”列表框中录入“事假扣款”或通过下方的参照功能选择“事假扣款”，在右侧“事假扣款公式定义”栏中直接输入“（基本工资+岗位工资+工龄工资）÷21.75×事假天数”或者用下方的参照功能选择相应的公式，然后单击“公式确认”按钮；按照此方法继续输入本例中的其他公式，设置完成后，如图2-105所示。

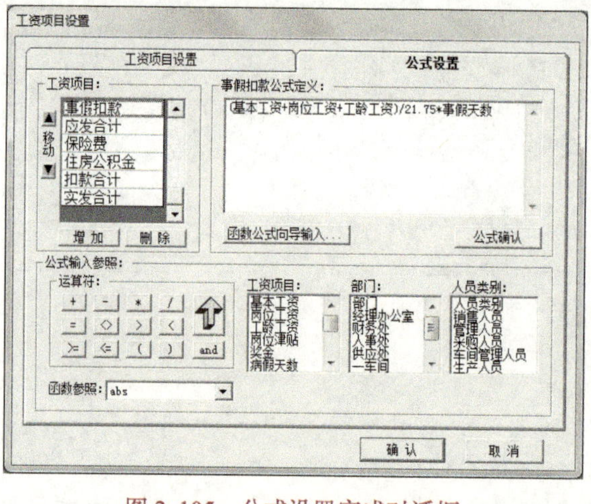

图 2-105 公式设置完成对话框

8. 工资初始数据录入设置

例2-24 录入职工工资初始数据，相关内容见表2-25。

表2-25 职工工资初始数据 （单位：元）

编号	职工姓名	基本工资	岗位工资	工龄工资	岗位津贴	奖金
101	郑铭	2 000	4 200	700	300	
201	陈红兰	1 800	3 100	600	200	
202	张丽	1 500	2 000	500	150	
203	李强	1 500	2 000	500	150	
401	田凡	1 800	3 100	300	200	
402	赵小明	1 500	2 500	400	150	
403	张敏	1 800	2 500	200	150	
501	韩达	1 800	3 100	500	200	
502	张若飞	1 600	2 500	300	150	
503	冯兴岩	1 800	3 100	400	200	
504	胡佳新	1 600	2 500	400	150	
601	宋芳	1 800	3 100	500	200	
602	刘子鸣	1 600	2 000	200	150	
603	吴少鹏	1 800	3 100	500	200	
604	杨静杰	1 600	2 000	100	150	

操作步骤

选择“工资”→“业务处理”→“工资变动”，录入表中职工的工资项目初始数据，初始数据属于职工工资的不变数据，录入完成后，如图2-106所示。

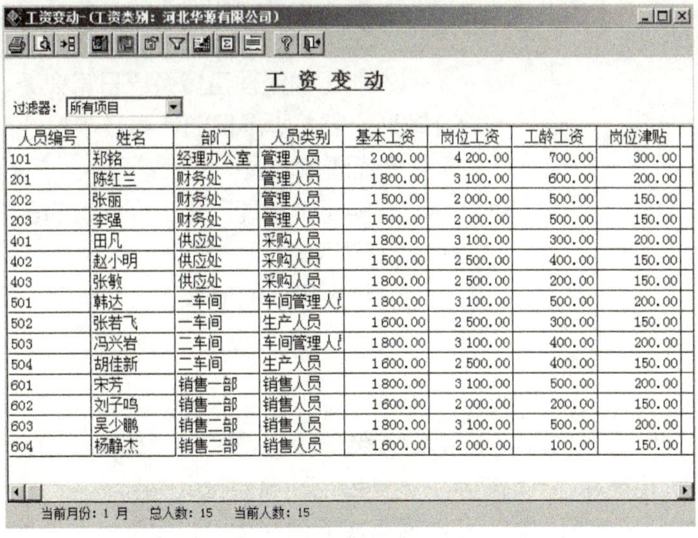

人员编号	姓名	部门	人员类别	基本工资	岗位工资	工龄工资	岗位津贴
101	郑铭	经理办公室	管理人员	2 000.00	4 200.00	700.00	300.00
201	陈红兰	财务处	管理人员	1 800.00	3 100.00	600.00	200.00
202	张丽	财务处	管理人员	1 500.00	2 000.00	500.00	150.00
203	李强	财务处	管理人员	1 500.00	2 000.00	500.00	150.00
401	田凡	供应处	采购人员	1 800.00	3 100.00	300.00	200.00
402	赵小明	供应处	采购人员	1 500.00	2 500.00	400.00	150.00
403	张敏	供应处	采购人员	1 800.00	2 500.00	200.00	150.00
501	韩达	一车间	车间管理人	1 800.00	3 100.00	500.00	200.00
502	张若飞	一车间	生产人员	1 600.00	2 500.00	300.00	150.00
503	冯兴岩	二车间	车间管理人	1 800.00	3 100.00	400.00	200.00
504	胡佳新	二车间	生产人员	1 600.00	2 500.00	400.00	150.00
601	宋芳	销售一部	销售人员	1 800.00	3 100.00	500.00	200.00
602	刘子鸣	销售一部	销售人员	1 600.00	2 000.00	200.00	150.00
603	吴少鹏	销售二部	销售人员	1 800.00	3 100.00	500.00	200.00
604	杨静杰	销售二部	销售人员	1 600.00	2 000.00	100.00	150.00

图2-106 职工工资初始数据录入完成

Project 3

项目三

企业日常经济业务的处理方法

项目综述

初始化设置完成后，就可以开始进行日常业务处理了，本模块以工业企业的一般会计业务流程为线索，结合具体业务介绍日常会计业务处理的各项基本操作。

学习目标

① 能正确处理总账系统日常业务，学会填制记账凭证，修改记账凭证

② 能正确处理工资系统日常业务，学会工资变动的修改、个人所得税的计算及申报、银行代发工资、查看分钱清单、查询账表管理

③ 能正确处理固定资产系统的日常业务，学会资产增加及填制凭证

④ 学会凭证的审核、出纳签字、记账

素养目标

① 培养学生细心认真的学习态度及严谨求实的工作作风，树立良好的会计职业道德观念，培养学生热爱会计工作的思想感情

② 培养学生自主学习的能力和严谨务实的职业意识，增强学生的责任感，进一步培养学生团队协作意识

任务一　企业日常经济业务简述

用友畅捷通T3软件进行初始化设置完成之后，就可以进行日常业务的处理工作了。在总账系统的日常业务中，主要包括凭证填制、出纳签字、审核签字、总账及明细账的查询等工作；工资管理系统中的日常业务主要是工资的变动；固定资产管理系统则主要是固定资产的增减变动。

记账凭证是总账系统处理的起点，也是所有数据最主要的来源。日常业务受理首先从填制凭证开始。由于记账凭证是登记账簿的依据，在实行计算机处理账务后，电子账簿的准确性与完整性完全依赖于记账凭证，因此使用者必须要确保记账凭证输入的准确性、完整性。

任务二　填制日常业务凭证

一、填制凭证

（一）记账凭证的来源

微课1　填制凭证

在总账中，记账凭证的来源有三种：第一，用户可直接在计算机上根据审核无误、准予报销的原始凭证填制记账凭证（即前台处理）；第二，先由人工制单而后集中输入计算机（即后台处理）；第三，计算机自动生成机制凭证。用户应根据本单位实际情况选择具体的方法，一般来说业务量不多或基础较好或使用网络版的用户可采用前台处理方式，而在第一年使用人机并行的用户，则比较适合采用后台处理。

（二）记账凭证的内容

记账凭证一般包括凭证头、凭证正文和凭证尾三部分。凭证头部分包括凭证类别、凭证编号、制单日期和附单据数等；凭证正文部分包括摘要、科目名称、借贷方向、借贷金额、辅助信息等；凭证尾部分包括记账、审核、出纳、制单等。如果信息没有主动填制，系统会根据当前注册进入本系统的操作员姓名自动输入。

（三）记账凭证输入的形式

凭证的输入采用键盘输入、硬盘输入、网络传输和自动生成机制凭证四种方式，其中键盘输入是最常用的形式。

例3-1 河北华源有限公司2020年1月发生的经济业务如下，操作员更换为102张丽并进行凭证的填制。

业务1　1月1日，冲销2019年年末暂估入账的煤炭40吨，暂估单价为400元，该批煤炭由供应处赵小明从山西煤化购入。（附单据数：1张）

转账凭证为：

借：原材料——煤炭　　16 000（红字）

　　贷：应付账款——暂估款项　　16 000（红字）

业务2　1月2日，从建行提取现金3 000元，作为备用金。（附单据数：1张）

付款凭证为：

借：库存现金　　3 000

　　贷：银行存款——建行存款　　3 000

业务3　1月2日，用建行存款从河北永太公司购入标准件100箱，单价为500元，取得的增值税专用发票上注明的价款为50 000元，增值税税额为6 500元，已验收入库（转账支票ZZ20200101）。（附单据数：2张）

付款凭证为：

借：原材料——标准件　　50 000

　　应交税费——应交增值税——进项税额　　6 500

　　贷：银行存款——建行存款　　56 500

业务4　1月3日，收到广东宝远公司前欠货款275 000元，存入建设银行（转账支票ZZ20200102），该业务由杨静杰负责。（附单据数：1张）

收款凭证为：

借：银行存款——建行存款　　275 000

　　贷：应收账款（广东宝远）　　275 000

业务5　1月5日，用建行存款（转账支票ZZ20200103）购入轿车一辆，此车为销售一部业务专用。取得的增值税专用发票上注明的价款为180 000元，增值税税额为23 400元。该汽车净残值率为4%，预计使用8年。（附单据数：2张）

需通过固定资产管理系统填制固定资产卡片账，并通过固定资产管理系统生成凭证。

付款凭证为：

借：固定资产（销售一部）　　180 000

　　应交税费——应交增值税——进项税额　　23 400

　　贷：银行存款——建行存款　　203 400

业务6　1月7日，用建行存款支付广告费2 000元，（现金支票XJ20200101），由销售一部刘子明负责办理。（附单据数：2张）

付款凭证为：

借：销售费用——广告费　　2 000

　　贷：银行存款——建行存款　　2 000

业务7　1月10日，财务处李强出差回来，报销差旅费1 350元，交回现金150元。（附单据数：2张）

收款凭证为：

借：库存现金　　150

　　管理费用——差旅费　　1 350

　　贷：其他应收款——差旅费（李强）　　1 500

业务8　1月12日，收到外资企业投资款500 000美元，存入中行。（附单据数：2张）

收款凭证为：

借：银行存款——中行存款　　3 250 000（USD500 000）

　　贷：实收资本　　3 250 000

业务9　1月14日，用建行存款缴纳上月未缴的增值税263 000元，企业所得税150 000元，城市维护建设税18 410，教育费附加7 890元（转账支票ZZ20200104）。（附单据数：5张）

付款凭证为：

借：应交税费——未交增值税　263 000

　　　　　　——应交企业所得税　150 000

　　　　　　——应交城建税　18 410

　　　　　　——应交教育费附加　7 890

　贷：银行存款——建行存款　439 300

业务10　1月24日，由销售一部刘子鸣负责销售A设备给武汉天源公司30台，每台单价15 000元，开出的增值税专用发票上注明价款为450 000元，增值税税额为58 500元，款项已收到，存入建行（转账支票ZZ20200105）。（附单据数：2张）

收款凭证为：

借：银行存款——建行存款　508 500

　贷：主营业务收入——A设备　450 000

　　　应交税费——应交增值税（销项税额）　58 500

业务11　1月25日，企业投资购入不打算长期持有的中国石油股票共10 000股，每股市价8.5元。（附单据数：1张）

转账凭证为：

借：交易性金融资产——成本　85 000

　贷：其他货币资金　85 000

业务12　1月27日，根据领料汇总表，生产领用原材料。其中：钢件7吨，单价3 000元；橡胶3吨，单价11 000元；木料20方，单价4 000元；生产耗用煤炭20吨，单价400元；标准件20箱，单价500元。A、B两种设备按3:2的比例分配成本。（附单据数：1张）

转账凭证为：

借：生产成本——直接材料（A设备）　91 200

　　　　　　——直接材料（B设备）　60 800

　贷：原材料——钢铁　21 000

　　　　　　——橡胶　33 000

　　　　　　——木料　80 000

　　　　　　——煤炭　8 000

　　　　　　——标准件　10 000

操作步骤

业务1　数量核算和供应商往来辅助核算凭证的填制

1. 执行“文件”→“重新注册”命令，打开“系统控制台”对话框，输入用户名102、操作日期2020年1月，单击“确定”按钮，系统更换操作员成功。

2. 执行“总账”→“凭证”→“填制凭证”命令，进入“填制凭证”窗口。单击“增加”按钮，使用参照功能在凭证类别下拉列表框中选择“转账凭证”选项。按<Enter>键，系统将自动生成凭证编号，将制单日期改为“2020-01-01”，附单据张数为“1”。

3. 在“摘要”栏输入“日常业务”，“科目名称”栏参照输入“140304原材料/煤炭”，按<Enter>键，弹出数量核算“辅助项”对话框，输入数量“40”、单价“400”，单击“确认”按钮，系统自动在“借方金额”栏上填上金额“16 000”，在“16 000”前面输入“-”号，数字变成红色。数量核算凭证填制如图3-1所示。

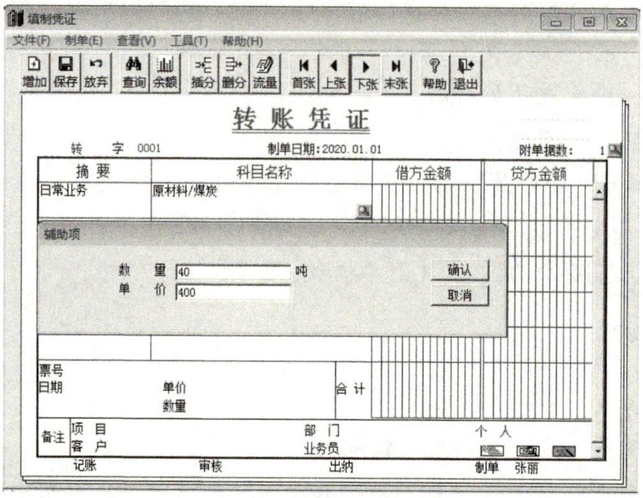

图 3-1　数量核算凭证填制窗口

4. 按<Enter>键，系统自动提取上一行摘要，“科目名称”栏输入“220202应付账款/暂估款”，按<Enter>键，弹出供应商往来核算“辅助项”对话框，供应商参照选择“山西煤化”，业务员选择“赵小明”，发生日期选择“2020.01.01”，单击“确认”按钮，如图3-2所示。

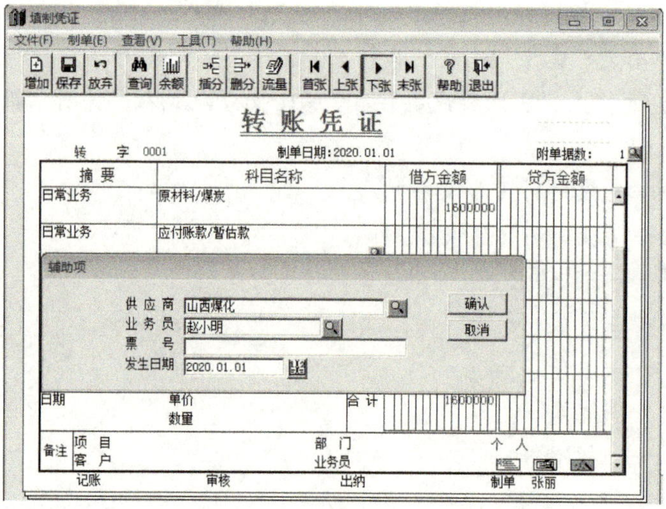

图 3-2　供应商往来辅助核算凭证填制窗口

5. 按<Enter>键，在光标所在的“贷方金额”栏直接输入“=”，系统自动提取借方金额。

6. 凭证所有信息输入完毕，单击“保存”按钮。

业务2　货币资金凭证的填制

1. 单击“增加”按钮，增加一张新凭证，修改凭证类别、日期及附单据数。

2. 在“摘要”栏输入“日常业务”，在“科目名称”栏第一行位置输入科目编码“1001”或单击“参照”按钮选择“1001库存现金”科目，或者直接输入“库存现金”。

3. 按<Enter>键，光标移至借方金额位置，直接输入“3 000”，再按<Enter>键，光标移到第二行并自动提取第一行的摘要，也可修改摘要，按<Enter>键，输入科目名称“100201银行存款/建行存款”，输入贷方金额“3 000”。单击“保存”按钮，如图3-3所示。

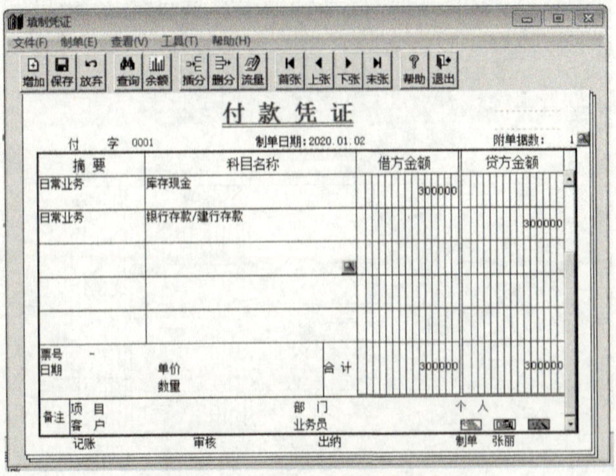

图 3-3 货币资金凭证填制窗口

业务3 购进原材料业务凭证的填制

1. 操作步骤同业务1的操作步骤1～3。

2. 按<Enter>键，系统自动提取上一行摘要，“科目名称”栏输入“22210101应交税费/应交增值税/进项税额”，输入借方金额“6 500”。

3. 按<Enter>键，光标跳到第三行并自动提取上一行摘要内容，按<Enter>键，在第三行科目名称位置参照输入“100201银行存款/建行存款”，按<Enter>键，弹出银行存款核算“辅助项”对话框，结算方式参照选择转账支票，输入票号“ZZ20200101”、发生日期选择“2020.01.02”，单击“确认”按钮。辅助核算凭证的填制如图3-4所示。

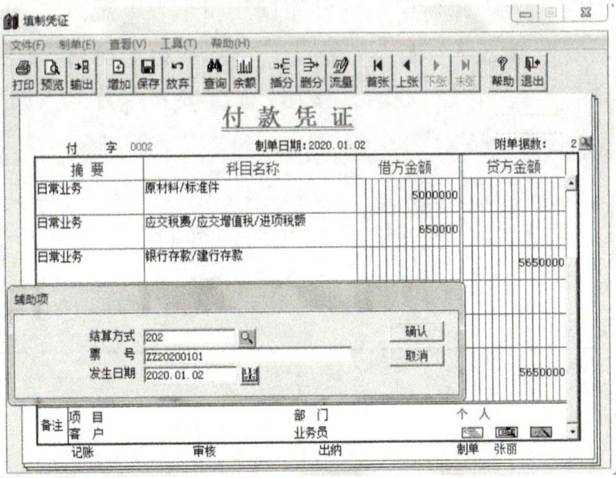

图 3-4 购进原材料业务凭证填制窗口

4. 按<Enter>键，贷方金额输入“56 500”，单击“保存”按钮。

业务4 客户往来辅助核算凭证的填制

1. 单击“增加”按钮，增加一张新凭证，修改凭证类别、日期及附单据数。

2. 第一行借方的操作步骤同业务3的操作步骤3～4。

3．按<Enter>键，光标跳到第二行并自动提取上一行摘要内容，在第二行科目名称位置参照输入“1122应收账款”，按<Enter>键，弹出客户往来核算“辅助项”对话框，客户参照选择“广东宝远”，业务员参照选择“杨静杰”，输入票号“ZZ20200102”、发生日期选择“2020.01.03”，单击“确认”按钮。客户往来辅助核算凭证的填制如图3-5所示。

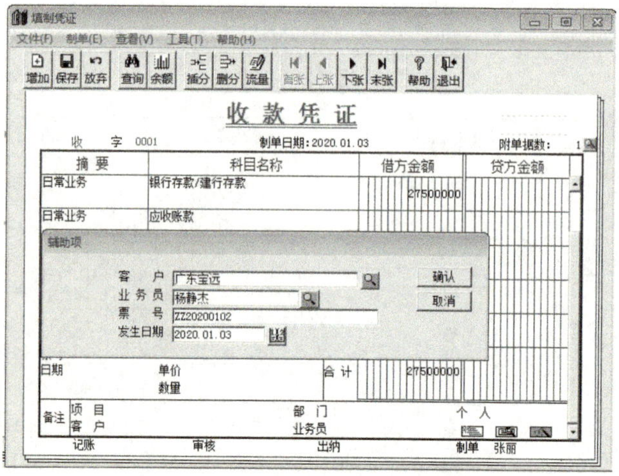

图 3-5 客户往来辅助核算凭证填制窗口

4．按<Enter>键，贷方金额输入“275 000”，单击“保存”按钮。

业务5 资产增加凭证的填制

1．执行“固定资产”→“卡片”→“资产增加”→“资产类别参照”→“运输设备”命令，或单击“资产增加”图标，再单击“确定”按钮。

2．进入固定资产卡片录入窗口，单击“固定资产名称”，输入“轿车”；单击“部门名称”，选择“销售一部”；单击“增加方式”，选择“直接购入”；单击“存放地点”，选择“601”；单击“使用状况”，输入“在用”；单击“使用年限”，输入“8年0月”；单击“折旧方法”，选择“平均年限法（一）”；单击“开始使用日期”，输入“2020-01-05”；单击“原值”，输入“180 000”，“净残值率”输入“4%”，“对应折旧科目”选择“660102, 折旧费”，“可抵扣税额”输入“23 400”，单击“保存”按钮。固定资产卡片录入如图3-6所示。

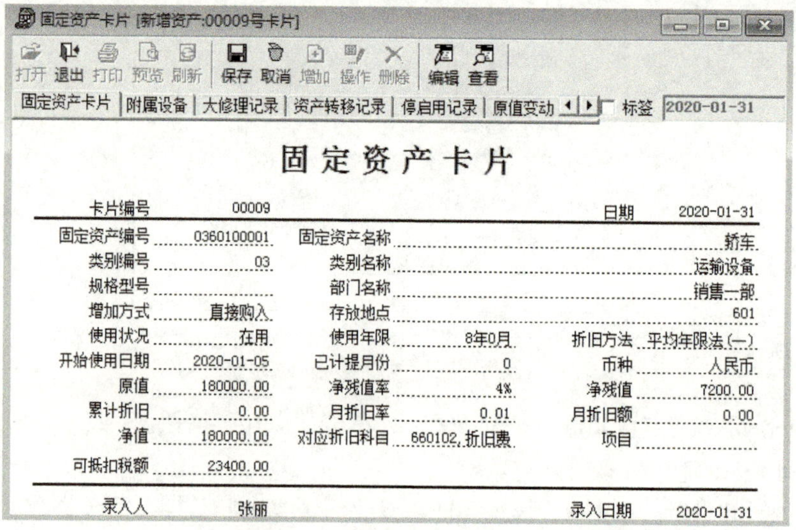

图 3-6 固定资产卡片录入窗口

3. 进入“填制凭证”窗口，凭证类别、制单日期、附单据数、会计科目及其辅助项如果与实际不符，可以直接修改，然后单击“保存”按钮，在凭证的左上角显示“已生成”。资产增加凭证的填制如图3-7所示。

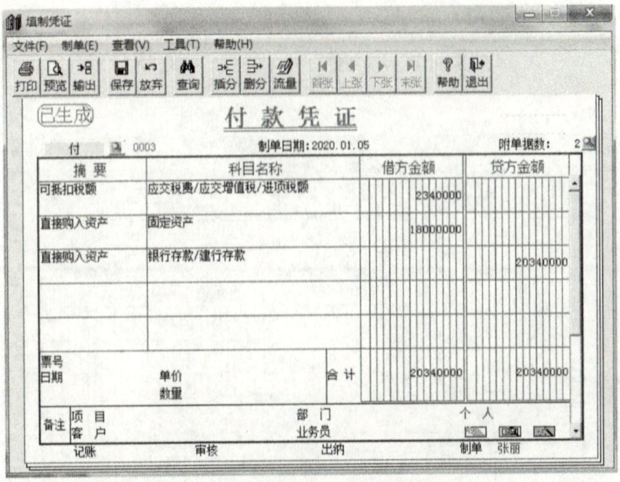

图 3-7　资产增加凭证填制窗口

4. 单击“退出”按钮，系统弹出“数据成功保存！”对话框，单击“确定”按钮。

提示

1. 本月新增的固定资产本月不用计提折旧。
2. 卡片输入完毕，可以不制单，月末再批量制单。

业务6　部门辅助核算凭证的填制

1. 单击“增加”按钮，增加一张新凭证，修改凭证类别、日期及附单据数。

2. 在“摘要”栏输入“日常业务”，在“科目名称”栏第一行位置输入科目编码“660101”或单击“参照”按钮选择，按<Enter>键，弹出部门核算“辅助项”对话框，部门参照选择“销售一部”，单击确认按钮。部门辅助核算凭证的填制如图3-8所示。

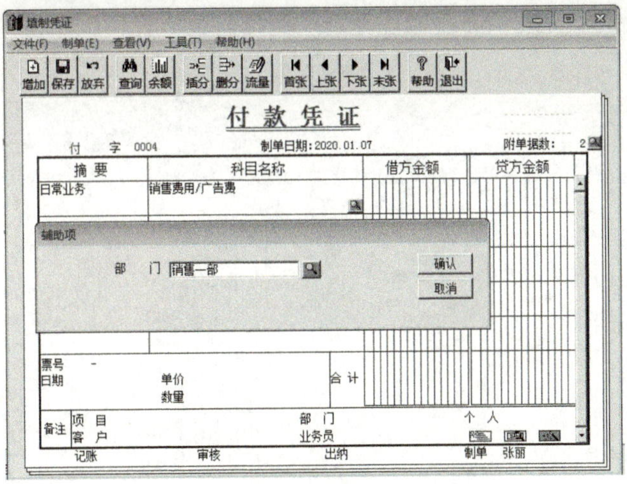

图 3-8　部门辅助核算凭证填制窗口

3. 按<Enter>键，借方金额输入“2 000”。

4. 第二行贷方的操作步骤同业务3的操作步骤3～4，单击“保存”按钮。

业务7　个人往来辅助核算凭证的填制

1. 业务7操作步骤同业务6的操作步骤1～3。

2. 按<Enter>键，光标跳到第三行并自动提取上一行摘要内容，在第三行科目名称位置参照输入“122101其他应收款/差旅费”，按<Enter>键，弹出个人往来核算“辅助项”对话框，部门参照选择“财务处”，个人参照选择“李强”，单击“确认”按钮。个人往来辅助核算凭证的填制如图3-9所示。

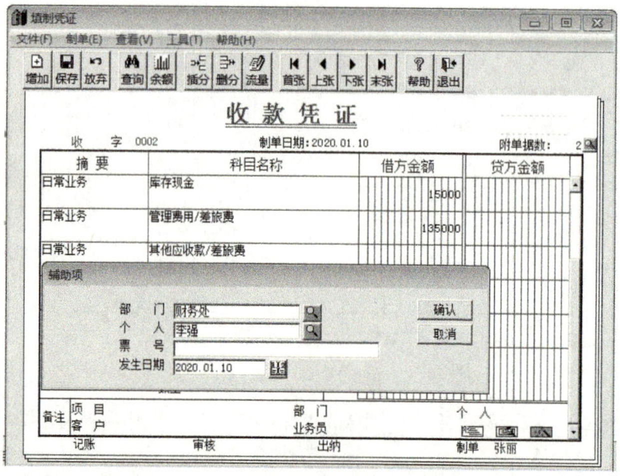

图 3-9　个人往来辅助核算凭证填制窗口

3. 按<Enter>键，贷方金额输入“1 500”，单击“保存”按钮。

业务8　外币凭证的填制

1. 单击“增加”按钮，修改凭证类别、日期及附单据数。

2. 摘要输入“日常业务”，“科目名称”栏参照输入“100202银行存款/中行存款”，按<Enter>键，填制货币资金的辅助核算信息后，单击“确认”按钮，在“外币”栏输入外币“500 000”，按<Enter>键，系统自动计算外币与汇率乘积“3 250 000”并填在“借方金额”栏。按<Enter>键，在第二行“科目名称”栏参照输入“4001实收资本”科目，“贷方金额”栏直接输入“=”，系统自动提取借方金额。凭证所有信息输入完毕，单击“保存”按钮。外币凭证填制如图3-10所示。

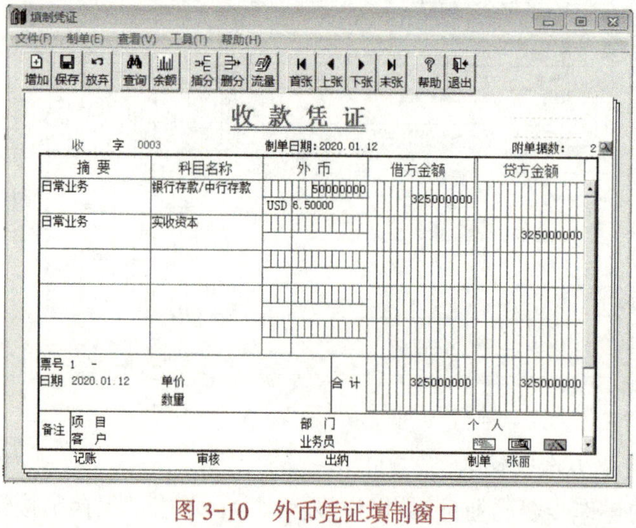

图 3-10　外币凭证填制窗口

业务9 应交税费业务凭证的填制

业务9操作步骤与业务2的操作步骤类似，凭证填制如图3-11所示。

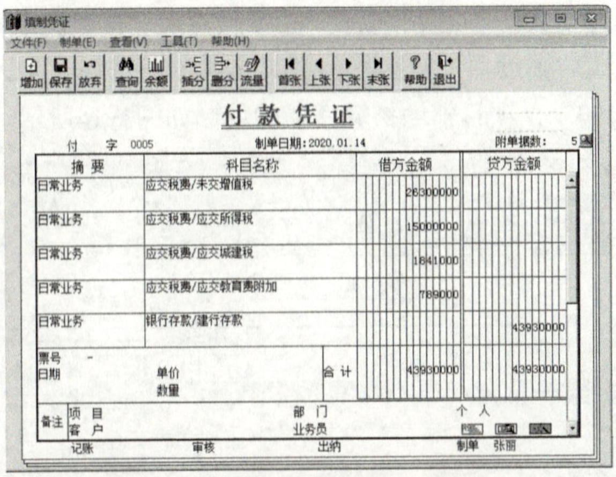

图 3-11 应交税费业务凭证填制窗口

业务10 销售业务凭证的填制

业务10操作步骤与业务2的操作步骤类似，凭证填制如图3-12所示。

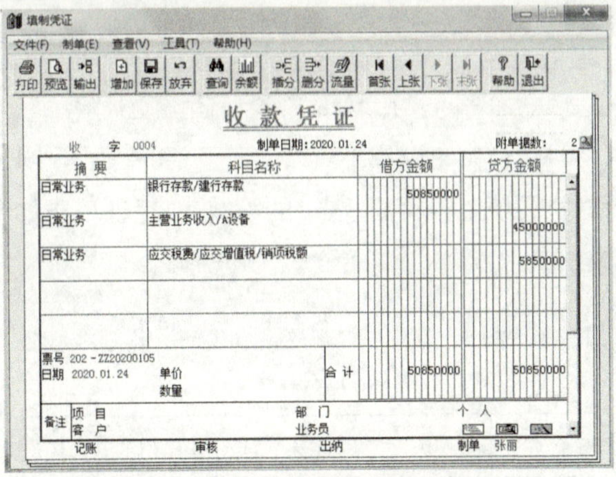

图 3-12 销售业务凭证填制窗口

业务11 投资业务凭证的填制

业务11操作步骤与业务2的操作步骤类似，凭证填制如图3-13所示。

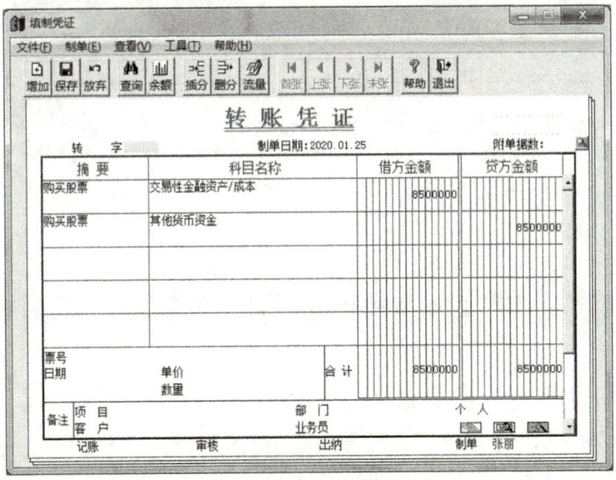

图 3-13 投资业务凭证填制窗口

业务12　项目辅助核算凭证的填制

1. 单击“增加”按钮，修改凭证类别、日期及附单据数。

2. 摘要输入“日常业务”，“科目名称”栏参照输入“500101生产成本/直接材料”，按<Enter>键，弹出项目核算“辅助项”对话框，项目名称参照选择“A设备”，单击“确认”按钮。借方金额输入“91 200”，项目辅助核算凭证的填制如图3-14所示。

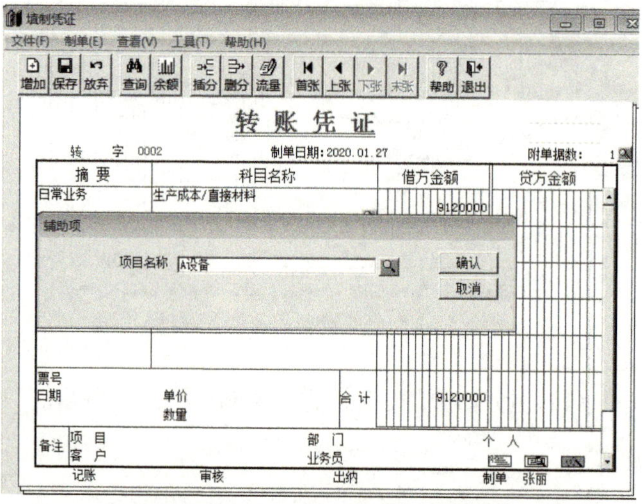

图 3-14　项目辅助核算凭证填制窗口

3. 按<Enter>键，下一行的填制步骤同上。

4. 按<Enter>键，原材料的填制步骤同业务1的第3步。凭证填制如图3-15所示。

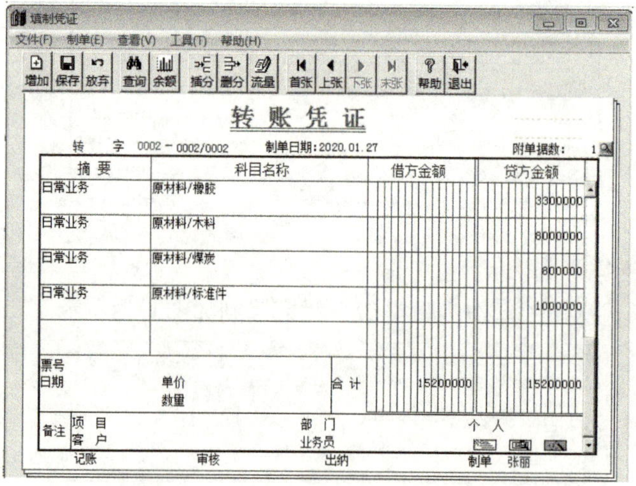

图 3-15　项目辅助核算凭证填制窗口

提示

1. 凭证类别：输入初始化时已定义的凭证类别代码或名称。凭证一旦保存，其凭证类别就不能再进行修改。

2. 凭证编号：若“选项”中参数设为“系统编号”，则系统自动编号。计算机会自动按照月份分别对各类凭证进行自动编号，编号由凭证类别编号和凭证顺序编号组成。若账套参数为“手工编号”，则凭证号为空，需由用户录入数字。凭证号不能为空且必须唯一，如“收

001”“转 001”“付 001”等。凭证一旦保存，其凭证编号就不能再进行修改。

3. 制单日期：凭证日期包括年、月、日，系统可按“选项”中“新增凭证时自动带入的凭证日期”的设置自动设置日期，如果日期不对，可进行修改或按参照输入。采用制单序时控制时，日期只能随凭证号递增而增加。凭证日期应大于或等于系统启用日期，小于或等于计算机系统日期。

4. 附单据数：是指本张凭证所附原始凭证张数。

5. 摘要：即对本凭证所反映的经济业务内容的说明，要求简洁明了。每行必须有摘要内容，不同行的内容可以相同，也可以不同，每行的摘要将随其内容在明细账、日记账中出现。

6. 科目名称：科目必须输入末级科目。科目可以输入科目编码、中文科目名称、英文科目名称、助记码或者是参照选入。计算机将根据非会计科目名称自动切换为对应的会计科目名称。输入的科目名称必须在建立科目时已经进行了定义。

7. 借贷方向：每一个科目的发生额均应有它的方向，即借方或贷方。

8. 借贷金额：指该笔分录的借方或贷方本币发生额，金额不能为零，但可以是红字，红字金额以负数形式输入。若方向不符，可按空格键调整金额方向。

9. 辅助信息

根据科目属性输入相应的辅助信息，如部门、个人、项目、客户、供应商、数量、金额等。在这里录入的辅助信息将在凭证下方的备注中显示。当需要对所录入的辅助信息进行修改时，可用鼠标双击所要修改的项，系统显示辅助信息录入窗口，可进行修改。

（1）如果科目有客户往来的属性，则屏幕提示用户输入“客户”“业务员”“票号”等信息。“客户”可输入代码或客户简称，也可通过参照功能输入。“业务员”可输入该笔业务或采购人员，如果在客户档案中设置了此客户的专营业务员，则在录入客户名时会自动填充业务员为专营业务员，如果未设置也可进行修改。“票号”可输入往来业务的单据号。

（2）如果科目有供应商往来的属性，则屏幕提示用户输入“供应商”“业务员”“票号”等信息。“供应商”可输入代码或供应商简称，也可通过参照功能输入。其他方法同上。

（3）若科目为部门核算科目，则屏幕提示用户输入“部门”信息，可输入代码或部门名称，也可参照输入。

（4）若科目为个人往来核算科目，则屏幕提示用户输入“部门”“个人”等信息，可输入代码或名称，也可参照输入。

（5）若科目为项目核算科目，则屏幕提示用户输入“项目”信息，可输入代码或名称，也可参照输入。系统新增“显示已结算项目”选项，默认为选中“显示已结算项目”，会在项目参照中列示出已结算项目。

（6）如果对某科目进行数量统算，则屏幕提示用户输入“数量”“单价”。系统根据数量和单价自动计算出金额，并优先将金额放在借方，如果方向不符，可按空格键调整金额方向。

（7）如果某科目要进行外币核算，系统自动将凭证格式改为外币式，如果系统有其他辅助核算，则先输入其他辅助核算后，再输入外币信息。可修改外币或填入外币值，若该科目也核算数量，则系统自动根据数量乘以单价计算外币折算出的金额，并将金额优先放在借方，如果方向不符，可按空格键调整金额方向。

（8）若科目为银行科目，屏幕提示用户输入“结算方式”“票号”及“发生日期”。其中，“结算方式”应输入银行往来结算方式，“票号”应输入结算号或支票号，“票据日期”应输入该笔业务发生的日期。第二笔支票日期默认为上一分录的支票日期，选中，按 <Enter> 键则确认，输入则全部清除“票据日期”主要用于银行对账。

需要使用“支票登记簿”功能的用户，若希望在制单时也可进行支票登记，则应在选项中设置“支票控制”选项，那么在制单时，如果所输的结算方式应使用支票登记簿，在输入支票号后，系统则会自动勾销支票登记簿中未报销的支票，并在“报销日期”栏填上制单日期。所以在支票领用时，最好在支票登记簿中予以登记，以便系统能自动勾销未报销的支票，若支票登记簿中未登记该支票，系统将显示“支票录入”窗口供用户将该支票内容登记到支票登记簿中，同时填上报销日期。

二、修改凭证

微课 2　修改凭证

现行会计制度对错误凭证的修改有着严格的要求。根据这些要求，在总账系统中，对不同状态下的错误凭证有不同的修改方式，具体方式如下：

1. 操作员本人或具有修改权限的操作员，对已经输入但未审核的机制凭证，在填制状态下可直接进行修改，但凭证类别和凭证编号不可以修改。

2. 已审核但未记账的凭证不能直接修改，可先通过凭证审核功能取消审核后，再通过填制凭证功能直接修改。

3. 若已记账的凭证发现有误，不能直接修改，针对此类凭证的处理，会计制度要求留有审计线索，可采用“红字冲销法”或“补充登记法”进行有痕迹修改，红字凭证视同正常凭证进行管理。

提示

1. 未经审核的错误凭证可在“填制凭证”中直接修改，但凭证类别及编号不能修改。

2. 已审核的凭证应先由审核人取消审核后再修改。

3. 采用了制单序时控制，则填制日期不能在上一张凭证的制单日期之前。

4. 若在“选项”中未选中“允许修改、作废他人填制的凭证”，则不能修改或作废他人填制的凭证。

5. 外部系统传过来的凭证不能在总账系统中直接修改，只能在生成该凭证的系统中进行修改。

6. 凭证下方显示每条分录的辅助项信息，若要修改某辅助项，则将光标移到要修改的辅助项处，双击鼠标，屏幕显示辅助项录入窗口，直接在上面修改即可。

7. 修改金额方向，可在当前金额相反的方向，按空格键。

8. 希望当前分录的金额为其他所有分录的借贷方差额，则在金额处按 <=> 键即可。

9. 单击“插行”按钮或按 <Ctrl+I> 键可在当前分录前插入一条分录。单击“删行”按钮或按 <Ctrl+D> 键可删除当前光标所在的分录。

10. 如果某笔涉及银行科目的分录已录入支票信息，并对该支票做过报销处理，则修改该分录不影响“支票登记簿”中的内容。

三、作废与删除凭证

（一）作废凭证

1. 打开“填制凭证”窗口，单击“首张”“上张”“下张”“末张”键翻页查找或单击“查询”按钮查找输入条件，找到要作废的凭证。

2. 执行“制单”→“作废/恢复”命令，系统会自动在该凭证左上角加盖“作废”戳记，表示已将该凭证作废。

提示

1. 已审核的凭证不能作废。

2. 作废凭证不是真正删除，仍保留凭证内容及编号，只在凭证左上角显示“作废”字样。作废凭证不能修改、不能审核，作废凭证应参与记账，否则无法结账。记账时不对作废凭证作数据处理，相当于一张空凭证。

3. 账簿查询时查看不到作废凭证的数据。

4. 单击菜单“制单”下的“作废 / 恢复”，可取消作废标记。

（二）删除凭证

凭证整理就是删除所有作废凭证，并对未记账凭证重新编号。打开“填制凭证”窗口执行“制单”→“整理凭证”命令。选择要整理的月份，单击“确定”按钮后，屏幕显示作废凭证整理选择窗口。选择要真正删除的作废凭证，单击“确定”按钮，系统会将这些凭证从数据库中删除掉，并对剩下凭证重新排号。

提示

1. 若本月凭证已记账，本月最后一张已记账之前的凭证将不能作凭证整理，只能对其后面的未记账凭证作凭证整理。若想作凭证整理，请先到“恢复记账前状态”功能中恢复月初的记账前的状态，再作凭证整理。

2. 手工编制凭证号造成凭证断号，可通过此功能进行整理。不选作废凭证，直接按“确定”按钮即可。

3. 若在“选项”中选择系统编号，删除凭证后系统提示“是否整理凭证编号”，若选取“是”，则将作废凭证彻底删除并对未记账凭证重新编号。

四、冲销凭证

若发现已记账的凭证有错误，不能直接修改，会计制度要求留下审计线索，可以采用“红字凭证冲销法”或“补充凭证法”进行有痕迹的修改。

填制红字冲销凭证的方法如下：执行“制单”→“冲销凭证”命令，输入原错误凭证的月份、凭证类别及凭证号，系统自动完成红字凭证。系统填制的红字凭证为正常会计凭证，需要审核并记账才能冲销原错误记录，企业应按相关档案管理规定保管。

五、生成与调用常用凭证

日常填制凭证过程中，会有许多凭证完全相同或部分相同，如果将这些常用的凭证存储起来，在以后填制凭证时可随时调用，大大提高了业务处理的效率。确切地说，常用凭证提供的是常用会计凭证的模板，在调用常用凭证后，可对其修改，使其符合实际会计业务的需要。

提示

1. 代号是调用常用凭证的依据。
2. 单击“删除”按钮即删除光标所在当前行的常用凭证。
3. 手工编号时，编号和凭证类别必须输入且编号不能重复。
4. 调用常用凭证不能单击“增加”按钮。
5. 调用常用凭证后，对金额为“0”的分录系统不予保存。

任务三 其他业务的凭证填制

工资系统的日常业务处理，主要是对员工档案的维护、员工个人工资数据的调整以及某些工资项目增减设置。工资项目增减设置包括人员变动、工资数据调整、个人所得税计算与申报、工资数据计算与汇总等工作。

一、工资数据调整

工资数据调整，一般是指在日常工资业务中对员工工资数据进行增加、减少等调整。

例3-2 1月31日，以102张丽的身份登录用友畅捷通T3软件，员工考勤情况见表3-1。

表3-1 员工考勤信息 （单位：天）

编号	职工姓名	病假	事假
201	陈红兰	5	
202	张丽		2
401	田凡	1	
403	张敏		4
501	韩达	3	
601	宋芳	2	

操作步骤

1. 在“工资管理”窗口中，执行“工资”→“业务处理”→“工资变动”命令，进入“工资变动”对话框。

2. 在“工资变动”对话框中，在“过滤器”下拉列表中选择“<过滤设置>”选项，打开“项目过滤”对话框。

3. 在“项目过滤”对话框中，在“工资项目”列表框中选择“事假天数”和“病假天数”并移动到“已选项目”列表框中，如图3-16所示。

4. 单击“确认”按钮，即可过滤出“事假天数”和“病假天数”项目。

5. 在考勤表的“事假天数”和“病假天数”项目中，输入陈红兰的病假天数“5”、田凡的病假天数“1”、韩达的病假天数“3”、宋芳的病假天数“2”、张丽的事假天数“2”、张敏的事假天数“4”，如图3-17所示。

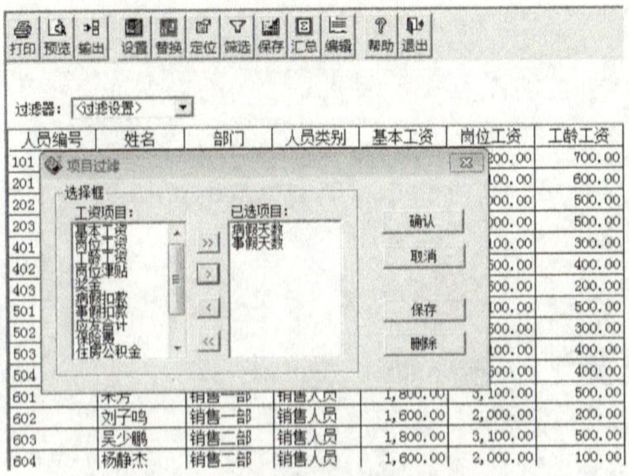

图 3-16 “项目过滤”对话框

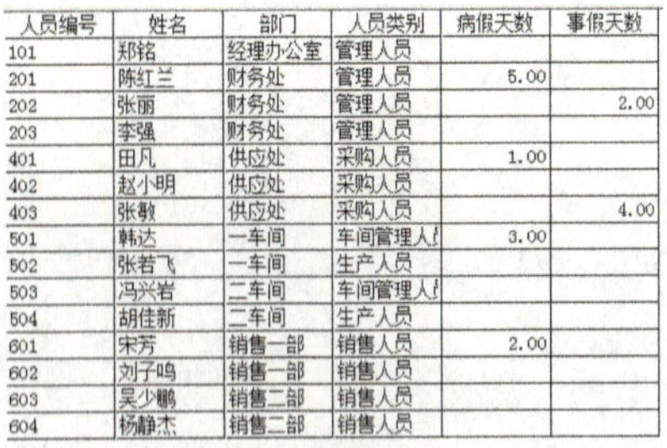

人员编号	姓名	部门	人员类别	病假天数	事假天数
101	郑铭	经理办公室	管理人员		
201	陈红兰	财务处	管理人员	5.00	
202	张丽	财务处	管理人员		2.00
203	李强	财务处	管理人员		
401	田凡	供应处	采购人员	1.00	
402	赵小明	供应处	采购人员		
403	张敏	供应处	采购人员		4.00
501	韩达	一车间	车间管理人	3.00	
502	张若飞	一车间	生产人员		
503	冯兴岩	二车间	车间管理人		
504	胡佳新	二车间	生产人员		
601	宋芳	销售一部	销售人员	2.00	
602	刘子鸣	销售一部	销售人员		
603	吴少鹏	销售二部	销售人员		
604	杨静杰	销售二部	销售人员		

图 3-17 考勤情况输入对话框

6. 单击“保存”按钮。

二、成批修改工资数据

当工资呈规律性变动时，可以通过公式设置或者替换功能来完成数据更新。

例 3-3 利用 IFF 公式修改奖金项目。本月一车间和供应处为优秀部门，奖励奖金 1 500 元；其他部门奖金为 800 元。iff（部门 =“一车间”，1500，iff（部门 =“供应处”，1500，800））。

操作步骤

1. 在“工资管理”窗口中，执行“工资”→“业务处理”→“工资项目设置”命令，进入“工资项目设置”对话框。

2. 在“工资项目设置”对话框中，单击“公式设置”标签，再单击左上方“工资项目”栏的“增加”按钮，再单击“工资项目”栏后下拉按钮，选择“奖金”选项。

3. 在“公式设置”中单击“函数公式向导输入”，选择需要的函数，如图3-18所示。

4. 单击“下一步”按钮，“逻辑表达式”参照选择“部门=‘一车间’”，“算数表达式1”输入“1 500”，如图3-19所示。

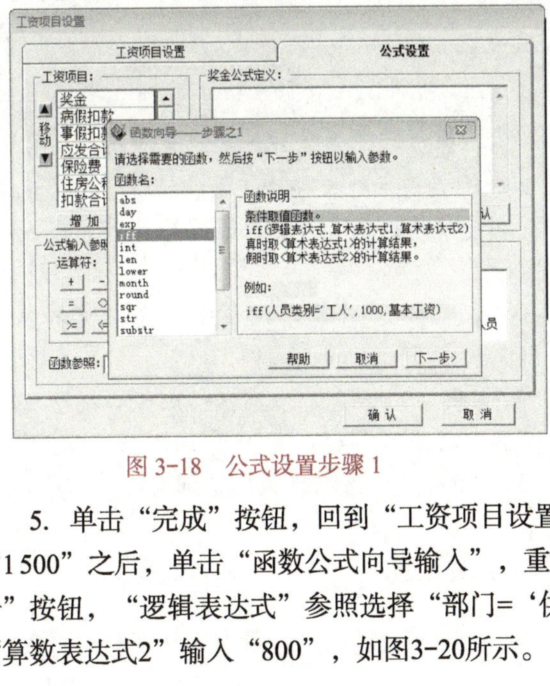

图 3-18 公式设置步骤 1

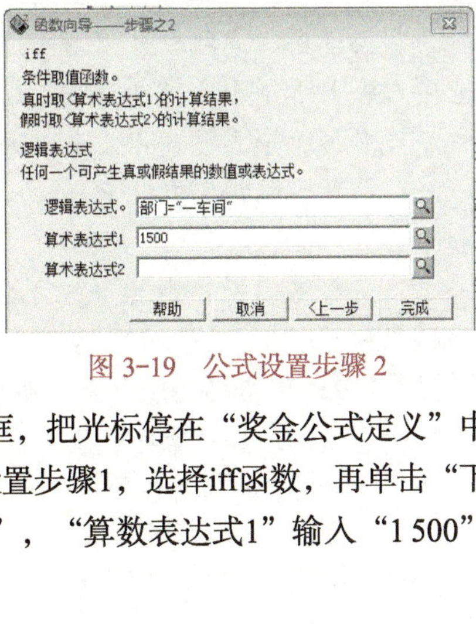

图 3-19 公式设置步骤 2

5. 单击“完成”按钮，回到“工资项目设置”对话框，把光标停在“奖金公式定义”中的“1 500”之后，单击“函数公式向导输入”，重复公式设置步骤1，选择iff函数，再单击“下一步”按钮，“逻辑表达式”参照选择“部门=‘供应处’”，“算数表达式1”输入“1 500”，“算数表达式2”输入“800”，如图3-20所示。

6. 单击“完成”按钮，如图3-21所示。

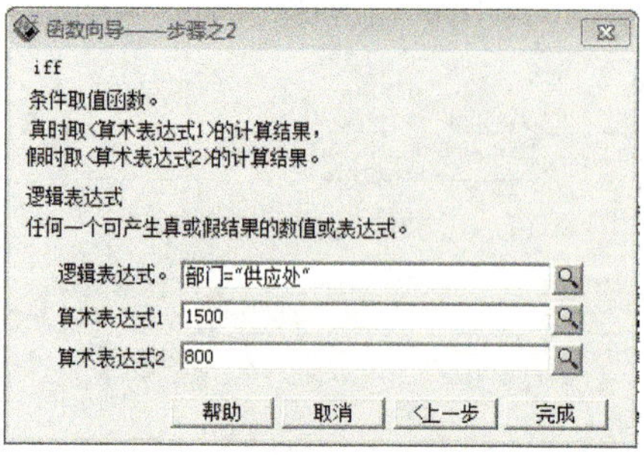

图 3-20　公式设置步骤 3

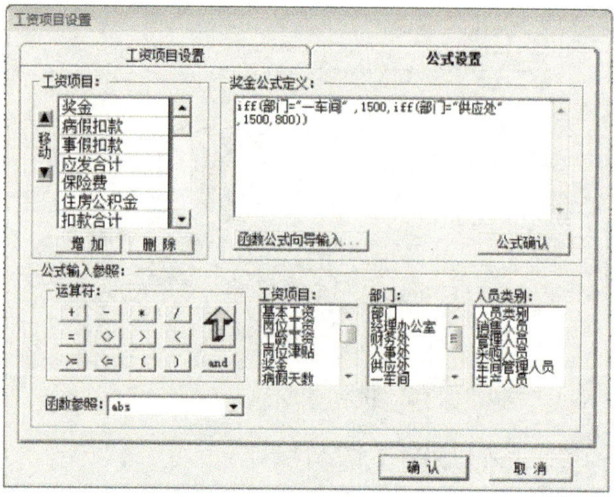

图 3-21　公式设置步骤 4

7. 单击“公式确认”按钮，再单击“确认”按钮，公式设置完成。

提示

1. 公式的设置可以通过函数向导设置进行，也可以在“公式定义”栏中直接输入公式。
2. 若直接输入公式，符号要在英文状态下输入。
3. 公式输入完毕后，必须单击“公式确认”按钮进行语法检查，确保公式正确。

三、个人所得税的计算和申报

个人所得税是根据《中华人民共和国个人所得税法》对个人所得征收的一种所得税。在手工方式下，每月月末财务部门都要对职工个人工资超过规定扣除金额的部分进行个人所得税计算与申报，工作量较大而且烦琐。在计算机方式下，个人所得税自动计算功能大大减轻了个人所得税的计算工作量，从而提高了工作效率。

提示

《国务院关于设立 3 岁以下婴幼儿照护个人所得税专项附加扣除的通知》

为贯彻落实《中共中央 国务院关于优化生育政策促进人口长期均衡发展的决定》，依据《中华人民共和国个人所得税法》有关规定，国务院决定，设立 3 岁以下婴幼儿照护个人所得税专项附加扣除。现将有关事项通知如下：

一、纳税人照护 3 岁以下婴幼儿子女的相关支出，按照每个婴幼儿每月 1000 元的标准定额扣除。

二、父母可以选择由其中一方按扣除标准的 100% 扣除，也可以选择由双方分别按扣除标准的 50% 扣除，具体扣除方式在一个纳税年度内不能变更。

三、3 岁以下婴幼儿照护个人所得税专项附加扣除涉及的保障措施和其他事项，参照《个人所得税专项附加扣除暂行办法》有关规定执行。

四、3 岁以下婴幼儿照护个人所得税专项附加扣除自 2022 年 1 月 1 日起实施。

例 3-4 进行个人所得税计算与申报（计税基数为 5 000 元），并查看个人所得税申报表。

操作步骤

1. 执行“工资”→“业务处理”→“扣缴所得税”命令，进入“栏目选择”对话框。

2. 在“栏目选择”对话框的“栏目”复选框中，可对申报栏目进行设置，如图3-22所示。

3. 单击“确认”按钮，进入“个人所得税”对话框。

4. 单击“个人所得税”对话框中“税率表”按钮，打开“个人所得税申报表——税率表”对话框填写基数为“5 000”，附加费用为“0”，如图3-23所示。

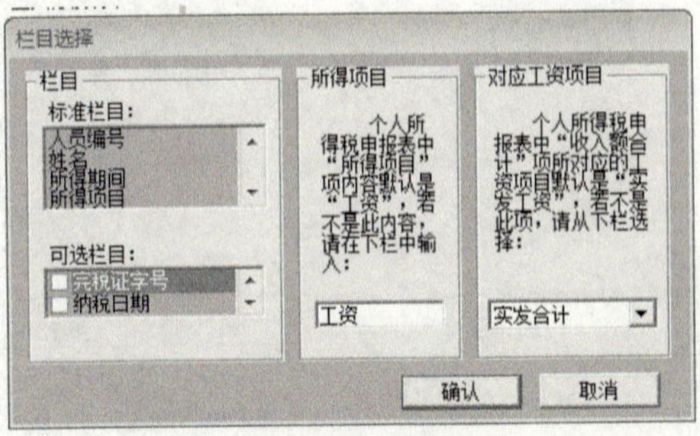

图 3-22 个人所得税“栏目选择”对话框

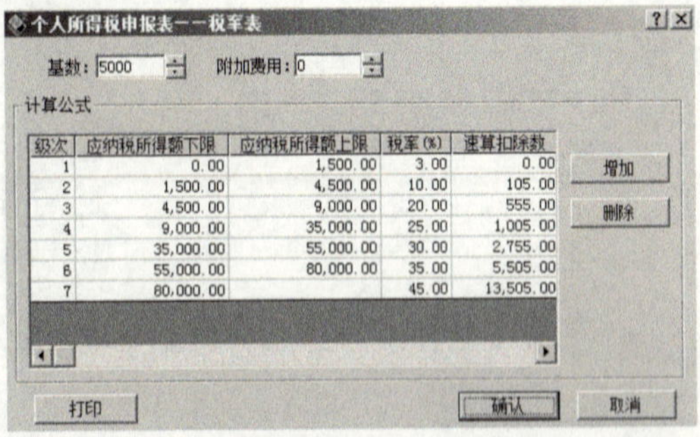

图 3-23 “个人所得税申请表——税率表”对话框

5. 单击“确认”按钮，在“是否重新计算个人所得税？”提示框中，单击“是”按钮，系统将自动计算并生成新的个人所得税扣缴申报表，如图3-24。

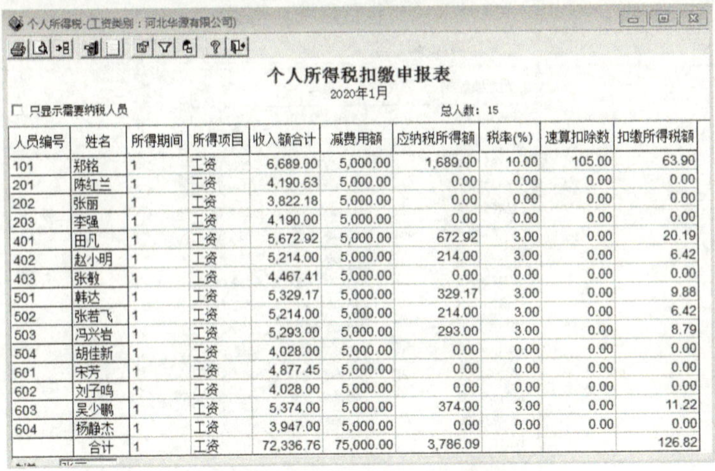
个人所得税-(工资类别：河北华源有限公司)

个人所得税扣缴申报表

2020年1月

只显示需要纳税人员　　总人数：15

人员编号	姓名	所得期间	所得项目	收入额合计	减费用额	应纳税所得额	税率(%)	速算扣除数	扣缴所得税额
101	郑铭	1	工资	6,689.00	5,000.00	1,689.00	10.00	105.00	63.90
201	陈红兰	1	工资	4,190.63	5,000.00	0.00	0.00	0.00	0.00
202	张丽	1	工资	3,822.18	5,000.00	0.00	0.00	0.00	0.00
203	李强	1	工资	4,190.00	5,000.00	0.00	0.00	0.00	0.00
401	田凡	1	工资	5,672.92	5,000.00	672.92	3.00	0.00	20.19
402	赵小明	1	工资	5,214.00	5,000.00	214.00	3.00	0.00	6.42
403	张敏	1	工资	4,467.41	5,000.00	0.00	0.00	0.00	0.00
501	韩达	1	工资	5,329.17	5,000.00	329.17	3.00	0.00	9.88
502	张若飞	1	工资	5,214.00	5,000.00	214.00	3.00	0.00	6.42
503	冯兴岩	1	工资	5,293.00	5,000.00	293.00	3.00	0.00	8.79
504	胡佳新	1	工资	4,028.00	5,000.00	0.00	0.00	0.00	0.00
601	宋芳	1	工资	4,877.45	5,000.00	0.00	0.00	0.00	0.00
602	刘子鸣	1	工资	4,028.00	5,000.00	0.00	0.00	0.00	0.00
603	吴少鹏	1	工资	5,374.00	5,000.00	374.00	3.00	0.00	11.22
604	杨静杰	1	工资	3,947.00	5,000.00	0.00	0.00	0.00	0.00
	合计	1	工资	72,336.76	75,000.00	3,786.09			126.82

图 3-24 生成“个人所得税扣缴申报表”窗口

6. 单击“退出”按钮，退出“个人所得税扣缴申报表”窗口。

四、银行代发工资

目前，许多单位发放工资采用银行代发的方式，这既减轻了财务部门进行找零、发放工资等烦琐工作，又有效地避免了财务人员去银行提取大笔现金所承担的风险。银行代发业务要求单位每月月末向银行提供银行给定文件格式的数据信息。

例3-5 银行代发工资，银行文件格式设置采用默认设置，文件设置为 TXT 格式。

操作步骤

1. 执行“工资”→“业务处理”→“银行代发工资”，或者直接单击“银行代发工资”按钮，打开“银行代发工资”窗口，单击“格式”按钮，银行模板选择“建设银行”，单击“确认”按钮，如图3-25所示。

2. 然后单击“方式”按钮，在文件方式设置对话框中选择TXT格式，如图3-26所示。

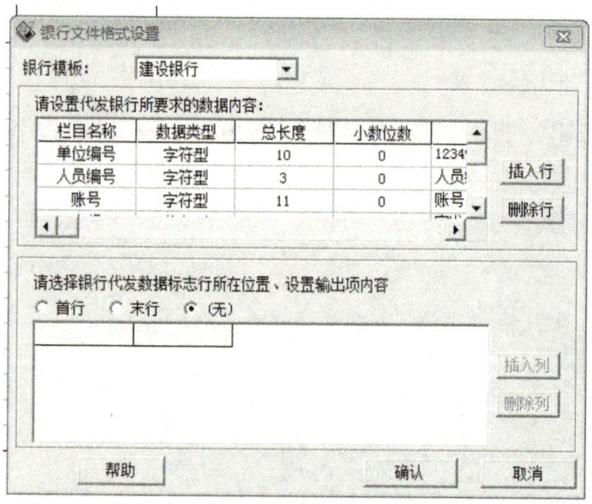

图 3-25 “银行文件格式设置”对话框

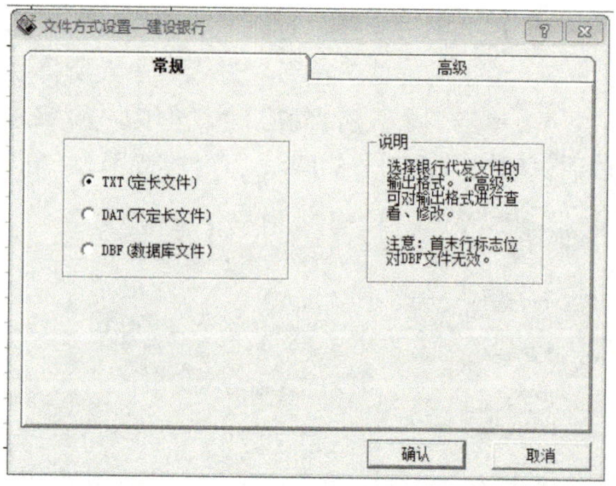

图 3-26 文件方式设置对话框

3. 再单击“确认”按钮，显示“银行代发一览表”窗口，如图3-27所示。

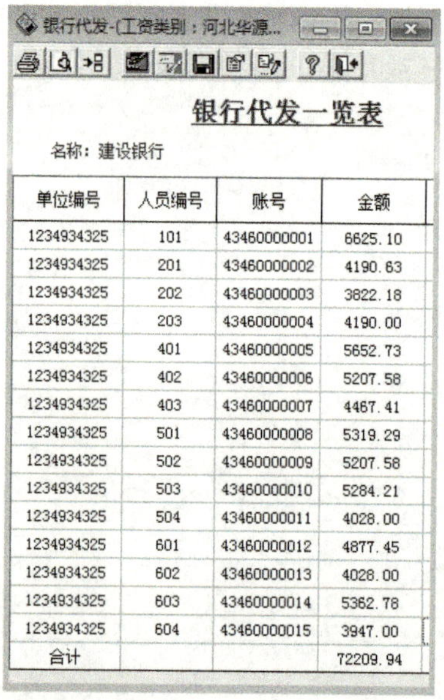

单位编号	人员编号	账号	金额
1234934325	101	43460000001	6625.10
1234934325	201	43460000002	4190.63
1234934325	202	43460000003	3822.18
1234934325	203	43460000004	4190.00
1234934325	401	43460000005	5652.73
1234934325	402	43460000006	5207.58
1234934325	403	43460000007	4467.41
1234934325	501	43460000008	5319.29
1234934325	502	43460000009	5207.58
1234934325	503	43460000010	5284.21
1234934325	504	43460000011	4028.00
1234934325	601	43460000012	4877.45
1234934325	602	43460000013	4028.00
1234934325	603	43460000014	5362.78
1234934325	604	43460000015	3947.00
合计			72209.94

图 3-27 “银行代发一览表”窗口

五、工资分钱清单

查看分钱清单功能适用于采用现金方式发放工资的企业，采用银行代发工资的企业一般无须进行工资分钱清单的操作。工资分钱清单主要包括票面额设置、部门分钱清单、人员分钱清单和工资发放取款单共4项内容。

例 3-6 查看分钱清单。

操作步骤

执行“工资”→“业务处理”→“分钱清单”，或者直接单击“分钱清单”按钮，再单击“确定”按钮，如图3-28所示。

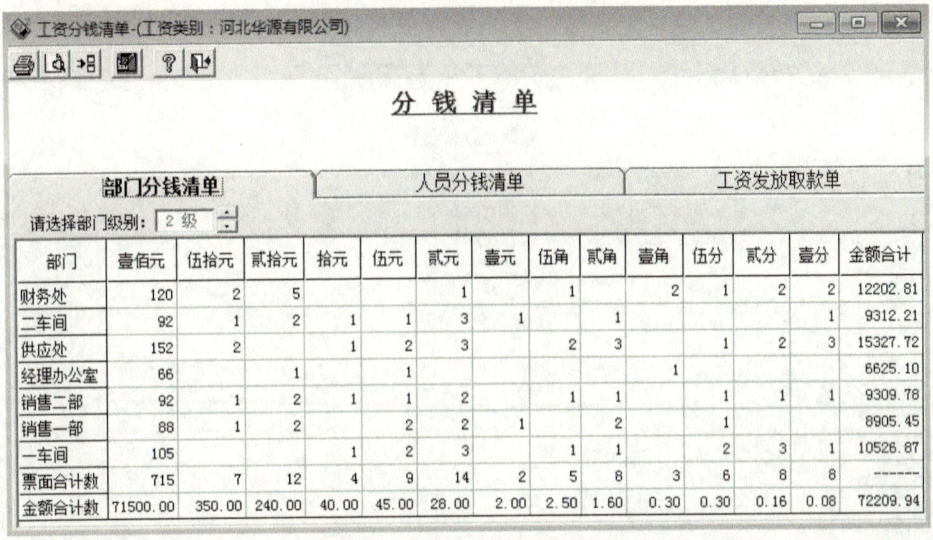

部门	壹佰元	伍拾元	贰拾元	拾元	伍元	贰元	壹元	伍角	贰角	壹角	伍分	贰分	壹分	金额合计
财务处	120	2	5			1		1		2	1	2	2	12202.81
二车间	92	1	2	1	1	3	1		1				1	9312.21
供应处	152	2		1	2	3		2	3		1	2	3	15327.72
经理办公室	66		1		1					1				6625.10
销售二部	92	1	2	1	1	2		1	1		1	1	1	9309.78
销售一部	88	1	2		2	2	1		2		1			8905.45
一车间	105			1	2	3		1	1		2	3	1	10526.87
票面合计数	715	7	12	4	9	14	2	5	8	3	6	8	8	------
金额合计数	71500.00	350.00	240.00	40.00	45.00	28.00	2.00	2.50	1.60	0.30	0.30	0.16	0.08	72209.94

图 3-28 “分钱清单”窗口

六、账表管理

账表管理包括对我的账表、工资表、工资分析表的管理。工资表主要用于本月工资的发放和统计，本功能主要完成查询和打印各种工资表的工作。工资表包括以下一些由系统提供的原始表单：工资发放签名表、工资发放条、工资卡、部门工资汇总表、人员类别工资汇总表、条件汇总表、条件统计表、条件明细表、工资变动明细表、工资变动汇总表等。

例 3-7 查询工资发放签名表和工资发放条。

操作步骤

（一）工资发放签名表

1. 执行“工资”→“统计分析”→“账簿”→“工资表”→“工资发放签名表”，在相关部门前打“√”，如图3-29所示。

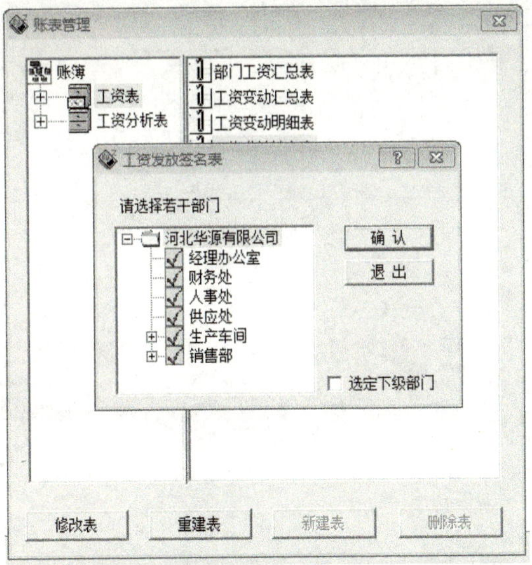

图 3-29 工资发放签名表相关部门选择

2. 单击“确认”按钮，显示工资发放签名表窗口，如图3-30所示。

工资发放签名表-(工资类别：河北华源有限公司)

工资发放签名表

2020 年 01 月

部门：全部　　会计月份：一月　　□ 实发合计为0不显示　　人数：15

人员编号	姓名	应发合计	扣款合计	代扣税	基本工资	岗位工资	工龄工资	岗位津贴	奖金	病假天数	病假扣款	事假天数	事假扣款	保险费	住房公积金	实发合计	签名
101	郑铭	8,000.00	1,374.90	63.90	2,000.00	4,200.00	700.00	300.00	800.00					759.00	552.00	6,625.10	
201	陈红兰	6,500.00	2,309.37		1,800.00	3,100.00	600.00	200.00	800.00	5.00	264.37			605.00	440.00	4,190.63	
202	张丽	4,950.00	1,127.82		1,500.00	2,000.00	500.00	150.00	800.00			2.00	367.82	440.00	320.00	3,822.18	
203	李强	4,950.00	760.00		1,500.00	2,000.00	500.00	150.00	800.00					440.00	320.00	4,190.00	
401	田凡	6,900.00	1,247.27	20.19	1,800.00	3,100.00	300.00	200.00	1,500.00	1.00	239.08			572.00	416.00	5,652.73	
402	赵小明	6,050.00	842.42	6.42	1,500.00	2,500.00	400.00	150.00	1,500.00					484.00	352.00	5,207.58	
403	张敏	6,150.00	1,682.59		1,800.00	2,500.00	200.00	150.00	1,500.00			4.00	827.59	495.00	360.00	4,467.41	
501	韩达	7,100.00	1,780.71	9.88	1,800.00	3,100.00	500.00	200.00	1,500.00	3.00	744.83			594.00	432.00	5,319.29	
502	张若飞	6,050.00	842.42	6.42	1,600.00	2,500.00	300.00	150.00	1,500.00					484.00	352.00	5,207.58	
503	冯兴岩	6,300.00	1,015.79	8.79	1,800.00	3,100.00	400.00	200.00	800.00					583.00	424.00	5,284.21	
504	胡佳新	4,750.00	722.00		1,600.00	2,000.00	200.00	150.00	800.00					418.00	304.00	4,028.00	
601	宋芳	6,400.00	1,522.55		1,800.00	3,100.00	500.00	200.00	800.00	2.00	496.55			594.00	432.00	4,877.45	
602	刘子鸣	4,750.00	722.00		1,600.00	2,000.00	200.00	150.00	800.00					418.00	304.00	4,028.00	
603	吴少鹏	6,400.00	1,037.22	11.22	1,800.00	3,100.00	500.00	200.00	800.00					594.00	432.00	5,362.78	
604	杨静杰	4,650.00	703.00		1,600.00	2,000.00	100.00	150.00	800.00					407.00	296.00	3,947.00	
合 计		89,900.00	17,690.06	126.82	5,500.00	40,300.00	5,900.00	2,700.00	15,500.00	11.00	744.83	6.00	,195.41	7,887.00	5,736.00	72,209.94	

图 3-30　工资发放签名表窗口

（二）工资发放条

执行“工资”→“统计分析”→“账表”→“工资表”→“工资发放条”，在相关部门前打“√”，单击“确认”按钮，如图3-31所示。

工资发放条-(工资类别：河北华源有限公司)

工资发放条

2020 年 01 月

部门：全部　　会计月份：一月　　□ 实发合计为0不显示　　人数：15

人员编号	姓名	扣款合计	实发合计	代扣税	基本工资	岗位工资	工龄工资	岗位津贴	奖金	病假天数	病假扣款	事假天数	事假扣款	保险费	住房公积金
101	郑铭	1,374.90	6,625.10	63.90	2,000.00	4,200.00	700.00	300.00	800.00					759.00	552.00
201	陈红兰	2,309.37	4,190.63		1,800.00	3,100.00	600.00	200.00	800.00	5.00	1,264.37			605.00	440.00
202	张丽	1,127.82	3,822.18		1,500.00	2,000.00	500.00	150.00	800.00			2.00	367.82	440.00	320.00
203	李强	760.00	4,190.00		1,500.00	2,000.00	500.00	150.00	800.00					440.00	320.00
401	田凡	1,247.27	5,652.73	20.19	1,800.00	3,100.00	300.00	200.00	1,500.00	1.00	239.08			572.00	416.00
402	赵小明	842.42	5,207.58	6.42	1,500.00	2,500.00	400.00	150.00	1,500.00					484.00	352.00
403	张敏	1,682.59	4,467.41		1,800.00	2,500.00	200.00	150.00	1,500.00			4.00	827.59	495.00	360.00
501	韩达	1,780.71	5,319.29	9.88	1,800.00	3,100.00	500.00	200.00	1,500.00	3.00	744.83			594.00	432.00
502	张若飞	842.42	5,207.58	6.42	1,600.00	2,500.00	300.00	150.00	1,500.00					484.00	352.00
503	冯兴岩	1,015.79	5,284.21	8.79	1,800.00	3,100.00	400.00	200.00	800.00					583.00	424.00
504	胡佳新	722.00	4,028.00		1,600.00	2,000.00	200.00	150.00	800.00					418.00	304.00
601	宋芳	1,522.55	4,877.45		1,800.00	3,100.00	500.00	200.00	800.00	2.00	496.55			594.00	432.00
602	刘子鸣	722.00	4,028.00		1,600.00	2,000.00	200.00	150.00	800.00					418.00	304.00
603	吴少鹏	1,037.22	5,362.78	11.22	1,800.00	3,100.00	500.00	200.00	800.00					594.00	432.00
604	杨静杰	703.00	3,947.00		1,600.00	2,000.00	100.00	150.00	800.00					407.00	296.00
合 计		17,690.06	72,209.94	126.82	25,500.00	40,300.00	5,900.00	2,700.00	15,500.00	11.00	2,744.83	6.00	1,195.41	7,887.00	5,736.00

图 3-31　“工资发放条”窗口

任务四　凭证的审核、记账处理

一、出纳签字

出纳凭证涉及企业现金、银行存款的收入与支出，因而应加强对出纳凭证的管理。

例3-8 以 103 李强的身份登录系统，把本月已生成的所有凭证进行出纳签字。

操作步骤

1. 执行“文件”→“重新注册”命令，打开“系统控制台”对话框，输入用户名103，选择正确账套号，操作日期为2020年1月31日，单击“确定”按钮，系统更换操作员成功。

2. 执行“总账”→“凭证”→“出纳签字”命令，屏幕弹出“出纳签字”对话框，如图3-32所示。

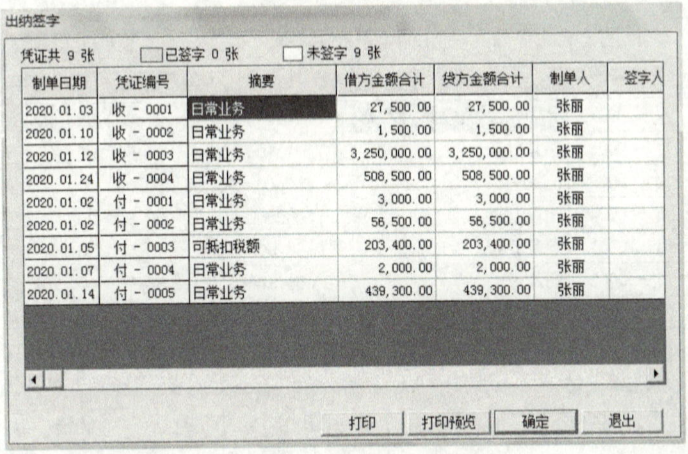
出纳签字

凭证共 9 张　已签字 0 张　未签字 9 张

制单日期	凭证编号	摘要	借方金额合计	贷方金额合计	制单人	签字人
2020.01.03	收 - 0001	日常业务	27,500.00	27,500.00	张丽	
2020.01.10	收 - 0002	日常业务	1,500.00	1,500.00	张丽	
2020.01.12	收 - 0003	日常业务	3,250,000.00	3,250,000.00	张丽	
2020.01.24	收 - 0004	日常业务	508,500.00	508,500.00	张丽	
2020.01.02	付 - 0001	日常业务	3,000.00	3,000.00	张丽	
2020.01.02	付 - 0002	日常业务	56,500.00	56,500.00	张丽	
2020.01.05	付 - 0003	可抵扣税额	203,400.00	203,400.00	张丽	
2020.01.07	付 - 0004	日常业务	2,000.00	2,000.00	张丽	
2020.01.14	付 - 0005	日常业务	439,300.00	439,300.00	张丽	

打印　打印预览　确定　退出

图 3-32 “出纳签字”对话框

3. 系统显示符合默认条件的现金、银行存款凭证列表。

4. 单击“确定”按钮，弹出“出纳签字”对话框，检查无误后单击“签字”按钮，即可完成对该出纳凭证的签字；也可待全部检查无误后，执行“出纳”→“成批出纳签字”命令，即可对所有出纳凭证进行签字。

提示

1. 必须指定会计科目后才能进行出纳签字。

2. 凭证一经签字，不能被修改、删除，只有取消签字后才可以进行修改或删除。

3. 取消出纳签字操作只能由签字人本人进行。

4. 记账凭证是否必须在出纳签字后才能记账，取决于“出纳凭证必须经由出纳签字”选项的设置。

5. 出纳签字与审核凭证无先后顺序。

二、审核凭证

审核凭证是审核员按照财会制度，对制单员填制的记账凭证进行检查核对，主要审核记账凭证是否与原始凭证相符、会计分录是否正确等。审查员认为有错误或有异议的凭证，应交回填制人员修改，之后再审核，只有具有审核权的人员才能使用本功能。

例3-9 以 101 陈红兰的身份登录系统，把本月已生成的所有凭证进行审核签字。

操作步骤

1. 执行“文件”→“重新注册”命令，打开“系统控制台”对话框，输入用户名101，选择正确账套号，操作日期为2020年1月31日，单击“确定”按钮，系统更换操作员成功。

2. 执行“总账”→“凭证”→“审核凭证”命令，屏幕弹出“凭证审核选择条件”对话框。对话框默认选择对所有凭证审核，单击“确认”按钮。

3. 系统弹出“凭证审核”对话框，如图3-33所示，此处显示当月所有会计凭证。

4. 单击“确定”按钮，打开“凭证审核”对话框，检查无误后，执行“审核”→“成批审核凭证”命令，即可完成对所有凭证的审核，单击“退出”按钮即可。

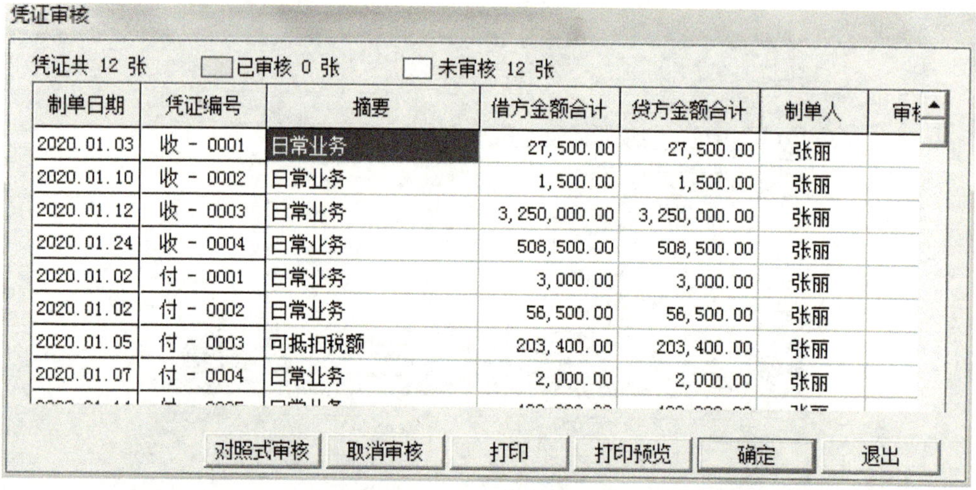

制单日期	凭证编号	摘要	借方金额合计	贷方金额合计	制单人	审核
2020.01.03	收 - 0001	日常业务	27,500.00	27,500.00	张丽	
2020.01.10	收 - 0002	日常业务	1,500.00	1,500.00	张丽	
2020.01.12	收 - 0003	日常业务	3,250,000.00	3,250,000.00	张丽	
2020.01.24	收 - 0004	日常业务	508,500.00	508,500.00	张丽	
2020.01.02	付 - 0001	日常业务	3,000.00	3,000.00	张丽	
2020.01.02	付 - 0002	日常业务	56,500.00	56,500.00	张丽	
2020.01.05	付 - 0003	可抵扣税额	203,400.00	203,400.00	张丽	
2020.01.07	付 - 0004	日常业务	2,000.00	2,000.00	张丽	

图 3-33 “凭证审核”对话框

提示

1. 审核人除了需要具有审核权限以外，还需要有对审核凭证制单人所制凭证的审核权，这个权限可在“总账”→“设置”→“明细账权限”中设置。

2. 手工制单的用户，审完凭单后还需对录入机器中的凭证进行审核。

3. 若审核人员发现该凭证有错误，可单击“标错”按钮，对凭证进行标错，以便制单人对其进行修改。

4. 已标错的凭证不能被审核，若想审核，需先取消标错后再进行审核。

5. 凭证一经审核，就不能被修改或删除，只有取消审核签字后才可以选择修改或删除。

6. 取消审核签字只能由审核人自己进行。

7. 作废凭证不能被审核，也不能被标错，只能参与记账。

8. 审核人与制单人不能为同一人。

9. 系统提供了两种审核方式：单张审核与成批审核。

10. 审核的方式有屏幕审核、静态审核（打印审核）、二次输入校验审核。最常用的方式是屏幕审核法。

三、凭证查询

为了随时了解经济业务发生的情况、保证填制凭证的正确性，在制单过程中即可通过“首张”“上张”“下张”“末张”键翻页查找或利用“查询”按钮输入查找条件，进行未记账凭证的查询。查询所有已记账凭证和未记账凭证均可通过“查询凭证”功能来完成，通过此功能查询显示的记账凭证不能被修改或删除。

四、记账与恢复记账

（一）记账

记账凭证经审核签字后，即可用来登记总账和明细账、日记账、部门账、往来账、项目及备查账等。记账一般采用向导方式，使记账过程更加明确，记账工作由计算机自动进行数据处理，不需要人工干预。

例 3-10 以101陈红兰的身份登录系统，进行记账操作。

操作步骤

1. 执行“总账”→“凭证”→“记账”命令，打开“选择本次记账范围”对话框，默认显示所有已审核凭证，单击“下一步”按钮，如图3-34所示。

2. 打开“记账报告”对话框，单击“下一步”，弹出“记账”对话框，如图3-35所示，单击“记账”按钮。

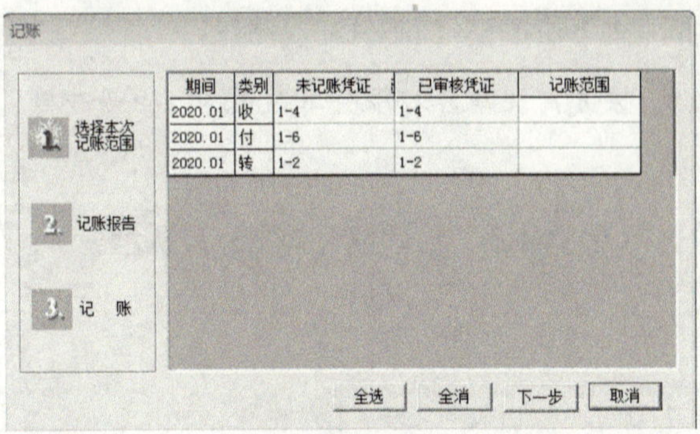

图 3-34 “选择本次记账范围”对话框

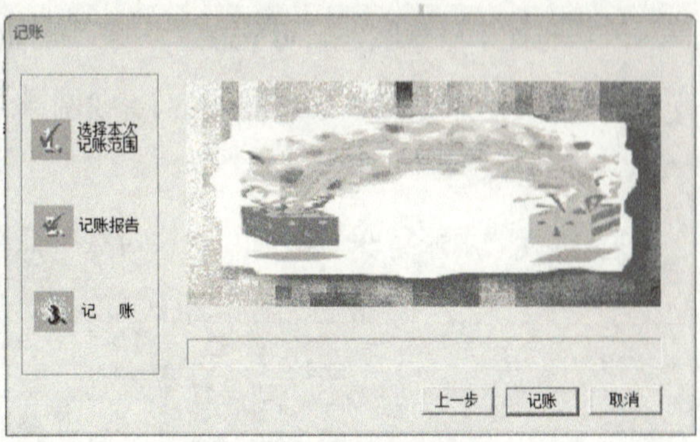

图 3-35 “记账”对话框

3. 打开“期初试算平衡表”对话框，单击“确认”按钮，系统自动登记所有账簿如图3-36所示。记账结束后，提示记账完毕，单击“确定”按钮完成记账。

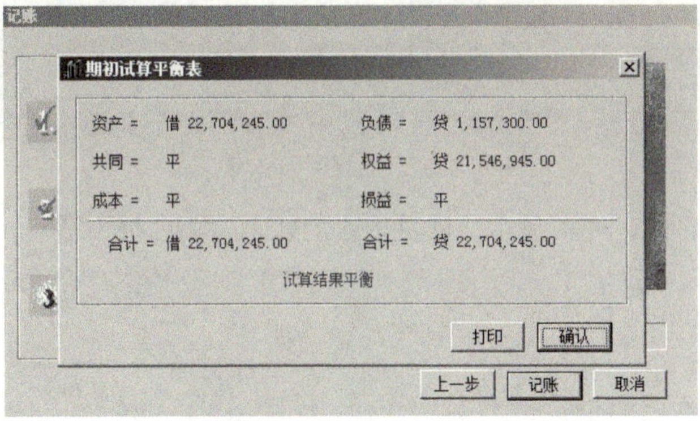

图 3-36 “期初试算平衡表”对话框

提 示

1. “记账范围”栏可以输入数字、“—”和“，”。
2. 在第一次记账时，若期初余额试算不平衡，系统将不允许记账。
3. 所选范围内存在不平衡凭证，不允许记账。
4. 所选范围内存在未审核凭证，不允许记账。

5. 上月未结账，本月不允许记账。

6. 系统允许每月多次记账。

7. 记账过程不得中断，一旦断电或其他原因造成中断的，系统将自动调用“恢复记账前状态”恢复数据，然后再重新记账。

8. 记账是总账系统中最关键的数据处理功能，它使得存储于“临时凭证文件”中的凭证转移到“历史凭证文件”中。

9. 记账后的凭证只能在“查询凭证”功能中查询，不能在“填制凭证”功能中查询。

（二）恢复记账

当总账系统在记账时，万一发生记账被中断，系统将自动进入恢复中断状态，然后让用户重新记账。另外，如发现本月记账有错误，利用本功能可将本月已记账的凭证全部重新变成未记账凭证，进行修改后再重新记账。如果“总账”→“凭证”下未显示“恢复记账前状态”，表示该功能处于隐藏状态，可先在“对账”功能界面按下快捷键<Ctrl+H>进行激活。

例 3-11 以账套主管101陈红兰的身份登录系统，恢复河北华源有限公司2020年1月份记账。

操作步骤

1. 执行“总账”→“期末”→“对账”命令，打开“对账”对话框，如图3-37所示。

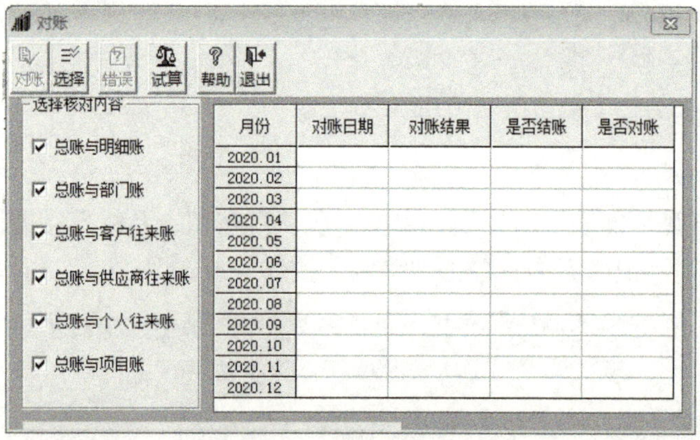

图 3-37 “对账”对话框

2. 按<Ctrl+H>组合键，屏幕显示“恢复记账前状态功能已被激活”，如图3-38所示。

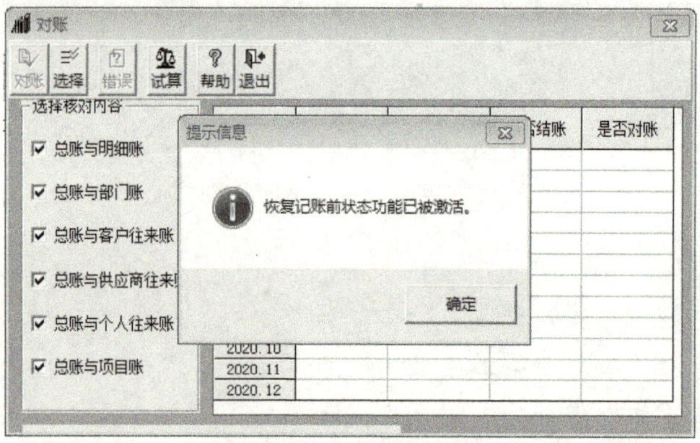

图 3-38 “恢复记账前状态功能已被激活”对话框

3. 单击“确定”按钮，再单击“退出”按钮，回到主界面。

4. 执行“总账”→“凭证”→“恢复记账前状态”命令，打开“恢复记账前状态”对话框，选择“2020年01月初状态”选项。恢复方式的选择如图3-39所示。

5. 单击“确定”按钮，完成主管口令输入，显示“恢复记账完毕！”，如图3-40所示。单击“确定”按钮，回到主界面。

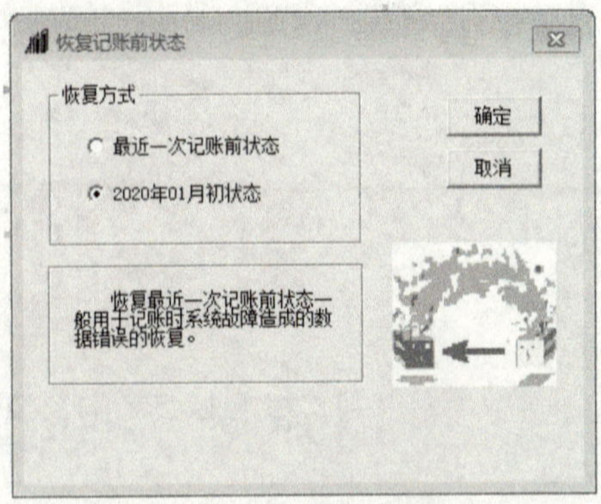

图 3-39　恢复方式的选择

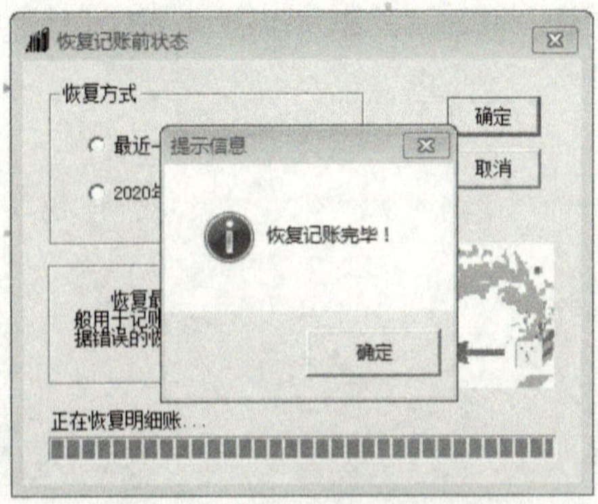

图 3-40　恢复记账完毕

提示

1. 最近一次：是指将最后一次记账的凭证恢复成未记账状态。本月月初：是指将本月全部已记账凭证恢复成未记账状态。

2. 只有账套主管才有权恢复到设定的记账前状态。

3. 在期末对账界面，按 <Ctrl+H> 键，显示或隐藏菜单中的“恢复记账前状态”功能。

4. 断电或其他原因造成记账过程中断的，系统将自动调用“恢复记账前状态”恢复数据，然后让用户重新记账。

5. 记账过程中不得中断退出。

6. 已结账的月份，不能恢复记账前状态。

Project 4

项目四

月末账务处理

项目综述

在账务处理系统中，月末账务处理是指在将本月所有发生的经济业务全部登记入账后所要做的工作，主要包括工资费用的分摊、计提固定资产折旧以及期末的经济业务结转、转账定义与转账生成、期末对账和结账等操作内容。

学习目标

① 学会银行对账的业务处理
② 学会工资费用分摊的业务处理
③ 学会固定资产折旧计提和资产减少的业务处理
④ 学会期末转账定义、转账生成功能自动生成业务凭证
⑤ 学会期末的对账与结账操作

素养目标

① 通过模拟实际工作中的账务处理工作，让学生得到更多的工作过程的体验

② 通过操作、反馈等过程，培养学生认真、细致、严谨的工作态度和爱岗敬业的职业精神

任务一 银行对账的处理

银行对账是货币资金管理的主要内容，是企业出纳人员的主要工作之一。银行对账的目的是为了及时发现记账错误，准确掌握银行存款的实际金额。因此，企业必须将银行存款日记账与开户银行出具的银行对账单定期进行核对，并编制银行存款余额调节表和未达账项报告。银行对账的主要工作包括输入银行对账期初余额、输入银行对账单、银行对账、编制银行存款余额调节表和核销已达账项。银行对账处理流程如图4-1所示。

图 4-1 银行对账处理流程

一、输入银行对账期初余额

在第一次使用银行对账功能之前，必须先将启用日期之前的企业银行日记账余额、银行对账单余额及双方的未达账项录入到系统中。

例 4-1 以 103 李强的身份登录用友畅捷通 T3 软件，完成银行对账期初的相关操作。

银行对账的启用日期为 2020 年 1 月 1 日。

河北华源有限公司在建设银行的银行存款日记账期初余额和银行对账单的期初余额均为 5 500 000 元，无未达账项。

操作步骤

1. 以103李强的身份登录用友畅捷通T3软件，操作日期为2020年1月31日。

2. 单击菜单栏中的“现金”菜单，选择“设置”→“银行期初录入”，进入“银行科目选择”对话框，如图4-2所示。

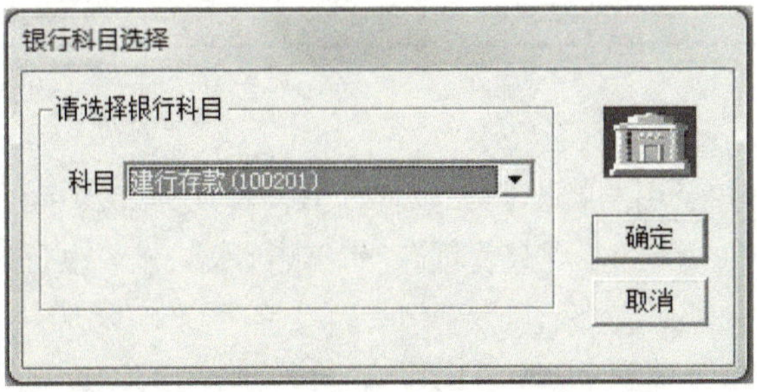

图 4-2 “银行科目选择”对话框

3. 银行科目选择“建行存款（100201）”，然后单击“确定”按钮，弹出“银行对账期初”对话框，如图4-3所示。单位日记账调整前余额项目输入“5 500 000”，银行对账单调整前余额项目输入“5 500 000”，然后单击“退出”按钮。

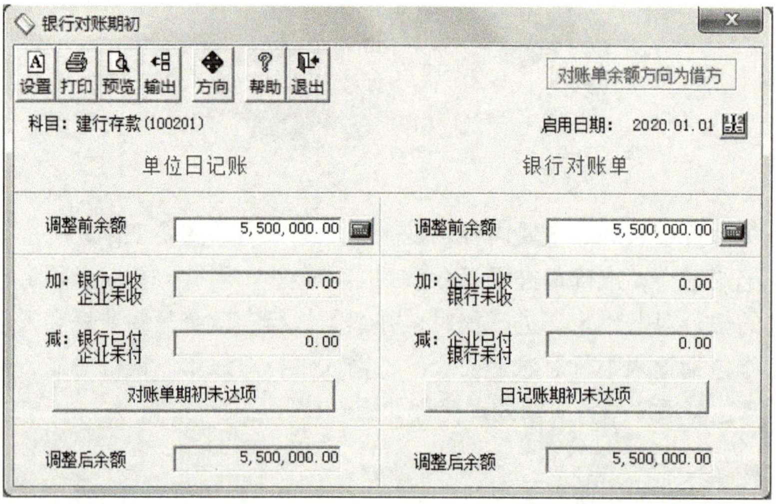

图 4-3 “银行对账期初”对话框

二、输入银行对账单

要实现计算机自动对账，在每月月末对账前，必须把银行开出的银行对账单数据录入到计算机，以便和企业银行存款日记账进行对账。

例 4-2 以 103 李强的身份登录系统，完成下列银行对账单的相关操作。

建设银行的对账单数据见表 4-1。

表 4-1 建设银行对账单数据 （单位：元）

日期	结算方式	票号	借方金额	贷方金额	余额
2020-01-01					5 500 000
2020-01-03	1			3 000	5 497 000
2020-01-04	202	ZZ20200101		56 500	5 440 500
2020-01-06	202	ZZ20200102	275 000		5 715 500
2020-01-07	202	ZZ20200103		203 400	5 512 100
2020-01-10	201	XJ20200101		2 000	5 510 100
2020-01-18	202	ZZ20200104		439 300	5 070 800

操作步骤

1. 以103李强的身份登录用友畅捷通T3软件，操作日期为2020年1月31日。

2. 单击“现金”菜单，选择“现金管理”→“银行账”→“银行对账单”，打开“银行科目选择”对话框。

3. 银行科目选择“建行存款（100201）”，月份选择“2020.01”，单击“确定”按钮，如图4-4所示。

4. 进入到银行对账单录入对话框，单击“增加”按钮，按照表4-1中的内容录入数据，输入完毕一项数据后，按<Enter>键，可继续输入下一条数据。所有数据录入完毕，按“保存”按钮，如图4-5所示，然后按“退出”按钮。

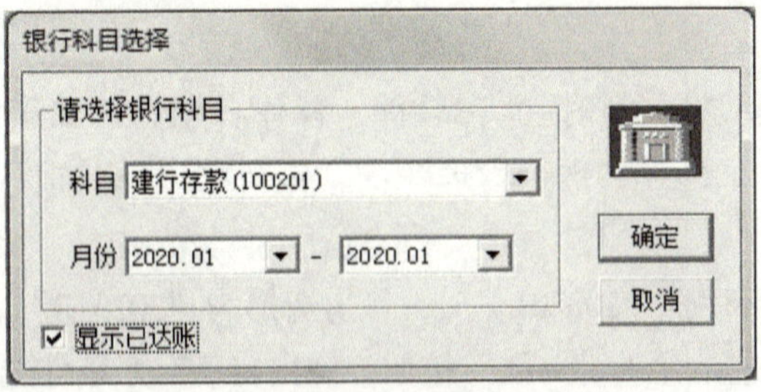

图 4-4 “银行科目选择”对话框

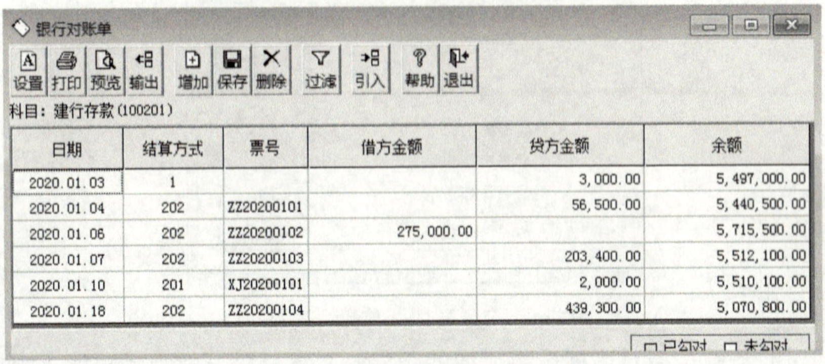

日期	结算方式	票号	借方金额	贷方金额	余额
2020.01.03	1			3,000.00	5,497,000.00
2020.01.04	202	ZZ20200101		56,500.00	5,440,500.00
2020.01.06	202	ZZ20200102	275,000.00		5,715,500.00
2020.01.07	202	ZZ20200103		203,400.00	5,512,100.00
2020.01.10	201	XJ20200101		2,000.00	5,510,100.00
2020.01.18	202	ZZ20200104		439,300.00	5,070,800.00

图 4-5 银行对账单录入对话框

三、银行对账

系统一般提供自动对账和手工对账两种对账方式。在进行银行对账时，应该遵循以下方法和顺序。

1. 设置系统自动对账的依据及对账截止日期

一般可按金额方向相同、结算方式相同、票号相同等条件进行自动对账。只有设置好自动对账依据，才能够利用系统提供的自动对账功能进行自动对账。另外，在银行对账单记录截止日前不能进行银行对账的情况下，设置对账截止日期就显得格外重要了，如果设置不当，由于银行未达账项截止日期和银行对账单截止日期不同，在进行自动对账时就可能会发生对账错误。假设企业每月月末与银行进行对账，则银行对账单记录截止日期为每月月末。如果某月末未能及时对账而转到下个月对账时，下个月月初至实际对账日企业发生的银行业务将全部被误认为是未达账项。因此，企业要对这一问题引起足够的重视。因此，为了正确对账，首先必须要正确设置对账截止日期。

2. 利用系统提供的自动对账功能进行自动对账

在信息化方式下，自动对账极大地减少了手工对账的工作量，是提高银行对账整体效率的关键环节。因此，企业必须充分利用系统提供的自动对账功能。但是，自动对账功能并不能解决一切对账问题，它只能对银行未达账项和银行对账单中一对一的记录进行核对，而对于一对多、多对一或多对多的情况则显得无能为力。例如，由于某种原因，对于企业记录的两笔银行存款支出，开户行可能将其合并为一条记录。这种情况下，利用自动对账功能进行自动对账时，可能会将这3条记录全部作为未达账项看待。为了保证对账的完整性与正确性，应该将手工对账与自动对账结合起来使用。

例4-3 以 103 李强的身份登录系统，完成建行存款（100201）银行对账的相关操作。

操作步骤

1. 以103李强的身份登录用友畅捷通T3软件，操作日期为2020年1月31日。

2. 单击“现金”菜单，选择“现金管理”→“银行账”→“银行对账”，打开“银行科目选择”对话框。

3. 银行科目选择“建行存款（100201）”，月份选择为“2020.01”，单击“确定”按钮，打开“银行对账”对话框。单击左上角的“对账”按钮，弹出自动对账条件选择对话框，如图4-6所示。

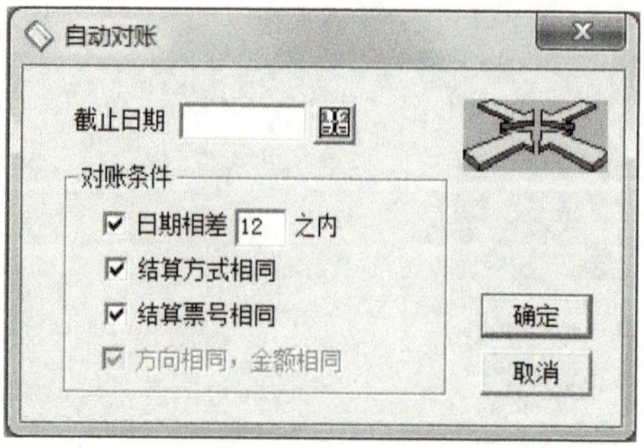

图 4-6 自动对账条件选择对话框

4. 在自动对账条件选择对话框选择需要的条件，系统立即开始自动对账。完成自动对账的项目，系统自动会在单位日记账和银行对账单的“两清”栏显示红色的“○”两清标志，如图4-7所示。最后单击“退出”按钮。

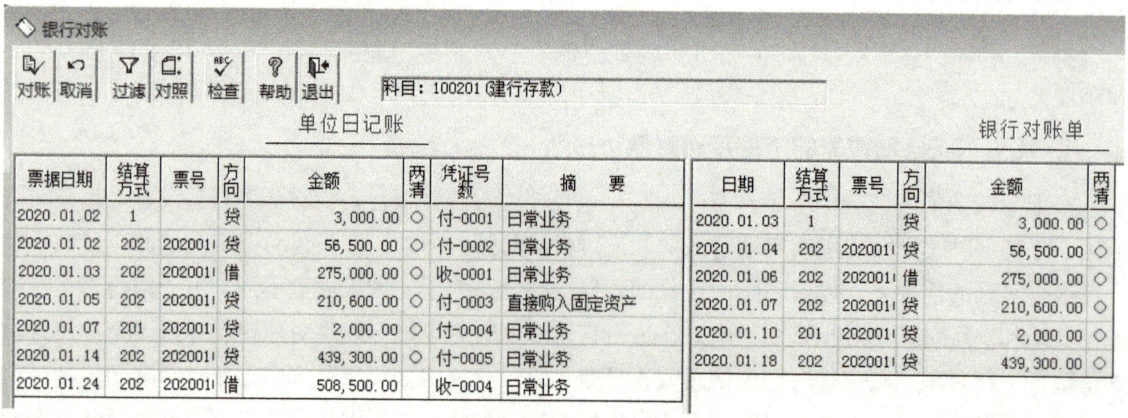

单位日记账

票据日期	结算方式	票号	方向	金额	两清	凭证号数	摘要
2020.01.02	1		贷	3,000.00	○	付-0001	日常业务
2020.01.02	202	2020011	贷	56,500.00	○	付-0002	日常业务
2020.01.03	202	2020011	借	275,000.00	○	收-0001	日常业务
2020.01.05	202	2020011	贷	210,600.00	○	付-0003	直接购入固定资产
2020.01.07	201	2020011	贷	2,000.00	○	付-0004	日常业务
2020.01.14	202	2020011	贷	439,300.00	○	付-0005	日常业务
2020.01.24	202	2020011	借	508,500.00		收-0004	日常业务

银行对账单

日期	结算方式	票号	方向	金额	两清
2020.01.03	1		贷	3,000.00	○
2020.01.04	202	2020011	贷	56,500.00	○
2020.01.06	202	2020011	借	275,000.00	○
2020.01.07	202	2020011	贷	210,600.00	○
2020.01.10	201	2020011	贷	2,000.00	○
2020.01.18	202	2020011	贷	439,300.00	○

图 4-7 自动对账完成对话框

对于没有完成自动对账的项目，如果确实需要注销的，可以通过人工审核的方式进行对账操作，在单位日记账和银行对账单的“两清”栏分别双击，形成红色的“Y”两清标志。

四、编制银行存款余额调节表

在银行对账操作完成后，系统整理未达账项和已达账项生成银行存款余额调节表，以检查对账是否正确。银行存款余额调节表的截止日期一般截止到对账截止日期，若无截止日期则为最新日期的余额调节表。如果银行存款余额调节表显示余额不平，应检查“银行期初录入”中的项目是否平衡、“银行对账单”录入的项目是否正确、银行对账中勾选是否正确、对账是否平衡，并进行相应调整。

例4-4 以103李强的身份登录系统，完成建行存款（100201）的银行存款余额表的查询操作。

操作步骤

1. 以103李强的身份登录用友畅捷通T3软件，操作日期为2020年1月31日。

2. 单击“现金”菜单，选择“现金管理”→“银行账”→“余额调节表查询”，打开“银行存款余额调节表”查询对话框，双击需要查询的“建行存款（100201）”，自动打开“建行存款（100201）”的银行存款余额调节表，如图4-8所示。

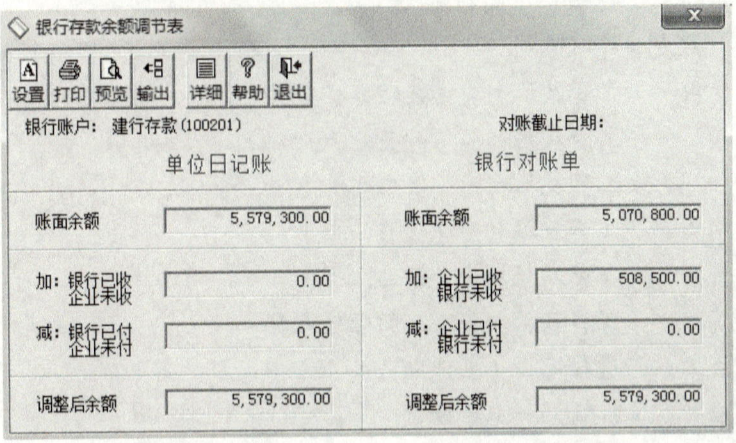

图 4-8 “建行存款（100201）”的银行存款余额调节表

任务二 工资费用的分摊处理

工资费用分摊是对当月发生的工资费用进行工资总额的计算、分配和各种经费、保险费用的计提，生成转账凭证并传递到总账系统中。在进行工资费用分摊前，必须进行工资数据的汇总，如果没有进行数据汇总操作，将不允许进行月末结转的操作。

例4-5 以102张丽的身份登录用友畅捷通T3软件，完成下列工资总额的计算、分配和各种经费、保险费用的计提，并生成转账凭证。

1. 应付工资总额＝应发合计×100%

借：管理费用——工资及福利费（经理办公室）

——工资及福利费（财务处）

——工资及福利费（供应处）

销售费用——工资及福利费（销售一部）

销售费用——工资及福利费（销售二部）

制造费用——工资及福利费（车间管理人员）

生产成本——直接人工（生产人员）

贷：应付职工薪酬——工资

2. 福利费＝应发合计×14%

借：管理费用——工资及福利费（经理办公室）

——工资及福利费（财务处）

——工资及福利费（供应处）
销售费用——工资及福利费（销售一部）
销售费用——工资及福利费（销售二部）
制造费用——工资及福利费（车间管理人员）
生产成本——直接人工（生产人员）
贷：应付职工薪酬——福利费

3. 工会经费 = 应发合计 ×2%

借：管理费用——工资及福利费（经理办公室）
——工资及福利费（财务处）
——工资及福利费（供应处）
销售费用——工资及福利费（销售一部）
销售费用——工资及福利费（销售二部）
制造费用——工资及福利费（车间管理人员）
生产成本——直接人工（生产人员）
贷：应付职工薪酬——工会经费

4. 职工教育经费 = 应发合计 ×1.5%

借：管理费用——工资及福利费（经理办公室）
——工资及福利费（财务处）
——工资及福利费（供应处）
销售费用——工资及福利费（销售一部）
销售费用——工资及福利费（销售二部）
制造费用——工资及福利费（车间管理人员）
生产成本——直接人工（生产人员）
贷：应付职工薪酬——职工教育经费

5. 社保 = 保险 ×100%

借：应付职工薪酬——工资
贷：其他应收款——社保

6. 公积金 = 住房公积金 ×100%

借：应付职工薪酬——公积金
贷：其他应收款——公积金

7. 代扣个人所得税 = 代扣税 ×100%

借：应付职工薪酬——工资
贷：其他应收款——代扣个人所得税

操作步骤

1. 以102张丽的身份登录用友畅捷通T3软件，操作日期为2020年1月31日。

2. 单击“工资”菜单，选择“业务处理”→“工资分摊”，打开“工资分摊”对话框，如图4-9所示。

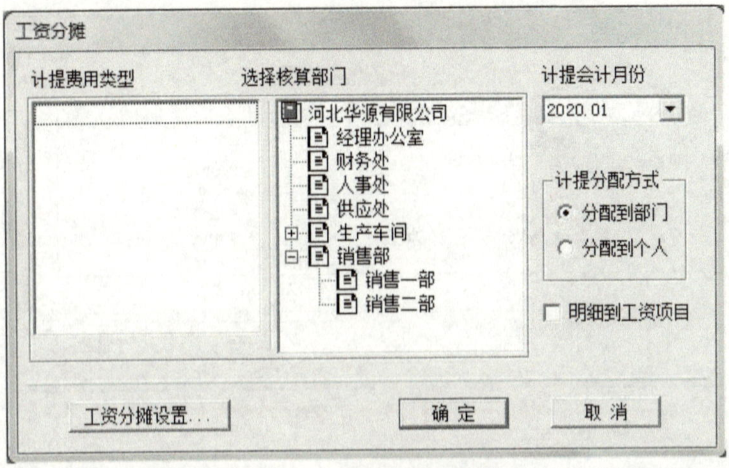

图 4-9 “工资分摊”对话框

3. 单击“工资分摊设置”按钮，弹出“分摊类型设置”对话框，如图4-10所示。

4. 单击“增加”按钮，弹出“分摊计提比例设置”对话框，计提类型名称设置为“应付工资总额”，分摊计提比例设置为“100%”，如图4-11所示。

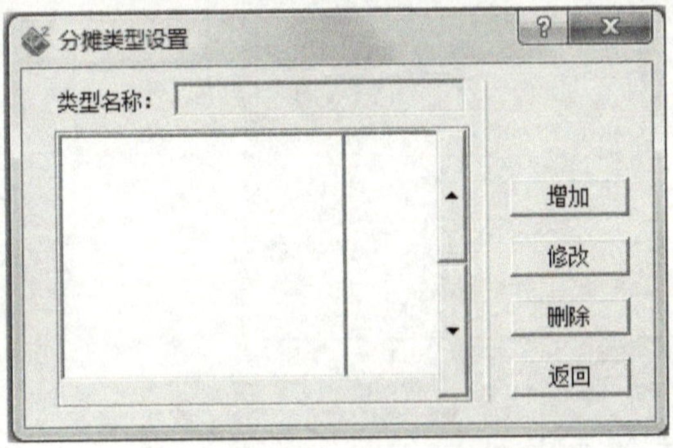

图 4-10 “分摊类型设置”对话框

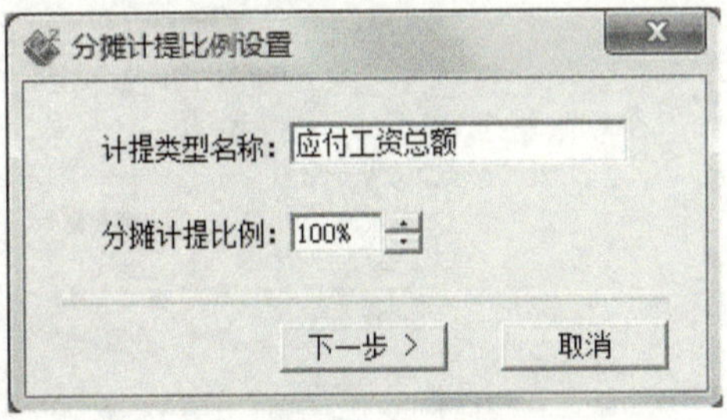

图 4-11 “分摊计提比例设置”对话框

5. 单击“下一步”，弹出“分摊构成设置”对话框。部门名称选择“经理办公室、财务处、人事处”，人员类别选择“管理人员”，项目选择“应发合计”，借方科目为“660201管理费用—— 工资及福利费”，贷方科目为“221101应付职工薪酬—— 工资”；部门名称选择“供应处”，人员类别选择“采购人员”，项目选择“应发合计”，借方科目为“660201管理费用—— 工资及福利费”，贷方科目为“221101应付职工薪酬—— 工资”；部门名称选择“销售一部、销售二部”，人员类别选择“销售人员”，项目选择“应发合计”，借方科目为“660103销售费用—— 工资及福利费”，贷方科目为“221101应付职工薪酬—— 工资”；部门名称选择“一车间、二车间”，人员类别选择“车间管理人员”，项目选择“应发合计”，借方科目为“510102制造费用—— 工资及福利费”，贷方科目为“221101应付职工薪酬—— 工资”；部门名称选择“一车间、二车间”，人员类别选择“生产人员”，项目选择“应发合计”，借方科目为“500102生产成本—— 直接人工”，贷方科目为“221101应付职工薪酬—— 工资”。单击“完成”按钮，如图4-12所示。

6. 根据例4-5，依次设置工资分摊公式，完成后如图4-13所示。

7. 生成工资分摊凭证。把计提费用类型项目全部选中，核算部门全部选中，计提分配方式选择为“分配到部门”，“明细到工资项目”选中。单击“确定”按钮，如图4-14所示。

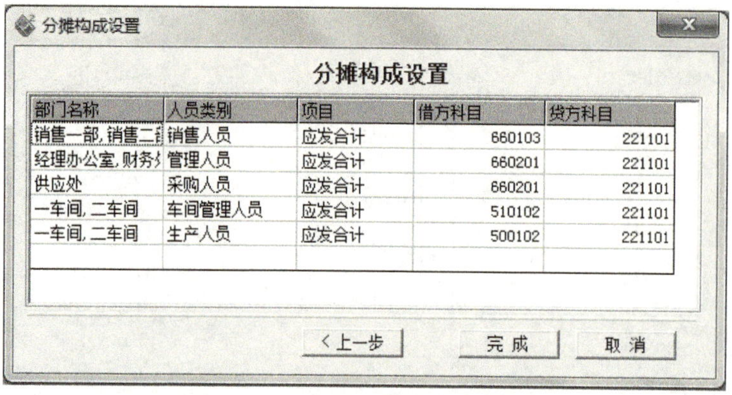

图 4-12 “分摊构成设置”对话框

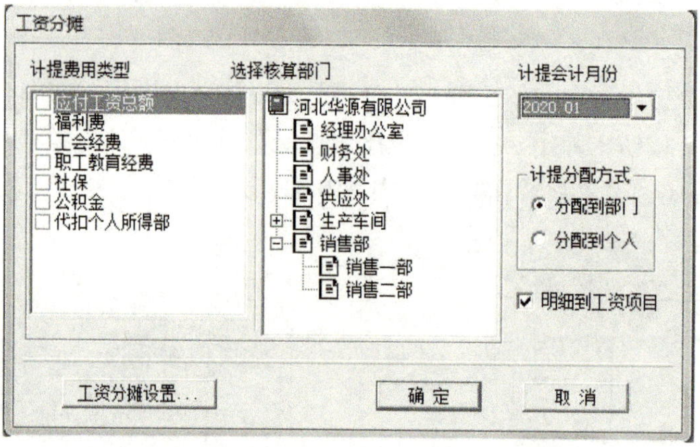

图 4-13 “工资分摊”公式设置对话框

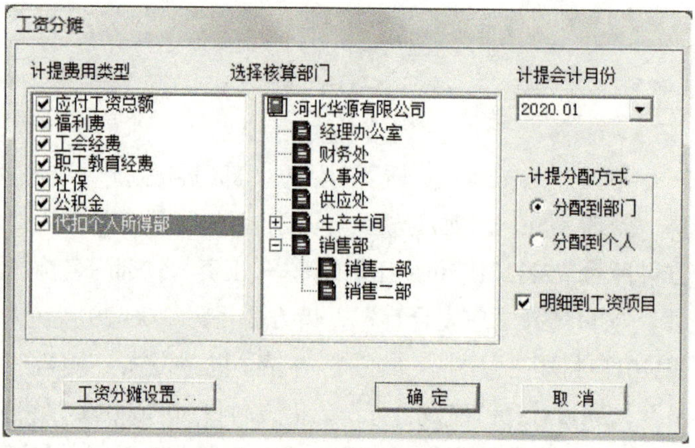

图 4-14 “工资分摊”设置完成对话框

8. 在工资分摊明细窗口，把“合并科目相同、辅助项相同的分录”项目选中，单击“批制”按钮，系统自动生成相应的工资分摊凭证，如图4-15所示。

9. 生成凭证后，系统自动显示代扣个人所得税凭证。在当前凭证中，更改凭证类别为“转账凭证”，单击“保存”按钮，如图4-16所示。

10. 单击“填制凭证”窗口工具栏中的“下张”按钮，重复第9步，依次完成应付福利费凭证、应付工会经费凭证、应付住房公积金凭证、应付社会保险凭证、应付工资总额凭证、应付职工教育经费凭证的设置，如图4-17～图4-22所示。

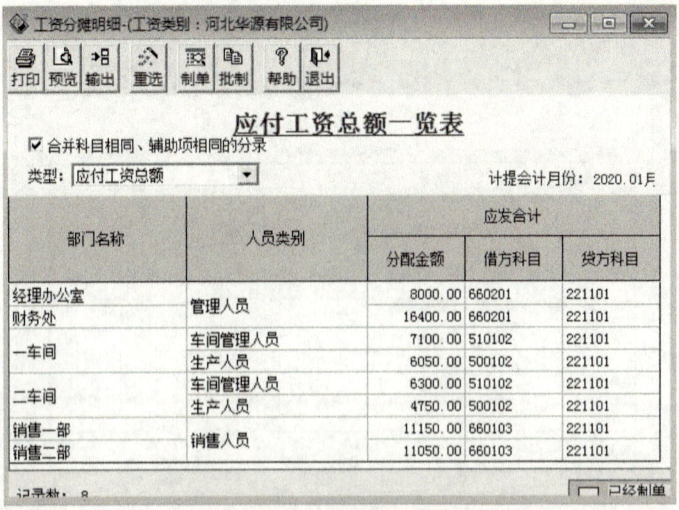
工资分摊明细-(工资类别：河北华源有限公司)

打印 预览 输出 重选 制单 批制 帮助 退出

应付工资总额一览表

☑ 合并科目相同、辅助项相同的分录

类型：应付工资总额　　计提会计月份：2020.01月

部门名称	人员类别	应发合计		
		分配金额	借方科目	贷方科目
经理办公室	管理人员	8000.00	660201	221101
财务处		16400.00	660201	221101
一车间	车间管理人员	7100.00	510102	221101
	生产人员	6050.00	500102	221101
二车间	车间管理人员	6300.00	510102	221101
	生产人员	4750.00	500102	221101
销售一部	销售人员	11150.00	660103	221101
销售二部		11050.00	660103	221101

记录数：8　　已经制单

图 4-15　工资分摊明细窗口

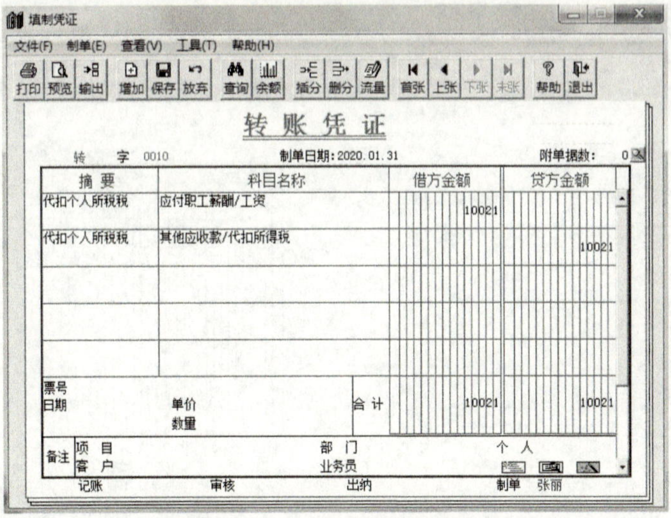
填制凭证

文件(F) 制单(E) 查看(V) 工具(T) 帮助(H)

打印 预览 输出 增加 保存 放弃 查询 余额 插分 删分 流量 首张 上张 下张 末张 帮助 退出

转 账 凭 证

转 字 0010　　制单日期：2020.01.31　　附单据数：0

摘要	科目名称	借方金额	贷方金额
代扣个人所税税	应付职工薪酬/工资	10021	
代扣个人所税税	其他应收款/代扣所得税		10021
票号 日期　单价 数量	合计	10021	10021

备注　项目　部门　个人　客户　业务员

记账　审核　出纳　制单　张丽

图 4-16　代扣个人所得税凭证

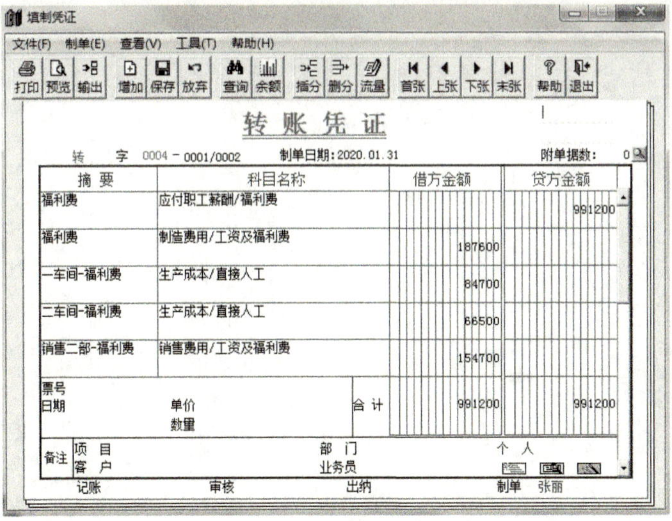
填制凭证

文件(F) 制单(E) 查看(V) 工具(T) 帮助(H)

打印 预览 输出 增加 保存 放弃 查询 余额 插分 删分 流量 首张 上张 下张 末张 帮助 退出

转 账 凭 证

转 字 0004 - 0001/0002　　制单日期：2020.01.31　　附单据数：0

摘要	科目名称	借方金额	贷方金额
福利费	应付职工薪酬/福利费		991200
福利费	制造费用/工资及福利费	187600	
一车间-福利费	生产成本/直接人工	84700	
二车间-福利费	生产成本/直接人工	66500	
销售二部-福利费	销售费用/工资及福利费	154700	
票号 日期　单价 数量	合计	991200	991200

备注　项目　部门　个人　客户　业务员

记账　审核　出纳　制单　张丽

图 4-17　应付福利费凭证

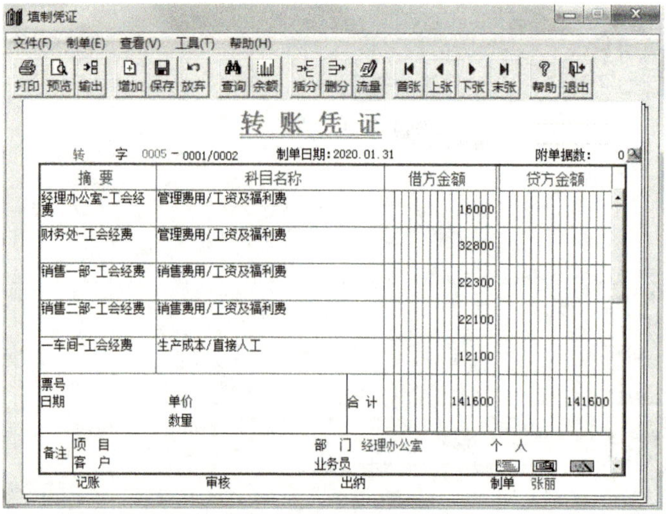

图 4-18　应付工会经费凭证

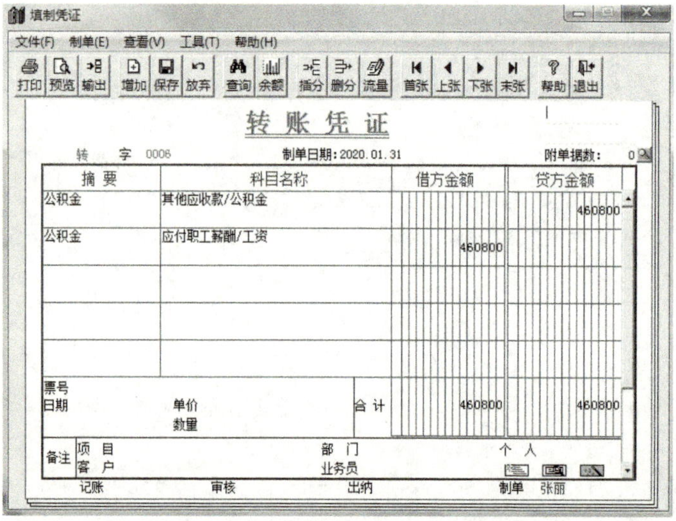

图 4-19　应付住房公积金凭证

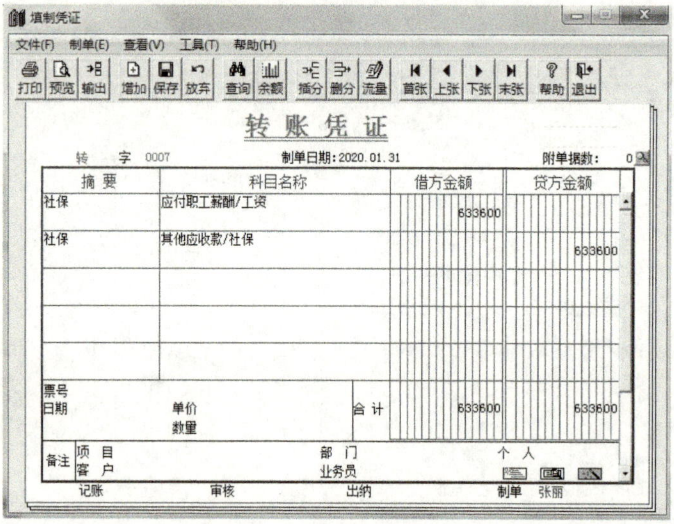

图 4-20　应付社会保险凭证

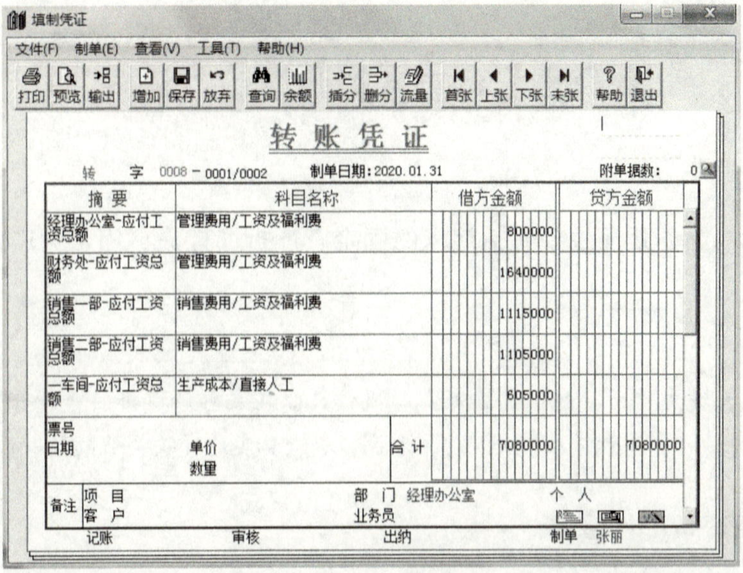

图 4-21 应付工资总额凭证

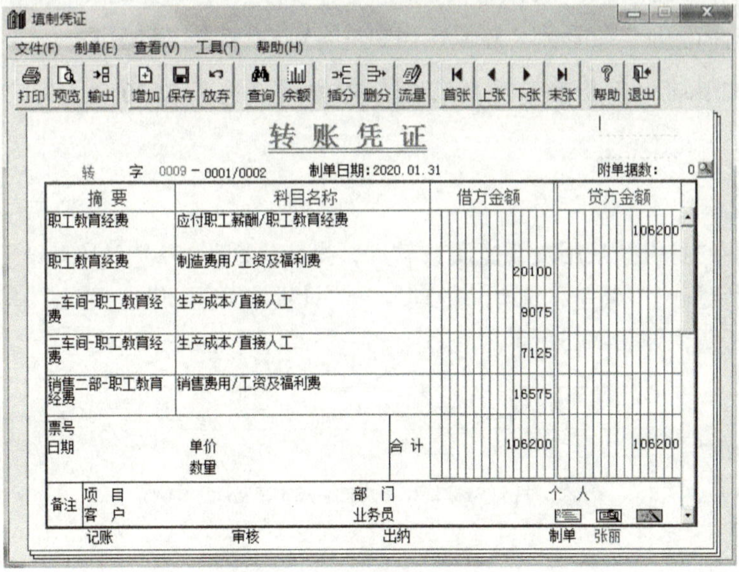

图 4-22 应付职工教育经费凭证

提示

在填制应付福利费凭证、应付工会经费凭证、应付工资总额凭证和应付职工教育经费凭证时，直接单击“保存”按钮，会提示“辅助核算项目不能为空”。这是因为例题中生产成本科目是按项目进行核算的，因此，用户要把一车间发生的各种工资费用核算到项目A设备中，二车间发生的各种工资费用核算到项目B设备中，把辅助核算项目更改完成后，再进行保存操作。

用户在生成各种凭证时可以不用批量制单，而选择逐笔制单。在保存时，同样需要注意上面提到的“辅助核算项目不能为空”问题，更改完辅助核算项目后，再进行保存操作。

任务三 固定资产期末业务处理

固定资产期末业务处理主要包括期末的固定资产折旧计提、固定资产减少处理两部分内容。

提示

在会计信息系统中，所有的固定资产减少操作只能在本月计提折旧后进行。如果先减少了资产，再计提折旧，就会导致虚减费用，虚增利润，不能真实地反映企业的经营成本和资产价值。

一、固定资产折旧计提

固定资产管理系统的主要功能之一就是自动计提折旧。系统根据所录入的固定资产资料自动计算每项固定资产的折旧额，每期计提折旧一次，并生成折旧分配表。根据折旧分配表，生成固定资产计提折旧凭证，传递到总账系统当中进行审核、记账等操作。

例4-6 以 102 张丽的身份登录用友畅捷通 T3 软件，完成 2020 年 1 月的固定资产计提折旧操作。

操作步骤

1. 以102张丽的身份登录用友畅捷通T3软件，操作日期为2020年1月31日。
2. 单击“固定资产”菜单，选择“处理”→“计提本月折旧”，单击“是”按钮，开始计提本月固定资产折旧，如图4-23所示。

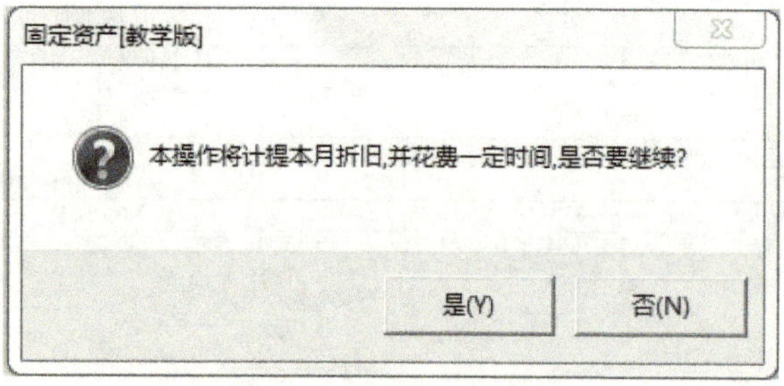

图 4-23 计提本月固定资产折旧

3. 系统自动进行计提折旧，形成“折旧清单”，如图4-24所示。
4. 单击“折旧清单”上的“退出”按钮，系统弹出“折旧分配表”，如图4-25所示。
5. 单击“折旧分配表”上的“凭证”按钮，打开“填制凭证”窗口，如图4-26所示。修改凭证类别为“转账凭证”，修改累计折旧核算部门为“经理办公室”，修改第二行贷方金额为50 400.00元。修改完，直接按<Enter>键，屏幕上光标自动转到下一行，并自动复制摘要内容，会计科目输入“1602累计折旧”，辅助核算项目部门为“财务处”，输入贷方金额367.40元，继续按<Enter>键；会计科目输入“1602累计折旧”，辅助核算项目部门为“一车间”，输入贷方金额20 954.00元，继续按<Enter>键；会计科目输入“1602累计折旧”，辅助核算项目部门为

“二车间”，输入贷方金额17 060.00元。此时，按凭证上的“保存”按钮，成功保存凭证，如图4-27所示。

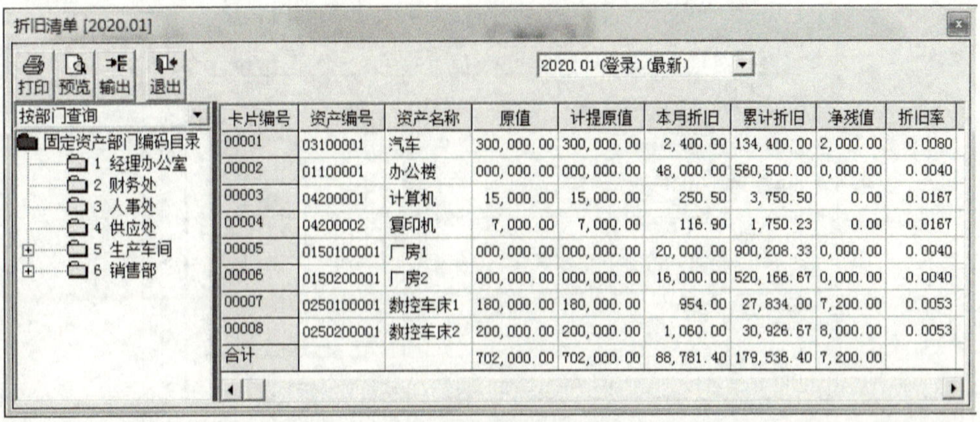

卡片编号	资产编号	资产名称	原值	计提原值	本月折旧	累计折旧	净残值	折旧率
00001	03100001	汽车	300,000.00	300,000.00	2,400.00	134,400.00	2,000.00	0.0080
00002	01100001	办公楼	000,000.00	000,000.00	48,000.00	560,500.00	0,000.00	0.0040
00003	04200001	计算机	15,000.00	15,000.00	250.50	3,750.50	0.00	0.0167
00004	04200002	复印机	7,000.00	7,000.00	116.90	1,750.23	0.00	0.0167
00005	0150100001	厂房1	000,000.00	000,000.00	20,000.00	900,208.33	0,000.00	0.0040
00006	0150200001	厂房2	000,000.00	000,000.00	16,000.00	520,166.67	0,000.00	0.0040
00007	0250100001	数控车床1	180,000.00	180,000.00	954.00	27,834.00	7,200.00	0.0053
00008	0250200001	数控车床2	200,000.00	200,000.00	1,060.00	30,926.67	8,000.00	0.0053
合计			702,000.00	702,000.00	88,781.40	179,536.40	7,200.00	

图 4-24 折旧清单

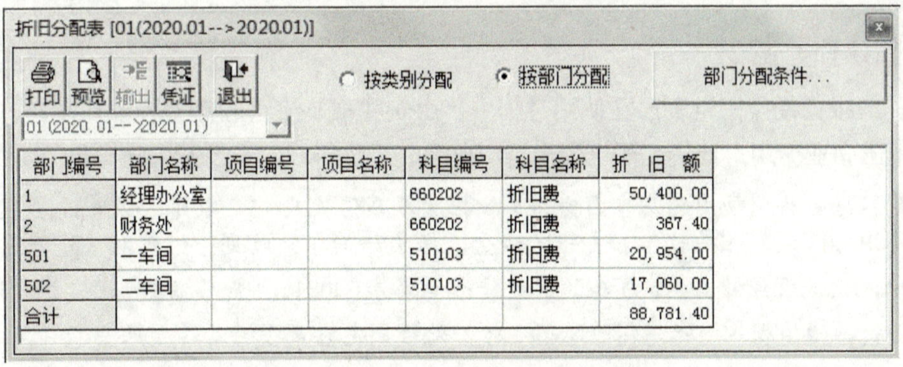

部门编号	部门名称	项目编号	项目名称	科目编号	科目名称	折旧额
1	经理办公室			660202	折旧费	50,400.00
2	财务处			660202	折旧费	367.40
501	一车间			510103	折旧费	20,954.00
502	二车间			510103	折旧费	17,060.00
合计						88,781.40

图 4-25 折旧分配表

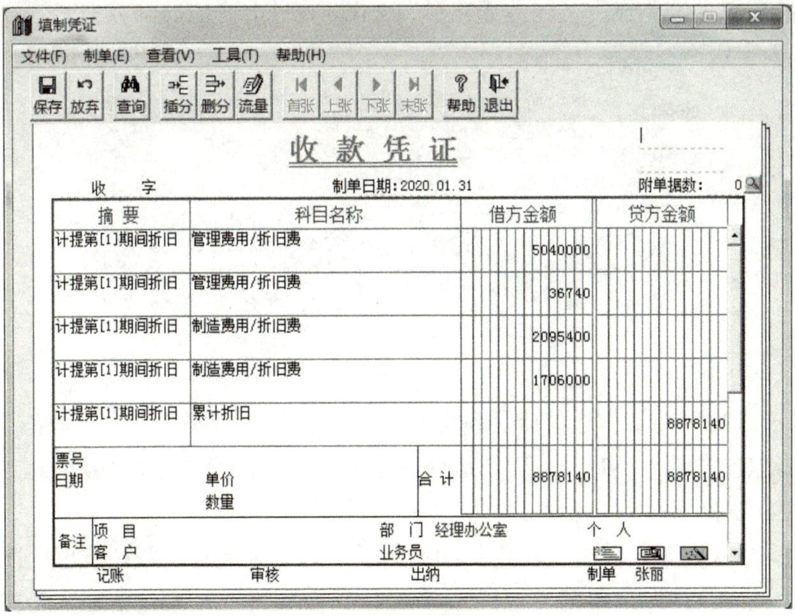

图 4-26 “填制凭证”窗口

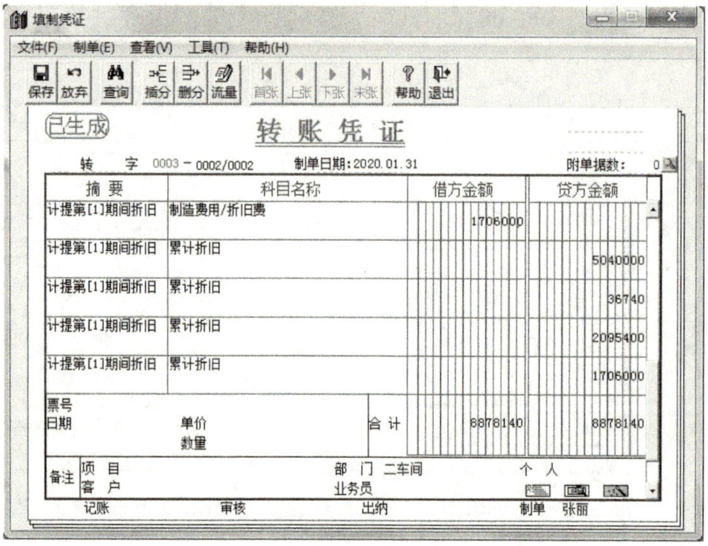

图 4-27　固定资产计提折旧凭证设置完成

二、固定资产减少

固定资产减少是指固定资产在使用过程中，由于毁损、出售、盘亏、对外投资、对外捐赠等原因而退出企业。用户计提完固定资产折旧以后，再进行固定资产减少的操作。

例 4-7 经理办公室使用的汽车因交通事故报废，残值收入 15 000 元，保险赔偿 120 000 元，发生清理费用 600 元。相关收入和支出为现金，保险赔偿尚未收到。经批准，处理固定资产的损失 32 100 元记入营业外支出。汽车的固定资产卡编号 00001。（附单据数：固定资产清理 1 张，清理费用 1 张，残值收入 1 张，保险赔偿 1 张，处理固定资产损溢结转 1 张）

操作步骤

1. 以102张丽的身份登录用友畅捷通T3软件，操作日期为2020年1月31日。
2. 单击“固定资产”菜单，选择“卡片”→“资产减少”，如图4-28所示。

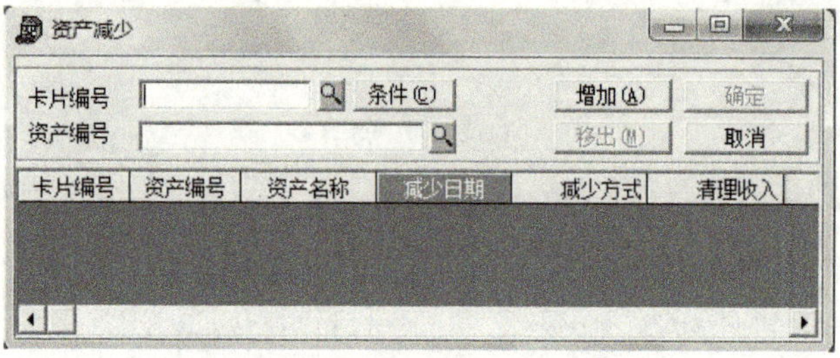

图 4-28　“资产减少”对话框

3. 在“资产减少”对话框中，卡片编号输入“00001”，单击“增加”按钮，减少方式选择“毁损”，清理收入录入“15 000”，清理费用录入“600”，清理原因录入“因交通事故车辆损毁”，如图4-29所示。

4. 资产减少录入完毕，单击“确定”按钮，系统自动生成固定资产清理凭证。把凭证类别修改为“转账凭证”，输入附单据数“1”，修改“固定资产”“累计折旧”的辅助核算项目为“经理办公室”，单击“保存”按钮，凭证成功保存，传递到总账系统，如图4-30所示。

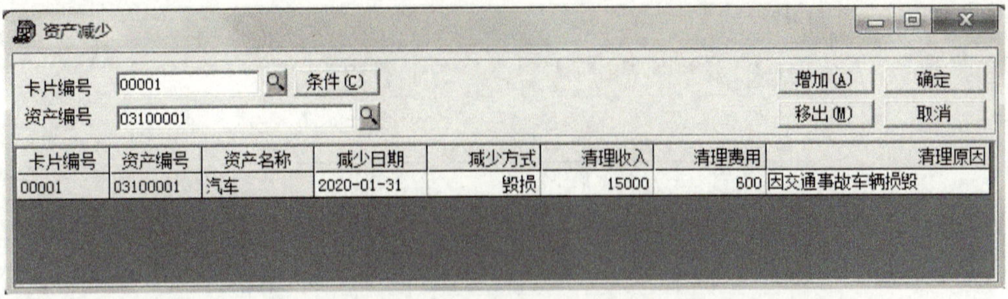

图 4-29 资产减少录入完毕

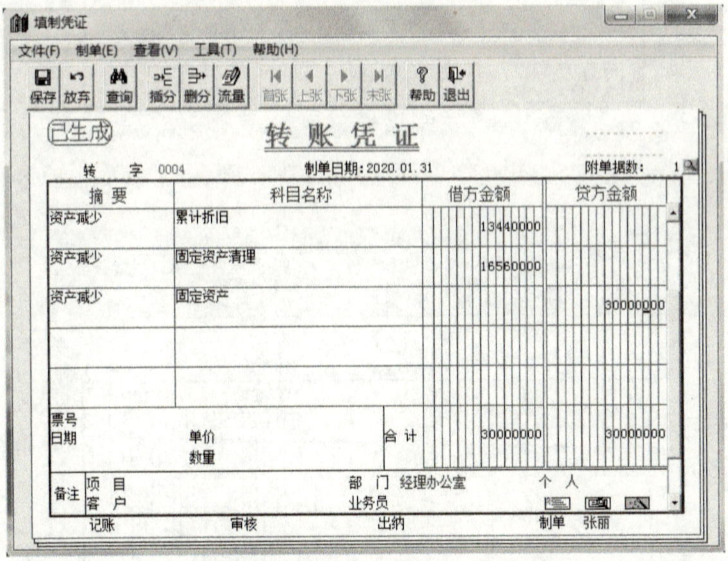

图 4-30 固定资产清理凭证设置完成

5．退出固定资产管理系统，打开总账管理系统，通过填制凭证功能，继续填制固定资产清理费用凭证、固定资产清理收入凭证、保险赔偿凭证及处理固定资产损溢结转凭证，如图4-31～图4-34所示。

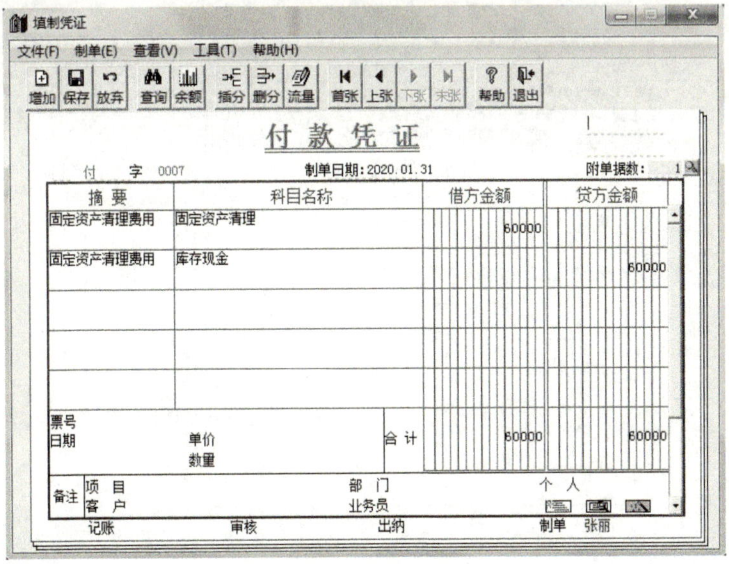

图 4-31 固定资产清理费用凭证

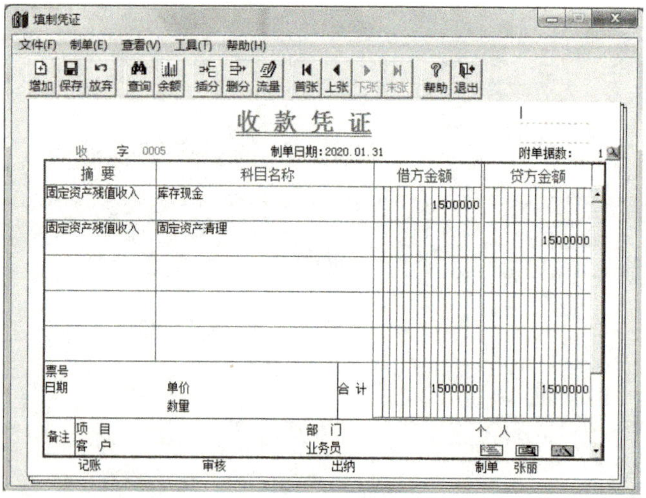

图 4-32　固定资产清理收入凭证

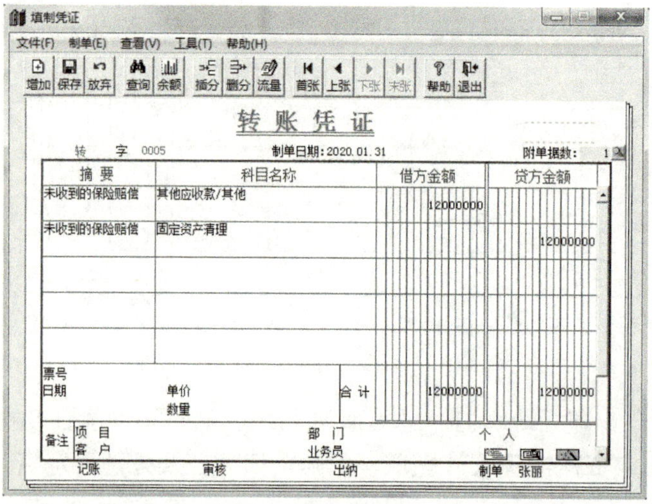

图 4-33　保险赔偿凭证

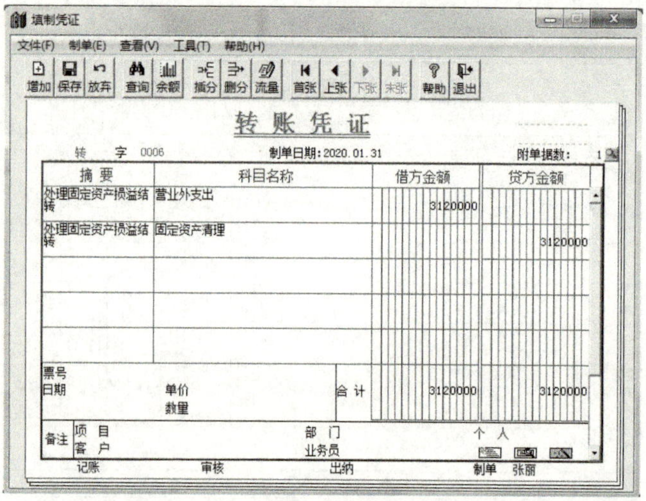

图 4-34　处理固定资产损溢结转凭证

提示

例 4-7 中，给出了处理固定资产的净损失，如果本例没有列出金额，用户可以通过查询账簿的方式，查询需结转的固定资产清理金额。在做最后一张处理固定资产损溢结转凭证之前，通过“总账”菜单，选择“账簿查询”中的“明细账查询”查看固定资产清理科目余额。输入科目代码“1606”，把“包含未记账凭证”选中，单击“确认”按钮，如图 4-35 所示。确认之后，系统显示“1606 固定资产清理明细账”窗口，可以查看固定资产清理科目余额，如图 4-36 所示。

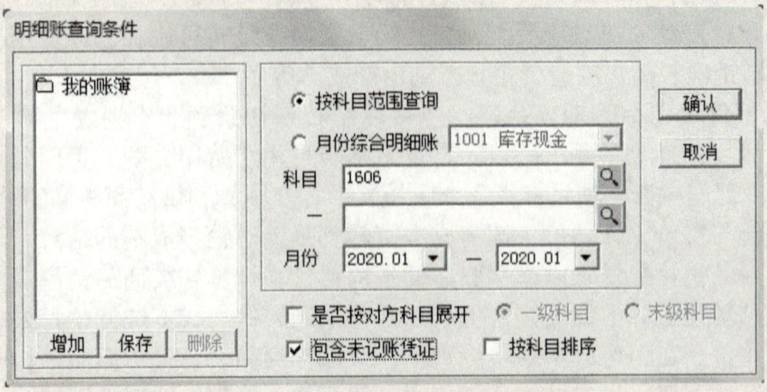

图 4-35 “明细账查询条件”对话框

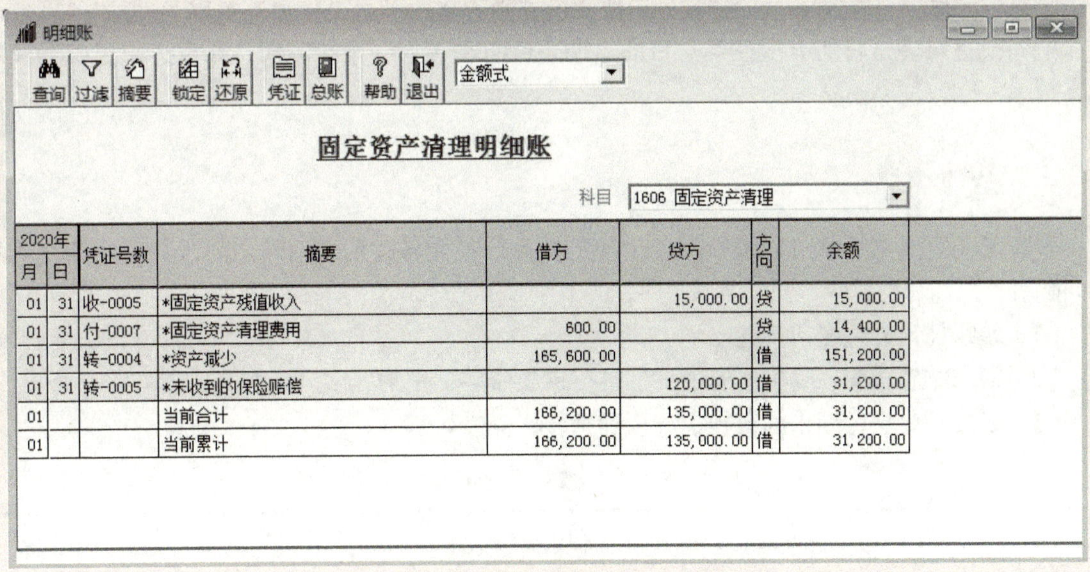

2020年 月	日	凭证号数	摘要	借方	贷方	方向	余额
01	31	收-0005	*固定资产残值收入		15,000.00	贷	15,000.00
01	31	付-0007	*固定资产清理费用	600.00		贷	14,400.00
01	31	转-0004	*资产减少	165,600.00		借	151,200.00
01	31	转-0005	*未收到的保险赔偿		120,000.00	借	31,200.00
01			当前合计	166,200.00	135,000.00	借	31,200.00
01			当前累计	166,200.00	135,000.00	借	31,200.00

图 4-36 “固定资产清理明细账”窗口

任务四 月末的转账定义与生成操作

企业处理会计业务时，每到月末或年末都需要进行期末结账，在结账前需要进行转账定义和转账生成。转账定义是由于某些业务每个月的处理方法相对固定不变，可以预先定义好自动转账凭证，到了月末或年末进行自动生成转账凭证即可。

一、转账定义

在转账定义中有六种方式，分别是自定义转账、对应结转、销售成本结转、商品售价（计划价）销售成本结转、汇兑损益结转、期间损益结转。

对应结转只能结转一个科目的期末余额，这就意味着结转对象只能是期末余额，不能是期初余额或本期发生额等；而且是一个科目对一个科目或者是一个科目对多个科目的结转；若转出科目定义了辅助项，则转入科目辅助项不能为空，转出科目及辅助项必须一致，转入科目及辅助项可不相同；转出科目和转入科目的结构必须一致，科目的下级级次一致，每一级中的明细科目数应该一致；自动完成对应明细科目的结转。对应结转可用在管理费用的分配、结转项目成本费用、结转销项税额、制造费用分摊到生产成本等。

自定义转账不仅可以结转期末余额，也可以结转期初余额和本期发生额；而且在比较项目、辅助核算、科目选择上不要求一致。自定义结转可用于费用分配、费用分摊、税金计算、各项费用的提取及部门核算、项目核算、个人核算、客户核算和供应商核算的结转。

销售成本结转与售价（计划价）销售成本结转都是针对销售成本的结转，不同的是销售成本结转是将月末商品销售数量乘以库存商品的平均单价来计算各类商品销售成本，而售价（计划价）销售成本结转是明确了商品按售价或计划价来结转销售成本或调整月末成本的，而不是库存商品的平均单价。在销售成本结转设置中，“库存商品科目”“商品销售收入科目”“商品销售成本科目”的下级科目的结构必须相同，并且都不能带有往来辅助核算，如果想对带有往辅助核算的科目结转成本，需要到“自定义转账”中进行定义。

汇总损益结转是在期末自动计算外币账户的汇总损益，并自动生成汇总损益结转凭证。

期间损益结转是将所有损益类科目的本期余额自动转入“本年利润”科目，来反映利润的盈亏情况。

二、转账生成

转账定义完成之后就可以进行转账生成的操作。在做各种期末结转之前，必须注意以下几个问题。

（1）转账凭证必须提前设置。

（2）期末结转之前，要把所有的凭证进行审核签字、出纳签字、记账。

（3）要按顺序进行期末的分摊、计提和结转，见表4-2。

表 4-2 期末结转的顺序

顺序	内容	时间
1	结转分配制造费用	月末
2	计算并结转完工产品	月末
3	结转销售成本	月末
4	结转当月损益	月末
5	计算并结转所得税	季末
6	结转本年利润	年末
7	弥补亏损后还有利润，进行利润分配	年末

如果期末的结转顺序出现错误，即使所有的凭证设置都是正确的，转账凭证中的数据也会出现错误，所以在做期末结转的时候一定要按照顺序、完整地进行操作。凭证生成后，也要认真地审核，再进行记账。

例4-8 本月前期的凭证，以103李强的身份进行出纳签字，以101陈红兰的身份进行审核签字及记账。完成后，更换操作员为102张丽继续以下内容。

业务1　1月31日，结转“制造费用”账户本期发生额到“生产成本”账户，分配比例：设备A为60%，设备B为40%。（附单据数：1张）

借：生产成本——制造费用（A设备）　　FS（5101，月，借）×0.6
　　　　　　——制造费用（B设备）　　FS（5101，月，借）×0.4
　贷：制造费用——材料费　　FS（510101，月，借）
　　　　　　　——工资及福利费　　FS（510102，月，借）
　　　　　　　——折旧费　　FS（510103，月，借）
　　　　　　　——其他　　FS（510104，月，借）

业务2　1月31日，本月生产的设备A全部完成，设备B全部未完工，结转本月入库产品成本。（附单据数：1张）

借：库存商品——设备A　　JG（　）
　贷：生产成本——直接材料（设备A）　　QM（500101，月，借，1）
　　　　　　　——直接人工（设备A）　　QM（500102，月，借，1）
　　　　　　　——制造费用（设备A）　　QM（500103，月，借，1）

业务3　1月31日，结转本月已销商品成本。（附单据数：1张）

库存商品科目：1405

商品销售收入科目：6001

商品销售成本科目：6401

业务4　1月31日，结转本月各损益类科目发生额到“本年利润”账户。（附单据数：1张）

凭证类别：转账凭证

本年利润科目：4103

操作步骤

业务1　结转分配制造费用

1. 以103李强的身份登录用友畅捷通T3软件，操作日期为2020年1月31日，把本月前期的所有凭证进行出纳签字。

2. 出纳签字完成后，更换操作员为101陈红兰，操作日期为2020年1月31日，把本月所有的凭证进行审核签字并记账。

3. 所有的凭证审核完毕并记账后，再次更换操作员，以102张丽的身份登录用友畅捷通T3软件，操作日期为2020年1月31日，进行转账定义和转账生成。

4. 单击“总账”菜单，选择“期末”→“转账定义”→“自定义结转”，打开自定义结转设置对话框，如图4-37所示。

5. 单击“增加”按钮，打开“转账目录”对话框，转账序号输入“0001”，转账说明选择“结转制造费用”，凭证类别选择“转　转账凭证”，如图4-38所示。

6. 单击“确定”按钮，打开“自动转账设置”对话框，“摘要”栏默认为转账说明里的“结转制造费用”，科目可通过参照按钮选择“500103生产成本—— 制造费用”，“项目”栏可通过参照按钮选择“A设备”，方向为“借”，金额公式通过参照设置，打开公式向导，选择相应的函数公式，如图4-39所示。

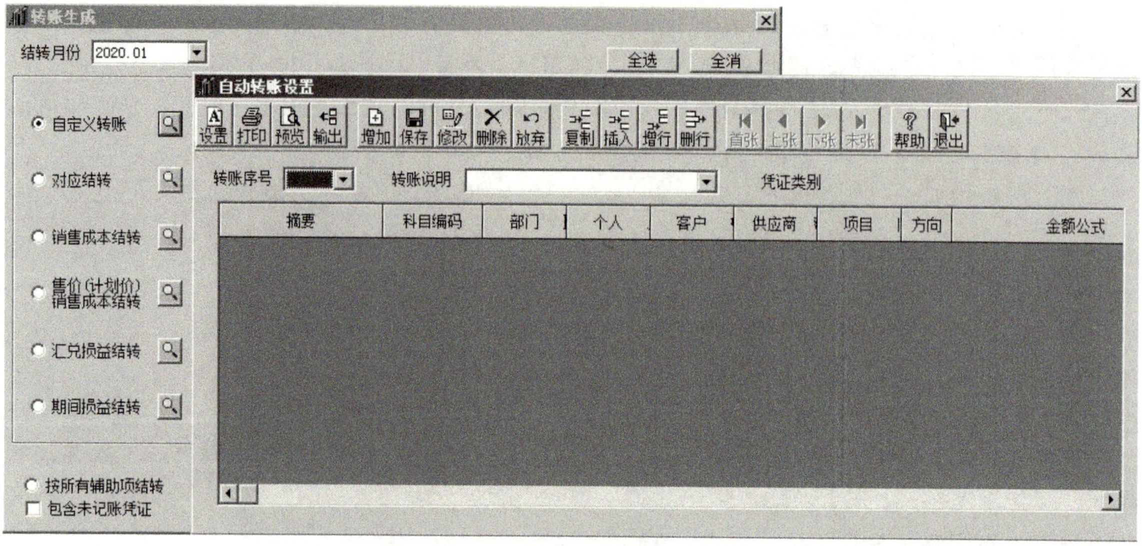

图 4-37 “自定义结转设置”对话框

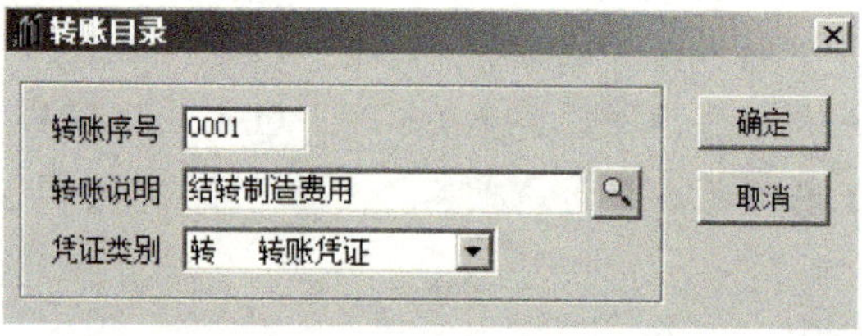

图 4-38 “转账目录”对话框

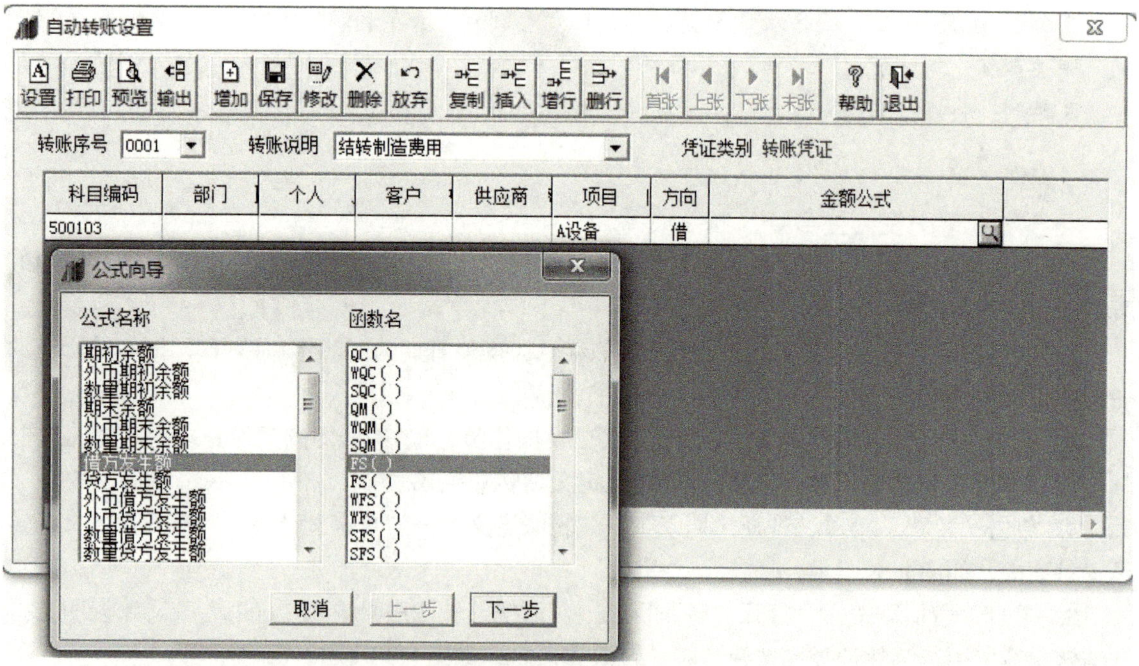

图 4-39 “公式向导”对话框

7. 在公式向导中，公式选择为“借方发生额”，单击“下一步”按钮，科目选择为“5101 制造费用”，勾选中“继续输入公式”，运算符选择“*（乘）”，再单击“下一步”按钮，如图4-40所示。

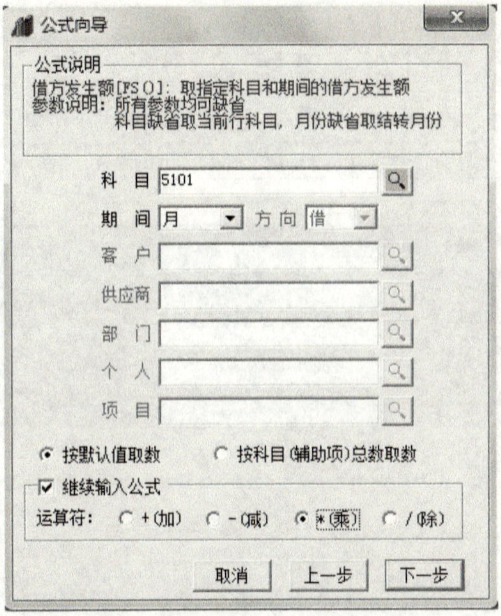

图 4-40 科目选择

8. 继续在公式向导中，公式选择为“常数”，单击“下一步”按钮，如图4-41所示。

9. 常数输入“0.6”，单击“完成”按钮，结束公式录入，如图4-42所示。

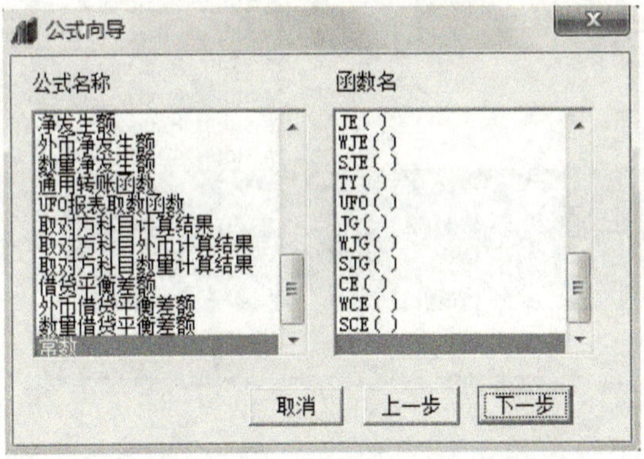

图 4-41 公式选择

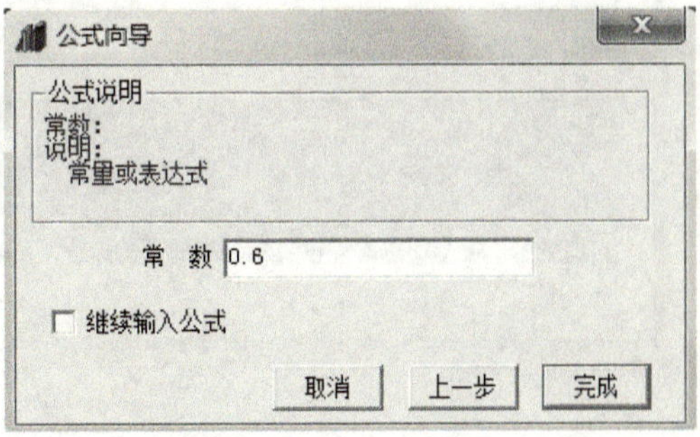

图 4-42 常数设置

10. 单击“自动转账设置”菜单里的“增行”按钮，新增一行。

11. 重复步骤6～11的操作，把项目更改为“B设备”，常数更改为“0.4”，完成后，如图4-43所示。

12. 继续完成贷方的科目设置，单击“增行”按钮，科目输入“510101制造费用—— 材料费”，方向设置为“贷”，金额公式取数为“510101制造费用—— 材料费”的借方发生额。依次完成“510102制造费用—— 工资及福利费”“510103制造费用—— 折旧费”“510104制造费用——其他”三个贷方分录的设置，单击“保存”按钮，自定义转账设置完成，再单击“退出”按钮，如图4-44所示。

13. 单击“总账”菜单，选择“期末”中的“转账生成”功能，打开“转账生成”对话框，选择“自定义转账”，在编号为“0001”的行次，双击“是否结转”，出现“Y”标志，如图4-45所示。

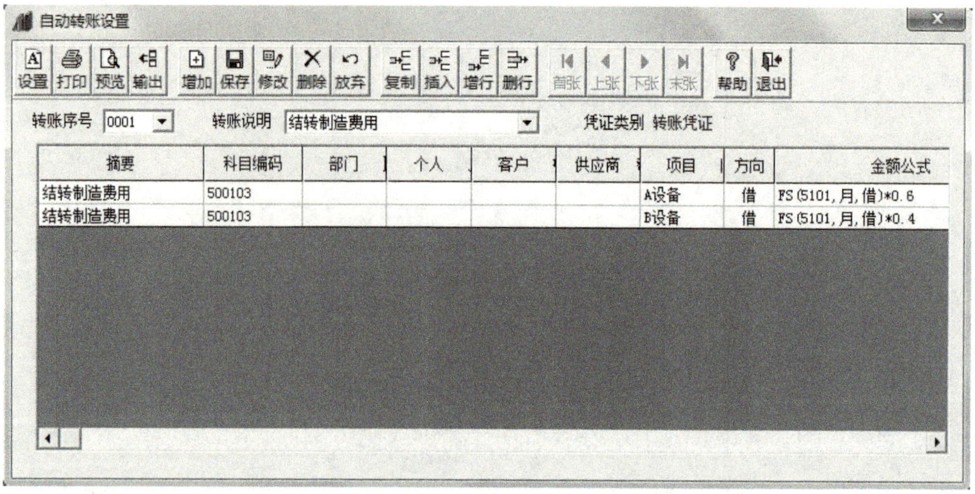

图 4-43 “B 设备”结转设置

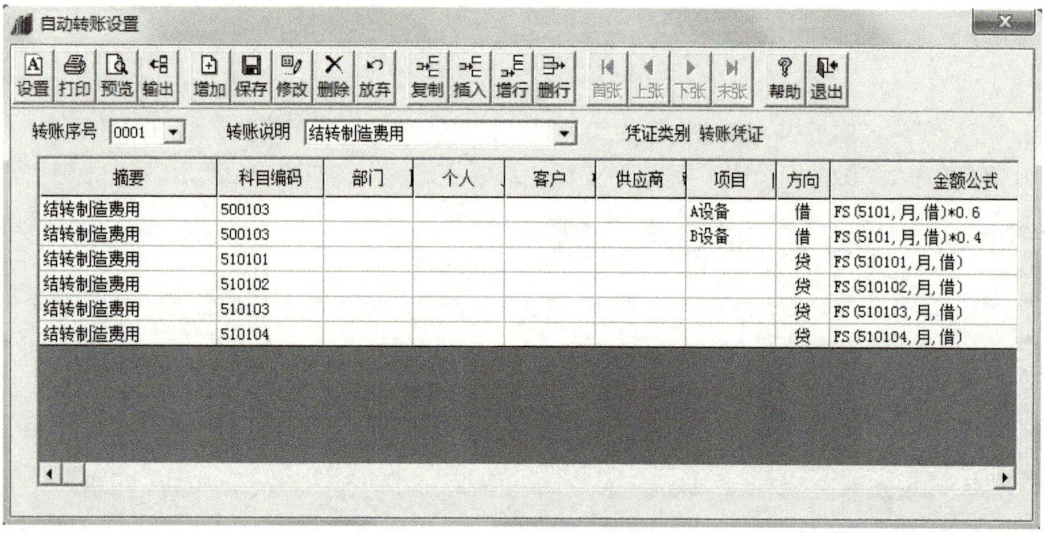

图 4-44 贷方科目设置完成

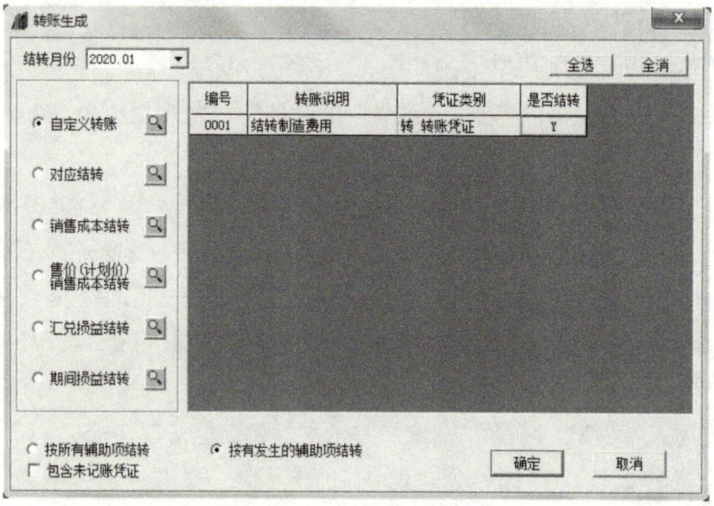

图 4-45 自定义转账设置

14. 单击“确定”按钮，系统自动生成转账凭证，附单据数输入“1”，单击“保存”按钮，再单击“退出”按钮，如图4-46所示。

15. 以101陈红兰的身份登录用友畅捷通T3软件，操作日期为2020年1月31日，对生成的结转制造费用转账凭证进行审核签字并记账。

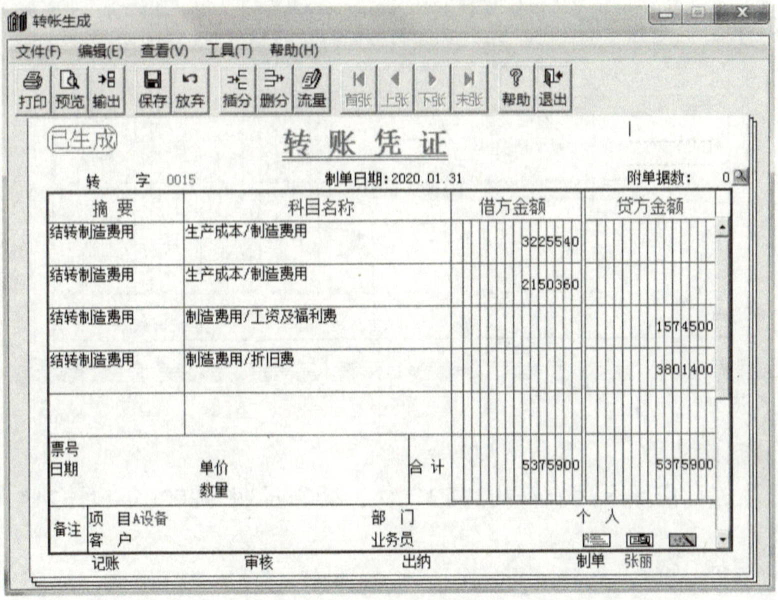

图 4-46 制造费用结转凭证生成

业务2 结转完工产品

1. 业务2的操作步骤同业务1的操作步骤3～12，设置完成后如图4-47所示。

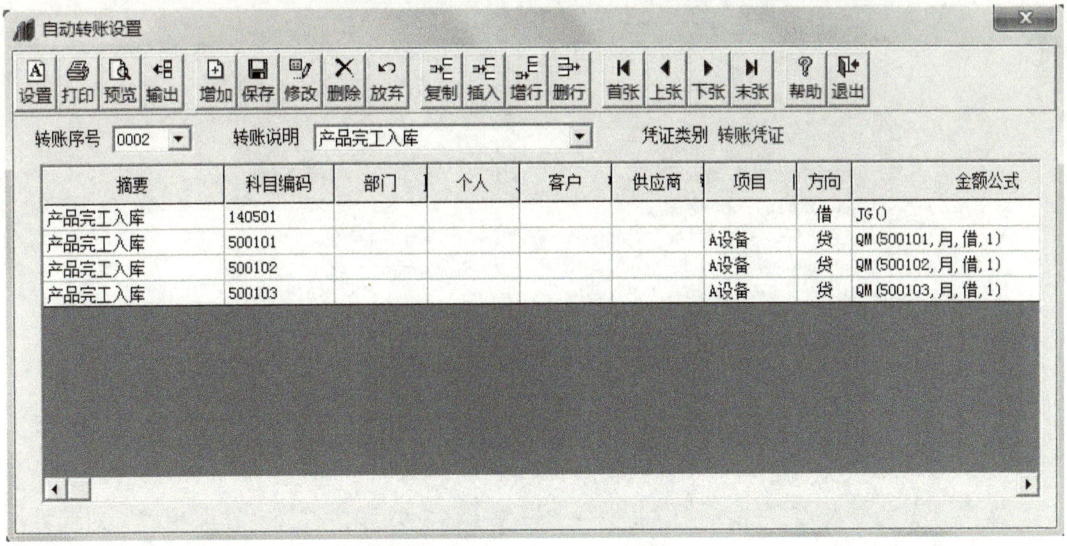

图 4-47 完工产品结转设置

2. 完工产品结转业务生成凭证的步骤同业务1的操作步骤13～15，生成的凭证如图4-48所示。

3. 以101陈红兰的身份登录用友畅捷通T3软件，操作日期为2020年1月31日，对生成的完工产品结转凭证进行审核签字并记账。

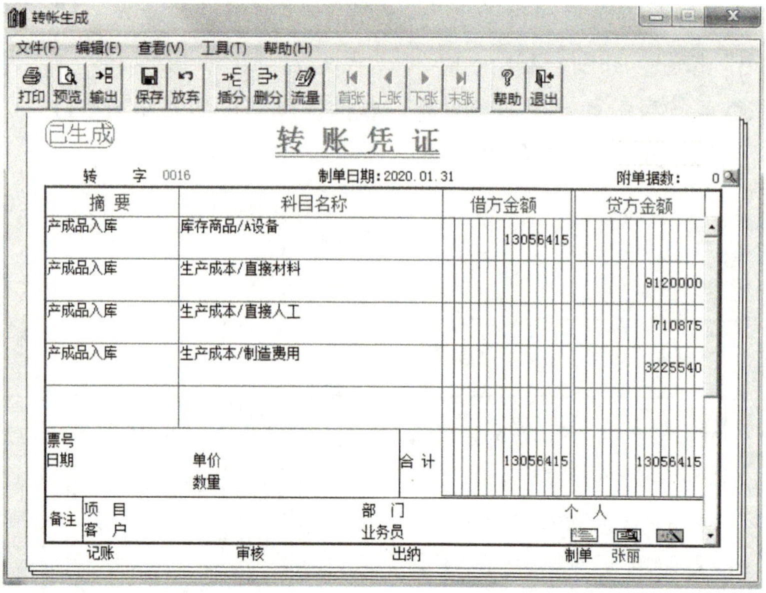

图 4-48　完工产品结转凭证生成

业务3　结转销售成本

1. 以102张丽的身份登录用友畅捷通T3软件，操作日期为2020年1月31日，完成销售成本结转定义与生成。

2. 单击“总账”菜单，选择“期末”→“转账定义”→“销售成本结转”，打开“销售成本结转设置”对话框，修改凭证类别为“转　转账凭证”，库存商品科目选择“1405库存商品”，商品销售收入科目选择“6001主营业务收入”，商品销售成本科目选择“6401主营业务成本”，单击“确定”按钮，如图4-49所示。

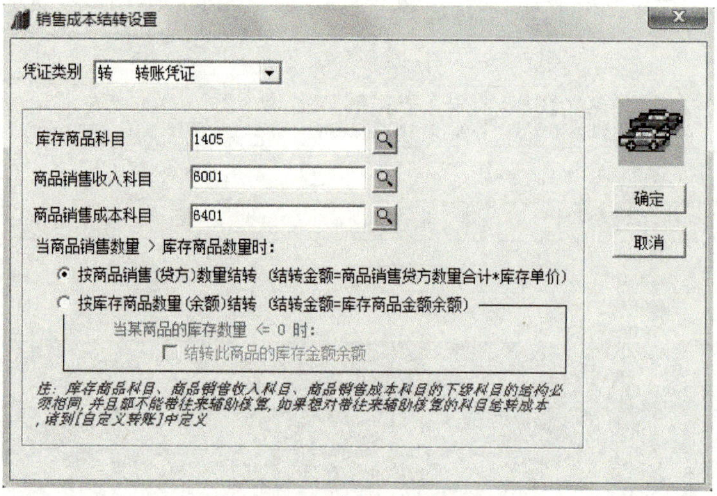

图 4-49　销售成本结转设置

3. 单击“总账”菜单，选择“期末”→“转账生成”功能，打开“转账生成”对话框，选择“销售成本结转”，如图4-50所示。

4. 单击“确定”按钮，进入到“销售成本结转一览表”窗口，可查看结转的商品数量、金额等，如图4-51所示。

5. 单击“确定”按钮，进入销售成本结转凭证，附单据数修改为“1”，单击“保存”按钮，如图4-52所示。

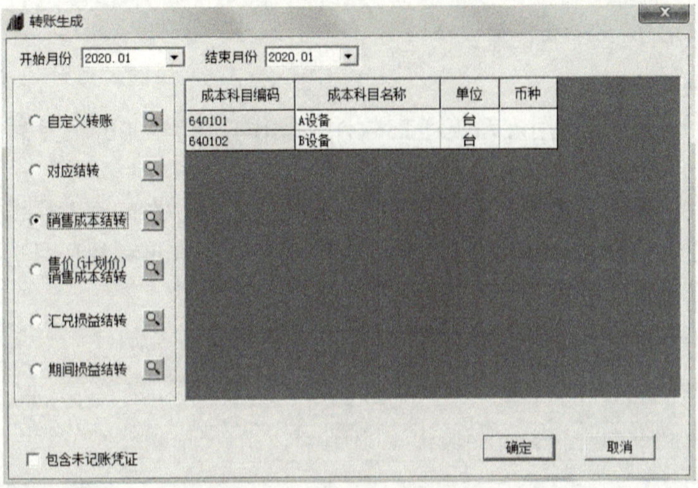

图 4-50　销售成本结转设置

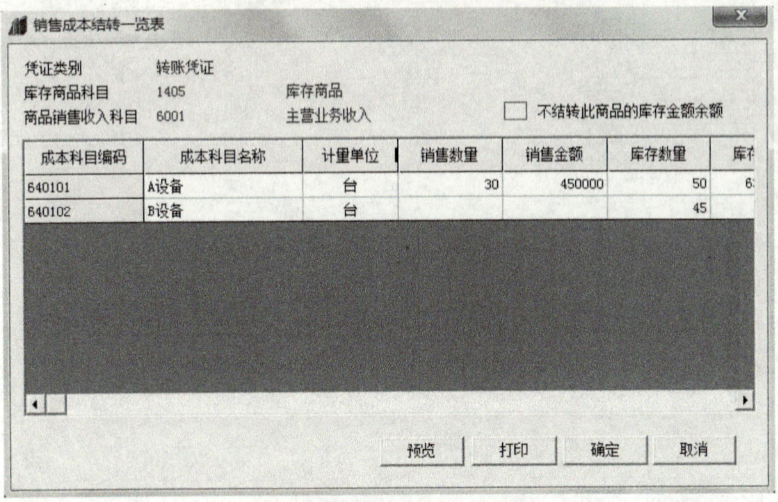

图 4-51　销售成本结转一览表

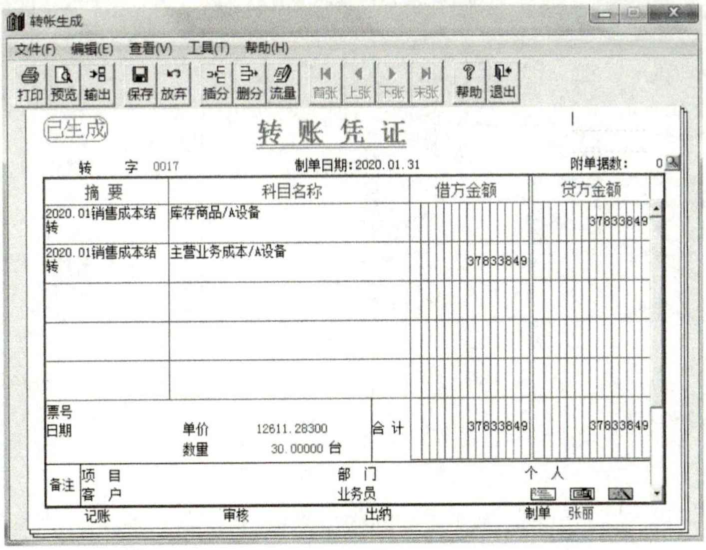

图 4-52　销售成本结转凭证生成

6. 以101陈红兰的身份登录用友畅捷通T3软件，操作日期为2020年1月31日，对生成的销售成本结转凭证进行审核签字并记账。

业务4 结转期间损益

1. 以102张丽的身份登录用友畅捷通T3软件，操作日期为2020年1月31日，完成期间损益结转定义与生成。

2. 单击“总账”菜单，选择“期末”→“转账定义”→“期间损益结转”，打开“期间损益结转设置”对话框，修改凭证类别为“转 转账凭证”，本年利润科目选择为“4103本年利润”，单击“确定”按钮，如图4-53所示。

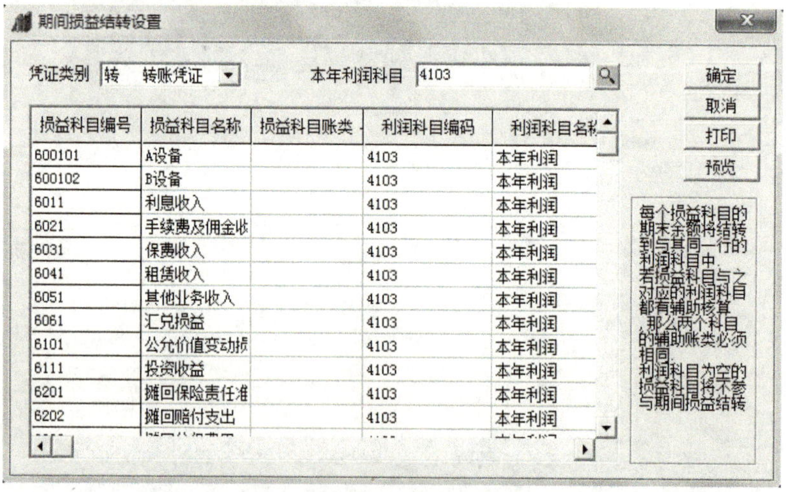

图 4-53 期间损益结转设置

3. 单击“总账”菜单，选择“期末”→“转账生成”功能，打开“转账生成”对话框，选择“期间损益结转”，先单击右上角的“全选”按钮，再单击右下角的“确定”按钮，如图4-54所示。

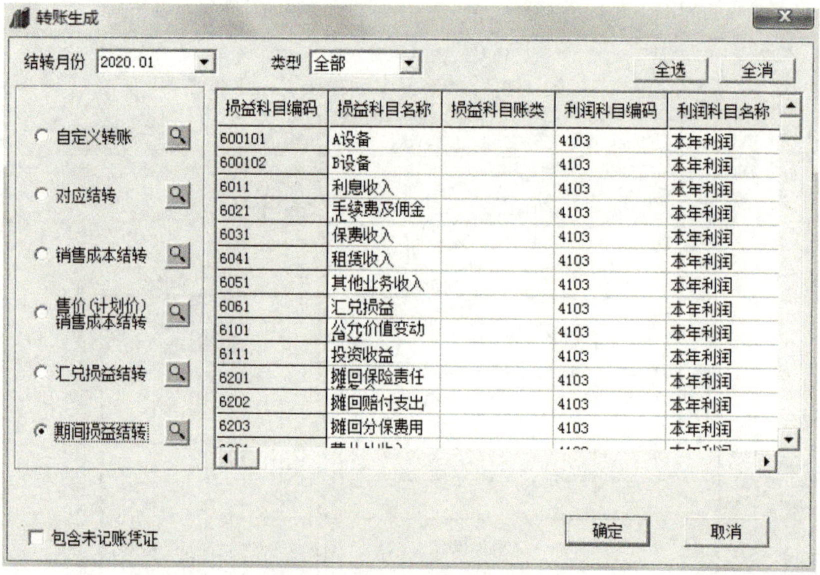

图 4-54 期间损益结转设置

4. 进入到期间损益结转凭证，修改凭证的附单据数为“1”，单击“保存”按钮，如图4-55所示。

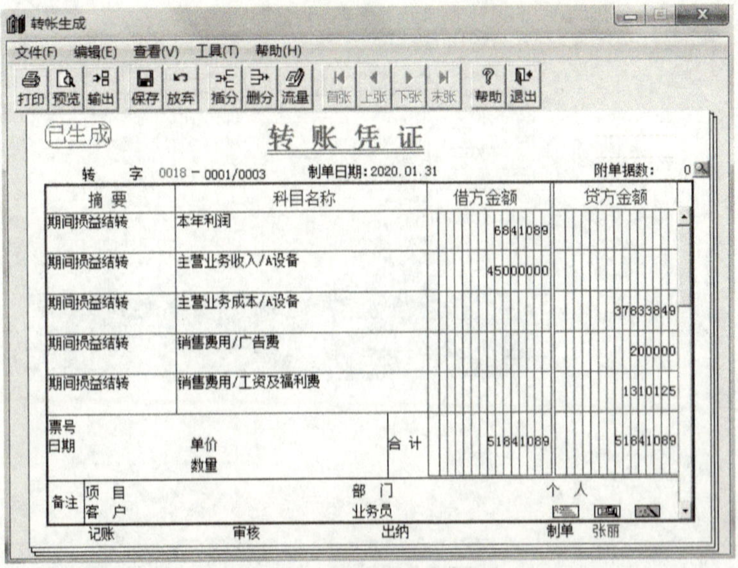

图 4-55 期间损益结转凭证生成

5. 以101陈红兰的身份登录用友畅捷通T3软件，操作日期为2020年1月31日，对生成的期间损益结转凭证进行审核签字并记账。

提示

1. 如果在做期末结转的时候，前期填制的凭证没有记账，在生成各种结转凭证时，可通过勾选“转账生成”对话框中左下角“包含未记账凭证”选项，来保证数据的准确性，如图 4-56 所示。

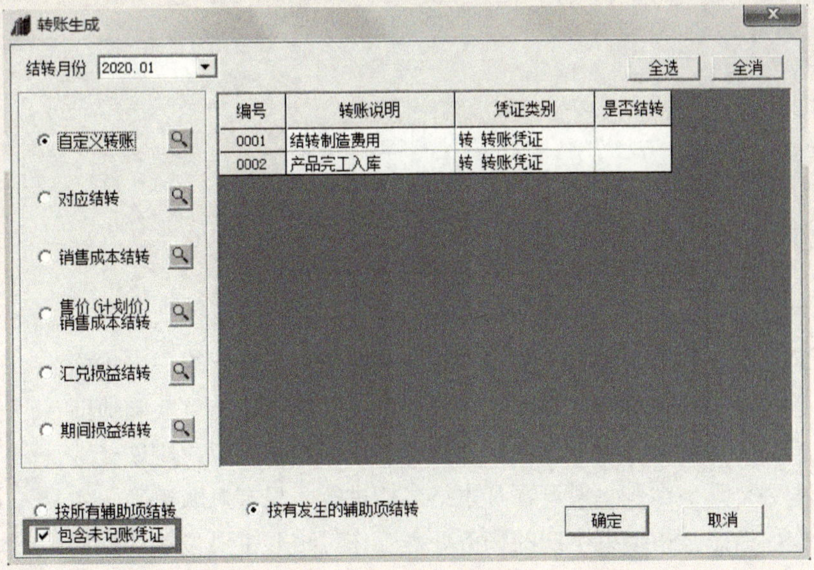

图 4-56 勾选“包含未记账凭证”选项

2. 在进行期间损益结转时，用户也可以做收入类科目结转和费用类科目结转两张凭证。在“转账生成”对话框，类型更改为“收入”，如图 4-57 所示；再次打开“转账生成”对话框，类型更改为“支出”，如图 4-58 所示。通过两次操作，生成了两张转账凭证，一张凭证为收入类科目结转到本年利润科目中，另一张凭证为费用类科目结转到本年利润科目中。

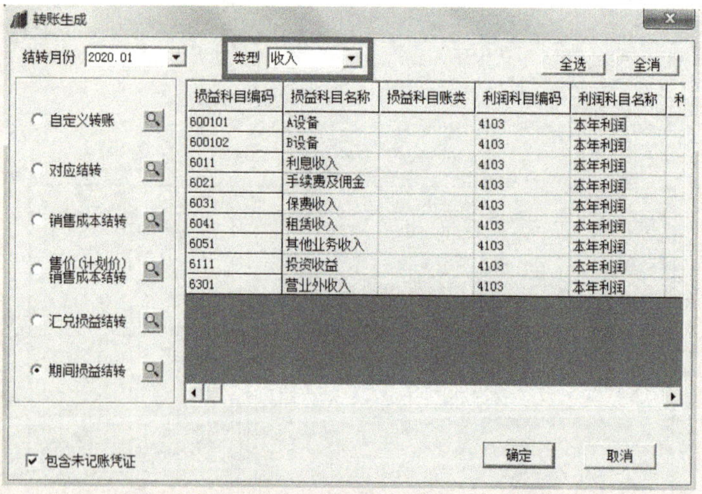

图 4-57 收入类科目结转到本年利润科目

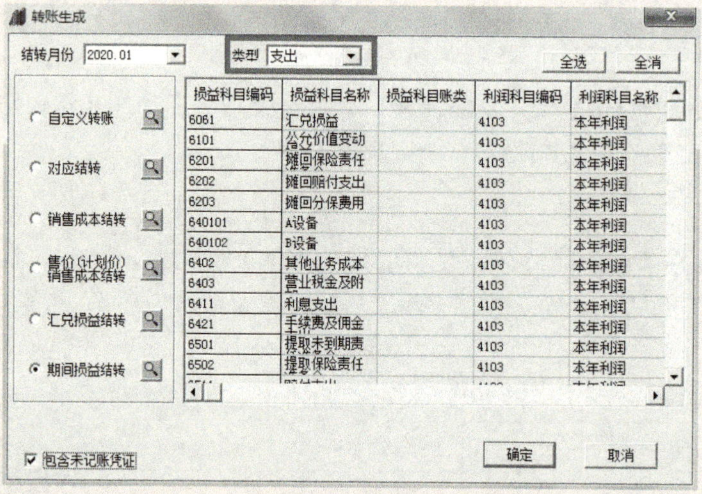

图 4-58 费用类科目结转到本年利润科目

任务五 月末的对账与结账处理

企业每月月末都要进行对账和结账操作。对账是指为保证账簿记录正确可靠，对账簿数据进行检查核对。对账主要包括总账和明细账、总账和辅助账、明细账和辅助账的核对。为了保证账证相符、账账相符，用户应该经常进行对账，至少一个月一次，一般可在月末结账前进行。只有对账正确，才能进行结账操作。结账是指结束本期的账务处理工作。结账主要包括计算和结转各账簿的本期发生额和期末余额、终止本期的账务处理工作并将会计科目余额结转至下月作为期初余额。结账操作每个月只能进行一次。

微课 3 对账与结账处理

1. 不能结账的几种情形

在结账前，要注意以下几点内容。

（1）检查本月业务是否全部记账，有未记账凭证的不能结账。

（2）月末结转必须全部生成并记账，否则本月不能结账。

（3）检查上月是否已结账，上月未结账，则本月不能记账。

（4）核对总账与明细账、总账与辅助账、总账系统与其他子系统数据是否一致，不一致的不能结账。

（5）损益类账户是否全部结转完毕，没有全部结转完毕的本月不能结账。

（6）若与其他子系统联合使用，其他子系统若没有结账，则本月不能对账。

2. 各子系统的结账顺序

在启用多个子系统的时候，各个子系统之间的结账是有先后顺序的，一般情况下按如下顺序进行。

（1）进行工资管理、固定资产、采购管理、销售管理系统的月末结账，它们之间不分先后顺序。

（2）进行库存管理、存货核算、应收款管理、应付款管理系统（模块）的月末结账。

（3）进行成本管理的月末结账。

（4）在除总账系统外的各个系统月末均结账后，再完成总账系统月末结账操作。

例4-9 以101陈红兰的身份登录用友畅捷通T3软件，操作日期为2020年1月31日，完成启用的固定资产管理系统、工资管理系统和总账系统的对账及结账操作。

操作步骤

1. 以101陈红兰的身份登录用友畅捷通T3软件，操作日期为2020年1月31日。

2. 单击“固定资产”菜单，选择“处理”→“对账”，查看“与账务对账结果”对话框，如图4-59所示。

3. 单击“固定资产”菜单，选择“处理”→“月末结账”，打开“月末结账”对话框，如图4-60所示。

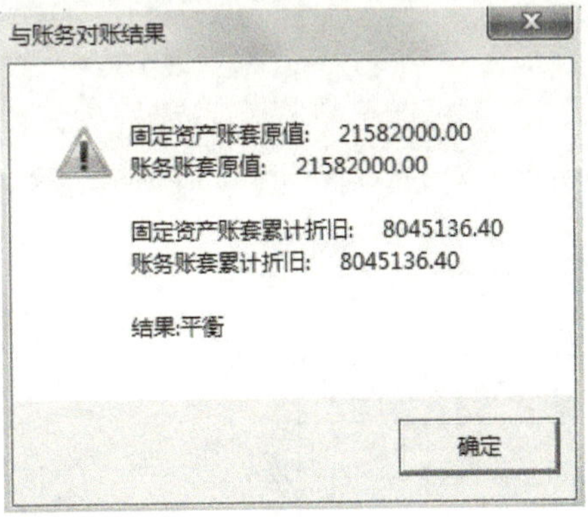

图 4-59 “与账务对账结果”对话框

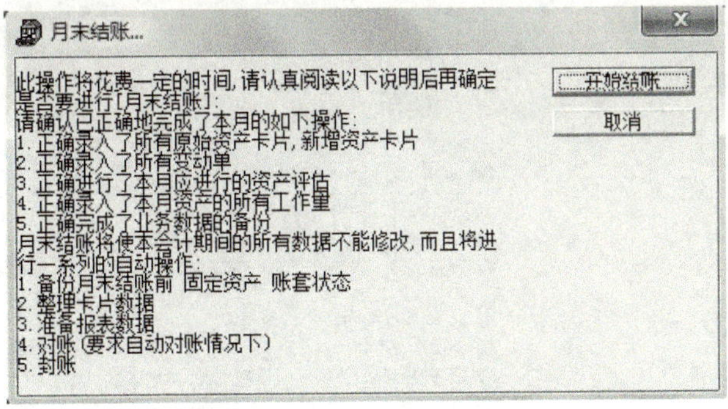

图 4-60 “月末结账”对话框

4. 单击“开始结账”按钮，系统自动弹出如图4-59所示的图片，表示对账完毕，单击“确定”按钮，固定资产系统结账完成，如图4-61所示。

5. 单击“工资”菜单，选择“业务处理”中的“月末处理”，打开工资“月末处理”对话框，单击“确认”按钮，如图4-62所示。

6. 系统弹出“月末处理之后，本月工资将不许变动！继续月末处理吗？”对话框，如图4-63所示，单击“是”按钮。

7. 系统弹出“是否选择清零项？”对话框，如图4-64所示，单击“是”按钮。

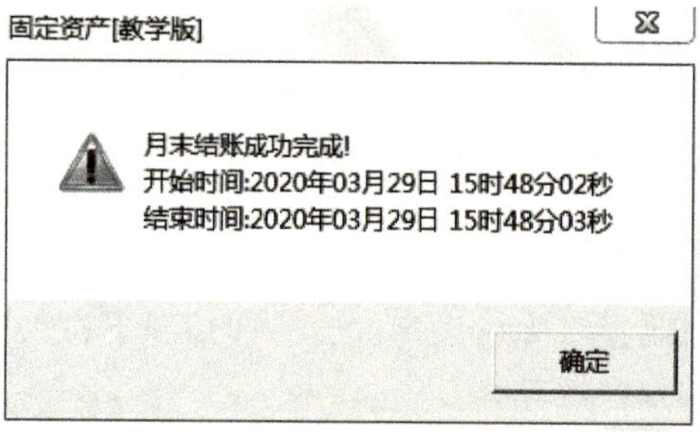

图 4-61 固定资产结账完成

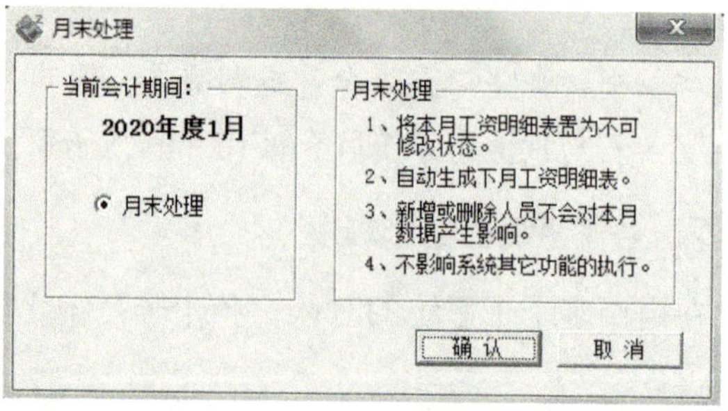

图 4-62 工资月末处理

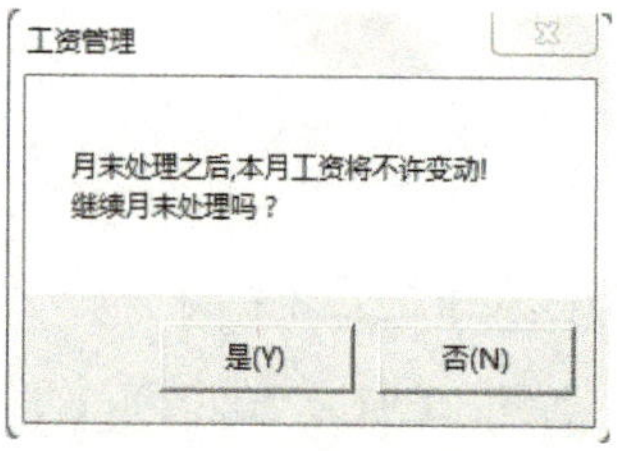

图 4-63 工资管理月末处理

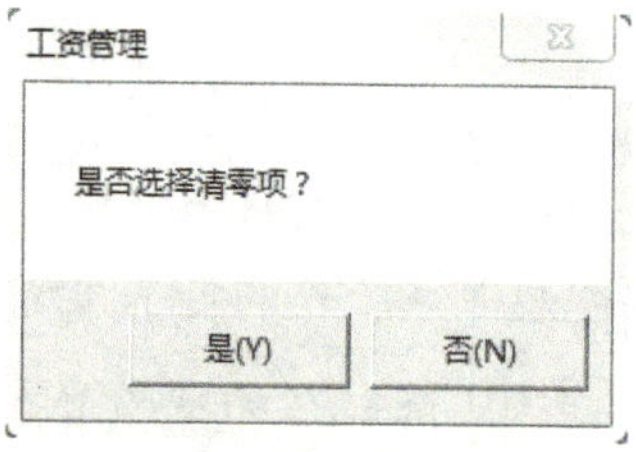

图 4-64 是否清零

8. 清零项目选择“病假天数”“事假天数”“奖金”，单击“确认”按钮，如图4-65所示。

9. 工资系统结账完毕，如图4-66所示。

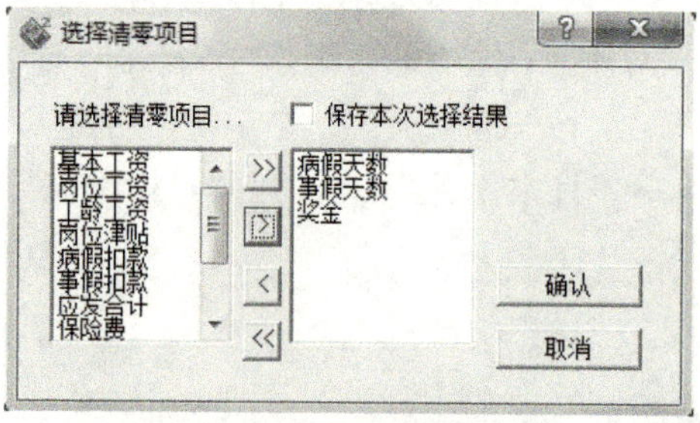

图 4-65 选择清零项目

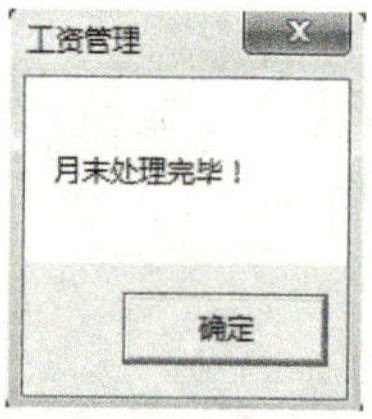

图 4-66 工资系统结账完毕

10. 单击“总账”菜单，选择“期末”→“对账”，打开总账“对账”对话框，如图4-67所示。

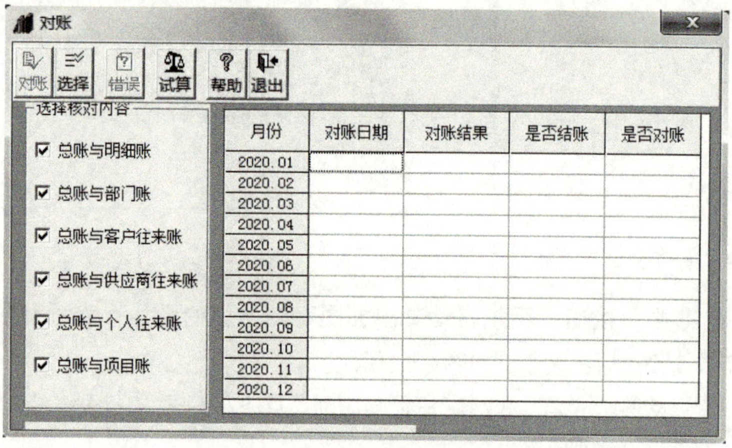

图 4-67 总账期末对账

11. 单击“试算”按钮，系统自动进行对账操作，结果如图4-68所示，单击“确认”按钮。

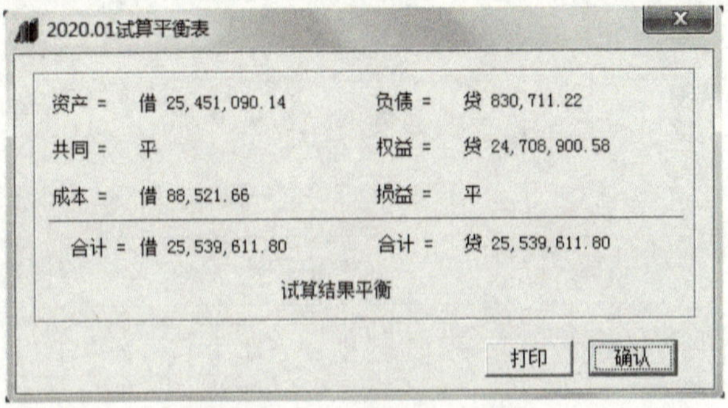

图 4-68　总账试算平衡表

12. 在“对账”对话框选择“2020.01.31”，单击“选择”按钮，再单击“对账”按钮，系统自动进行对账，结果如图4-69所示。对账完毕后，单击“退出”按钮。

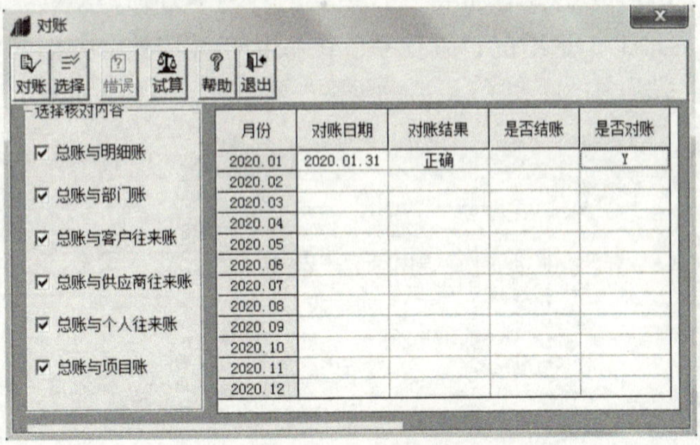

图 4-69　系统对账完毕

13. 单击“总账”菜单，选择“期末”→“结账”，打开总账“结账”对话框，单击“2020.01”，如图4-70所示，再单击“下一步”按钮。

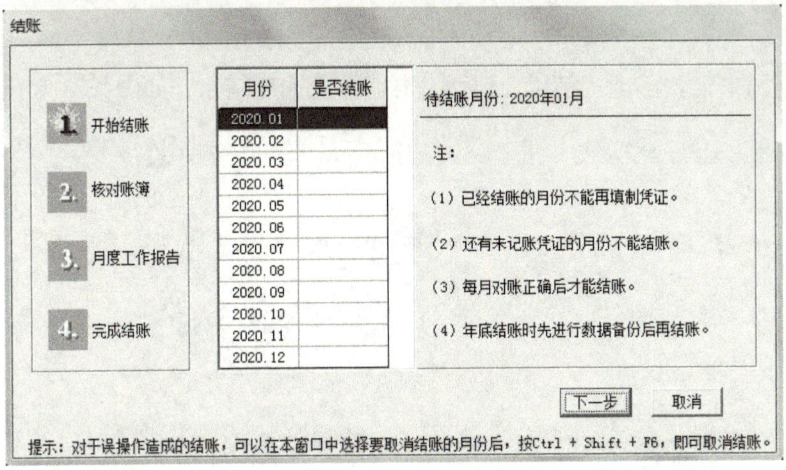

图 4-70　总账系统开始结账

14. 在当前的“结账”对话框选择对账，系统进行账账核对，结果如图4-71所示，再单击“下一步”按钮。

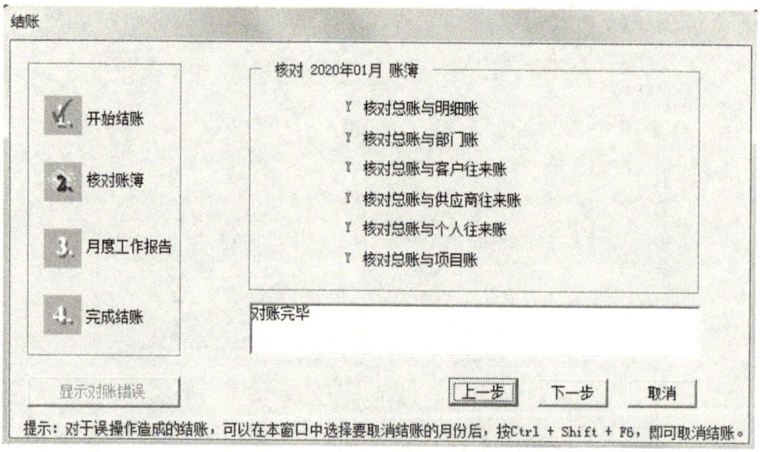

图 4-71　总账系统账账核对

15. 系统显示“2020年01月工作报告”，主要内容为本月损益结转情况、本月账面试算平衡情况、对账情况、本月工作量情况、其他系统结账状态等信息，如图4-72所示。如果全部工作已完成，单击“下一步”按钮，进行最后的结账工作。

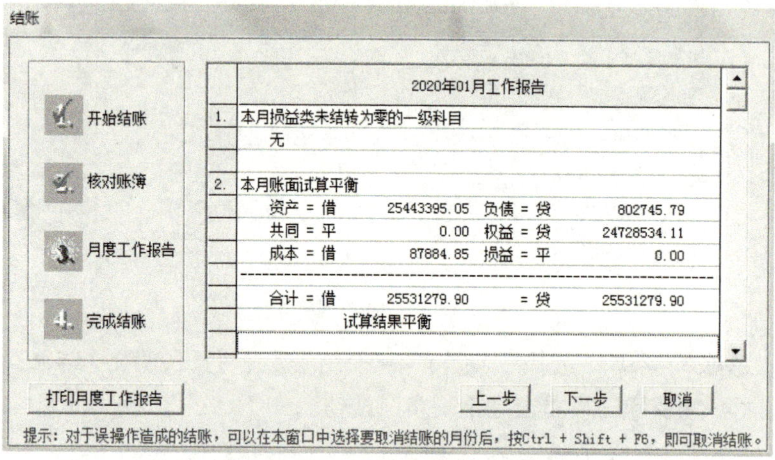

图 4-72　总账系统月度工作报告

16. 在当前对话框，单击“结账”按钮，总账系统完成结账，如图4-73所示。

图 4-73　总账系统完成结账

提示

从会计相关制度来看，已经结账的话就不能再对结账月份进行任何操作。为了工作方便，用友畅捷通 T3 软件提供了反记账和反结账的功能。反记账和反结账只能由账套主管来操作。总账系统的反结账可通过如下操作进行：单击“总账”菜单，选择期末中的“结账”，选中要反结账的月份，按组合键 <Ctrl+Shift+F6>，就可以进行反结账。总账的反记账，通过“总账”菜单，选择期末中的“对账”，选中要反记账的月份，按组合键 <Ctrl+H>，即可在“总账”菜单下“凭证”中激活“恢复记账前状态功能”。

固定资产的反结账操作，可通过“固定资产”菜单，选择“业务处理”中的“恢复月末结账前状态”，即可进行固定资产的反结账。

工资的反结账操作，可通过“工资”菜单，选择“业务处理”中的“反结账”功能，进行工资管理系统的反结账。

Project 5

项目五 报表管理系统

项目综述

用友畅捷通 T3 软件的财务报表系统是报表事务处理的工具，它的主要任务就是设计报表格式和编辑公式，从总账系统和其他子系统取得相关信息，编制会计报表。

学习目标

① 了解报表的格式设置
② 了解报表的公式设置
③ 按要求生成自定义报表
④ 使用报表模板生成所需要的报表

素养目标

① 培养学生获取信息、处理信息、应用信息的能力
② 让学生在做的过程中体验会计学习的乐趣，从而进一步激发其会计学习的兴趣

任务一 认识报表管理系统

财务报表是企业财务报告的主要组成部分，是企业向外传递会计信息的主要手段。财务报表是根据日常会计核算资料定期编制的，综合反映企业某一特定日期财务状况和某一会计期间经营成果、现金流量的书面文件，是企业经营活动的缩影。

企业实现会计信息化后，各类财务报表的编制也通过计算机来完成。将计算机技术与财务报表的编制方法相结合设计出的专门用于报表数据处理的软件称之为报表系统。

“UFO报表管理系统”（以下简称UFO报表系统）是用友畅捷通T3软件的重要组成部分，它具有较强的文件管理、格式管理、数据处理、图表处理功能；此外它还具有二次开发功能，从而大大提高了系统的应用性和可操作性。

一、报表管理系统主要功能

报表管理系统的主要功能有以下七个方面：

1. 提供各行业报表模板

UFO报表系统中提供了20多个行业的标准财务报表模板，包括最新的“现金流量表”，可轻松生成复杂报表。若标准行业报表仍不能满足需要，系统还提供了自定义模板的新功能，可以根据本单位的实际需要定制模板。

2. 文件管理功能

UFO报表系统提供了各类文件的管理功能，并且能够进行不同文件格式间的转换，如文本文件、DBF文件、EXCEL文件等，提供了标准财务数据的“导入”和“导出”功能，可以和其他流行的财务软件交换数据。

3. 格式管理功能

UFO报表系统提供的格式设计功能，可以设置报表尺寸、组合单元、画表格线（包括斜线）、调整行高列宽、设置字体和颜色，可以制作满足各种要求的报表。

4. 数据处理功能

UFO报表系统以固定的格式管理大量不同的表页，能将多达99 999张具有相同格式的报表资料统一到一个报表文件中管理，并且在每张表页之间建立有机的联系。

提供审核、舍位平衡、汇总功能，并提供了各种单元公式及种类丰富的函数，方便从用友账务及其他子系统中提取数据，生成财务报表。

5. 图表功能

UFO报表系统采用“图文混排”方式，可以制作包括直方图、折线图、立体图在内的10种样式的分析图表。可以编辑图表的标题、字体、颜色等，并打印输出图表。

6．打印功能

UFO报表系统采用“所见即所得”的打印方式，生成的报表和图形都可以打印输出。提供“打印预览”，可以方便用户随时观看报表或图形的打印效果。

7. 二次开发功能

UFO报表系统提供批命令和自定义菜单，可以在短时间内开发出本企业的专用系统。

二、报表管理系统基本概念

（一）格式状态和数据状态

UFO报表系统将报表管理分为两部分：报表格式设计和数据处理工作。单击“格式/数据”按钮可以在格式状态和数据状态之间切换。

1. 格式状态

格式状态是指设置、修改空白报表的状态，如设置标题、表头、报表项目、表尾、单元格式、单元类型等。在格式状态下所做的操作对本报表所有的表页都发生作用。在格式状态下看到的是报表的格式，报表的数据全部处于隐藏状态，不能进行数据的录入、计算等操作。

2. 数据状态

在数据状态下可以管理报表的数据，如输入数据、增加或删除表页、审核、汇总、合并报表等。在数据状态下看到的是报表的全部内容，包括格式和数据，但不能修改报表的格式。

（二）单元

单元是组成报表的最小单位，单元名称由所在行、列标识组成。行号用数字1-9 999表示，列标用字母A-IU表示。

例如：E12表示第5列第12行的单元。

单元有以下3种类型：

1. 数值单元

数值单元用于存放报表的数据，在数据状态下（“格式/数据”按钮显示为“数据”时）输入。数字可以直接输入或由单元中存放的单元公式运算生成。

2. 字符单元

字符单元用于存放报表的数据，在数据状态下（“格式/数据”按钮显示为“数据”时）输入。字符单元的内容可以是汉字、字母、数字及各种键盘可输入的符号组成的一串字符，字符单元的内容也可由单元公式生成。

3. 表样单元

表样单元是报表的格式，是定义一个没有数据的空表所需要的所有文字、符号或数字。一旦单元被定义为表样，那么在其中输入的内容对所有表页都有效。表样在格式状态下（“格式/数据”按钮显示为“格式”时）可以输入和修改，在数据状态下（“格式/数据”按钮显示为“数据”时）只能显示，不允许修改。

建立一个新表时，所有单元的类型默认为数值，所有在格式设计状态下进行过输入操作的单元自动转换成表样单元。

（三）区域与组合单元

1. 区域

区域由一张表页上的一组单元组成，自起点单元至终点单元组成一个完整的矩形。在UFO报表系统中，区域是二维的，最大的区域是一个二维表的所有单元（整个表页），最小的区域是一个单元。区域名称一般以“起点单元：终点单元”来表示，例如：从C2单元到E7单元的区域可以表示为“C2：E7”。

2. 组合单元

组合单元由相邻的两个或多个单元组成，这些单元必须是同一种单元类型（表样、数值、字符），UFO报表系统将组合单元视为一个单元。

组合单元的名称可以用区域的名称或区域中的单元名称来表示。例如把D4到D5定义为一个组合单元，这个组合单元可以用“D4”“D5”或“D4：D5”表示。

在设计报表格式时，通过组合单元的设置，可以使得报表的格式多样化，制作出各种各样的报表文件，满足不同使用者的需要。

（四）表页

一个UFO报表系统最多可容纳99 999张表页，每一张表页由许多单元组成的。

一个报表中的所有表页具有相同的格式，但其中的数据不同。

在报表中的表页序号在表页的下方以标签的形式出现，称为“页标”。页标用“第1页”～“第99 999页”表示。

一张UFO报表的大小可以定义为：

行数：	1—9 999	（默认值为50行）
列数：	1—255	（默认值为7列）
行高：	0—160毫米	（默认值为5毫米）
列宽：	0—220毫米	（默认值为26毫米）
表页数：	1—99 999页	（默认值为1页）

（五）关键字

关键字是游离于单元之外的特殊数据单元，可以唯一标识一个表页，用于在大量表页中快速选择表页。

UFO报表系统共提供了以下六种关键字，关键字的显示位置在格式状态下设置，关键字的值则在数据状态下录入，每个报表可以定义多个关键字。

（1）单位名称：字符（最大30个字符），为该报表表页编制单位的名称。

（2）单位编号：字符型（最大10个字符），为该报表表页编制单位的编号。

（3）年：数字型（1904～2100），该报表表页反映的年度。

（4）季：数字型（1～4），该报表表页反映的季度。

（5）月：数字型（1～12），该报表表页反映的月份。

（6）日：数字型（1～31），该报表表页反映的日期。

此外，报表系统有自定义关键字功能，可以用于业务函数中。

任务二 报表格式设计

要定义一张报表，首先应该定义报表数据的载体——报表格式。

报表格式就是一张报表的框架，在格式状态下设计，整个报表文件的所有表页格式都相同。

一般情况下报表格式设计应该包括设置报表尺寸、定义报表行高和列宽、画表格线、定义组合单元和关键字设置等内容。用户通过设置报表格式就可以确定整张报表的大小和外观。

微课 4 报表格式设计

一、自定义报表格式

自定义报表格式是指用户根据自身管理的需要自行设计报表的表头、表体项目和表尾，非常适用于单位内部报表的制作。自定义报表格式的具体步骤如下。

（一）启动UFO报表系统

在使用UFO报表系统处理会计报表之前，应首先启动系统并建立一张空白的报表，然后在这张空白报表的基础上设计报表的格式。

提示

1. 建立新表后，将得到一张系统默认格式的空表，报表名默认为“report1. rep”。
2. 空白报表建立起来以后，里面没有任何内容，所有单元的类型均默认为数值单元。
3. 新报表建立后，默认的状态栏为格式状态。

（二）设计表样

1. 设置报表尺寸

设置报表尺寸是指设置报表的行数和列数。

2. 定义报表的行高和列宽

如果报表对某些单元的行或列有特殊要求，则可以调整该行的行高或该列的列宽。

3. 定义组合单元

有些项目如标题、编制单位等可能信息较多，一个单元容纳不下，为了完整显示这些内容，需要定义组合单元。

4. 画表格线

报表的尺寸设置完成后，在数据状态下，该报表是没有表格线的，为了满足查询和打印的需要，需要画上表格线。

5. 输入表间项目

表间项目指报表的文字内容，主要包括表头内容、表体项目和表尾项目。

6. 单元属性及单元风格定义

单元属性主要指单元类型、数字格式等内容。

单元风格主要指单元内容的字体、字号、对齐方式、颜色图案等内容。设置单元风格会使报表更符合用户的阅读习惯，更加美观清晰。

（三）设置关键字

关键字主要有六种：单位名称、单位编号、年、季、月、日。另外，UFO报表系统还提供自定义关键字功能，可以根据需要自行设置相应的关键字。

提示

1. 关键字在格式状态下定义，关键字的值则在数据状态下录入。

2. 如果关键字的位置设置错误，可以执行“数据”→“关键字”→“取消”命令，取消后再重新设置。

3. 每张报表都可以同时定义多个关键字，但一个关键字在一张报表中只能定义一次，即同一张报表中不能有重复的关键字。

（四）编辑公式

在UFO报表系统中，由于各种报表数据之间存在着密切的逻辑关系，所以报表中各种数据的采集、运算及勾稽关系的检测就需要用到不同的公式。报表公式主要有计算公式、审核公式和舍位平衡公式。

1. 报表计算公式

报表计算公式，也称单元公式，它是反映报表单元数据来源的表达式。

在计算公式中，可以取本表页的数据，也可以取其他表页中的数据，还可以取其他报表的数据；除了可以从“账务处理系统”中提取数据外，也可以从其他系统中提取数据。

2. 审核公式

审核公式，是判断报表编制是否正确的表达式。

目前，国内财务软件公司开发的报表系统都提供了数据审核功能，用户只要将报表上的勾稽关系用公式表达出来，计算机就可以根据审核公式自动判断报表编制的正确与否。

3. 舍位平衡公式

舍位平衡公式，是确保报表在舍位后有关项目之间的平衡关系能够得以维持的表达式。

目前我国对外报表中以“元”为金额单位，因此报表的数据位数较多，为了方便阅读，需要将报表中的数据金额单位由“元”改为“千元”或“万元”。这时报表上原来的数据平衡关系就可能被破坏，因此需要重新进行调整，使之保持数据间的平衡关系。

报表经舍位后，重新调整平衡关系的公式称为舍位平衡公式。其中，进行进位的操作叫作舍位，舍位后调整平衡关系的操作叫作平衡调整。当报表数据生成之后，应对报表进行审核，以确保报表各项数据勾稽关系的准确。

（五）保存报表

报表的格式设置完成之后，为了确保今后能够随时调出使用并生成报表数据，应将会计报表的格式保存起来。

提示

1. “. rep”为用友报表文件专用扩展名。

2. 如果没有保存就退出，系统将弹出“是否保存报表”对话框。

自定义报表格式工作量比较大而且烦琐，但属于一次性工作。定义好报表格式后，数据处理就成为一件非常轻松的工作。财务人员只需要输入编制报表的时间，报表系统就能够自动生成相应的会计报表。

二、使用报表模板调整制作报表格式

系统中提供了20多个行业的标准财务报表模板。报表模板即建立了标准格式的会计报表。如果用户需使用系统提供的标准报表模板，则可以直接调用。

提示

1. 当前打开的报表如果套用标准报表模板，则原有的内容包括格式和数据都会丢失。
2. 如果所需要的报表格式或公式与调用的模板有所不同，可以在格式状态下直接修改，然后再进行系统初始化、录入关键字、计算报表数据等操作。

例 5-1 制作自定义货币资金表，格式见表5-1。

表 5-1 货币资金表

单位名称：河北华源有限公司　　　　年　　月　　日　　　　（单位：元）

项　目	行　次	期 初 数	期 末 数
现金	1		
银行存款	2		
其他货币资金	3		
合计	4		

会计主管：　　　　　　　　制表人：

操作步骤

1. 启动UFO报表管理系统。

（1）以101陈红兰的身份登录用友畅捷通T3软件，单击“财务报表”按钮，进入UFO报表管理系统，如图5-1所示。

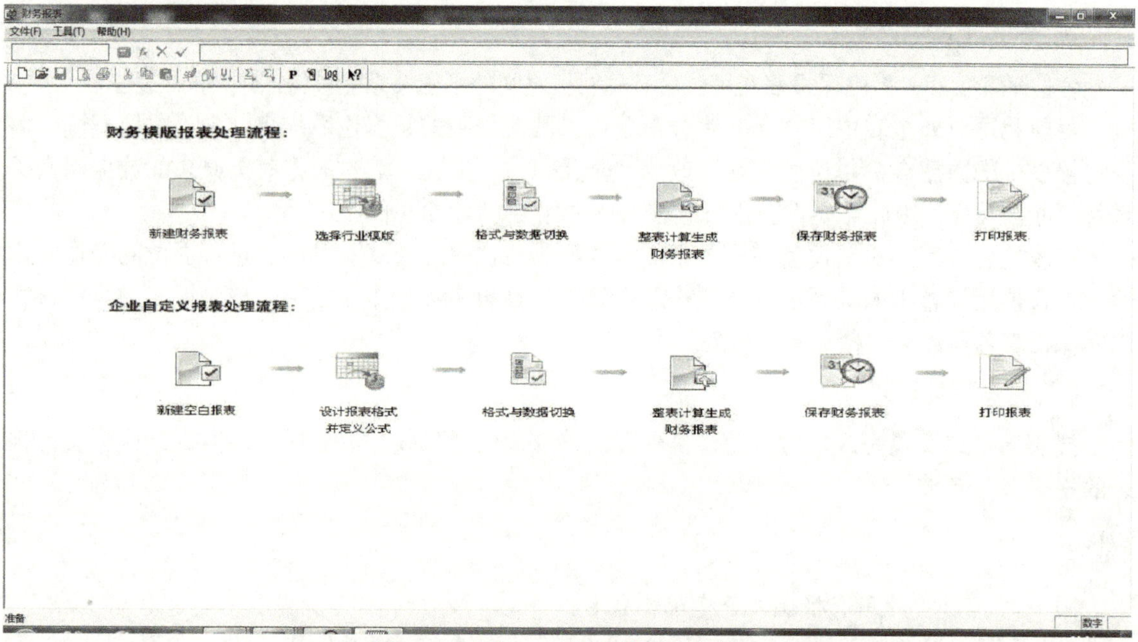

图 5-1 启动 UFO 报表管理系统窗口

（2）执行“文件”→“新建”命令，打开“新建”对话框，选择左侧列表框中的“常用”选项，在右侧列表框中选择“空报表”选项，如图5-2所示。然后单击“确定”按钮，建立一张空白报表，报表名默认为“report1”，当前状态默认为“格式”状态，如图5-3所示。

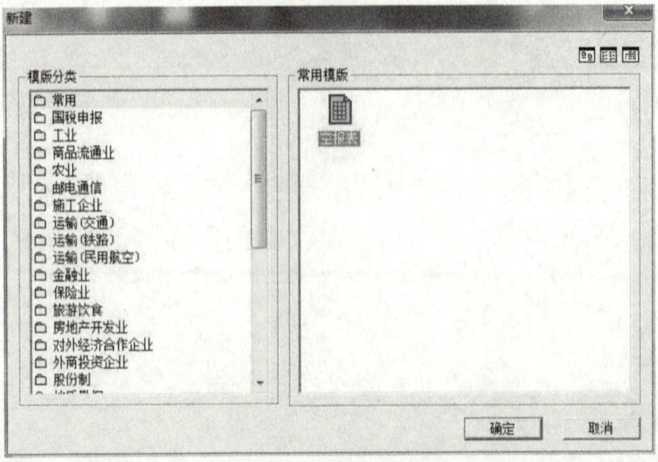

图 5-2　新建报表

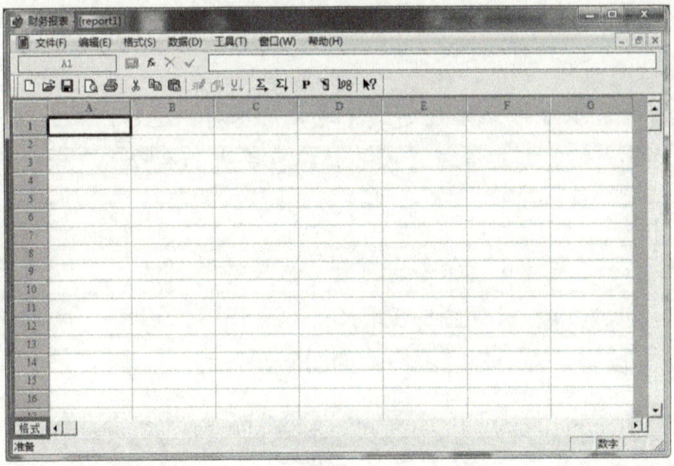

图 5-3　空白报表

2. 保存报表。

（1）执行“文件”→“保存”命令，如果是第一次保存，则打开“另存为”对话框。

（2）选择保存文件的目录，输入报表文件名“货币资金表”，选择保存类型为“报表文件（*.rep）”，然后单击“保存”按钮，如图5-4所示。

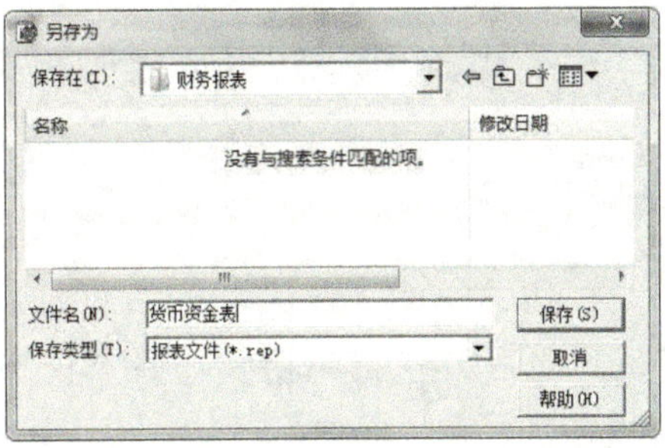

图 5-4　保存报表

（3）报表保存之后，标题栏显示“财务报表-[货币资金表]”，如图5-5所示。

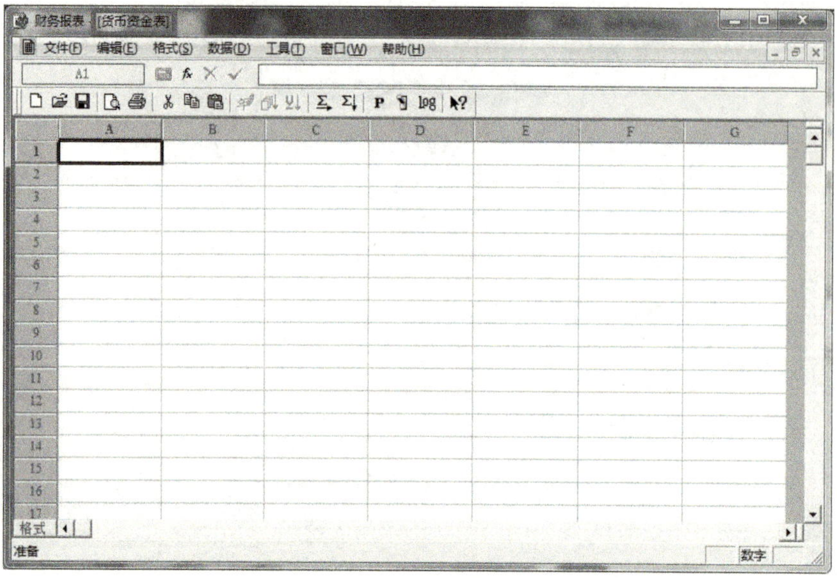

图 5-5　货币资金表

提示

关于保存报表，既可以在报表格式定义完成之后保存，也可以每完成一步就随时保存。随时保存报表可以防范因临时断电等意外而导致报表丢失的风险。

3. 设置报表尺寸。

（1）执行“格式”→“表尺寸”命令，打开“表尺寸”对话框，输入行数“8”，列数“4”，如图5-6所示。

（2）单击“确认”按钮，得到相应表格，如图5-7所示。

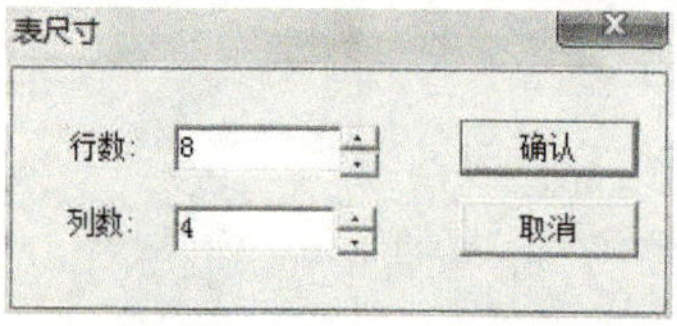

图 5-6　设置表尺寸

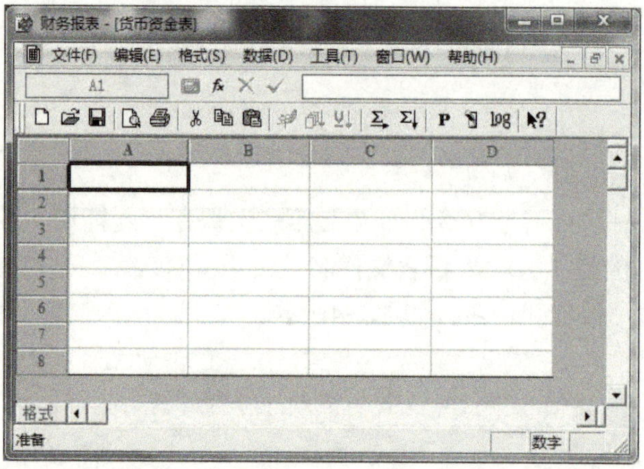

图 5-7　货币资金表尺寸设置完成

4. 定义报表行高和列宽。

（1）选中需要调整行的行标“1”，执行“格式”→“行高”命令，打开“行高”对话框，输入行高“10”，如图5-8所示。

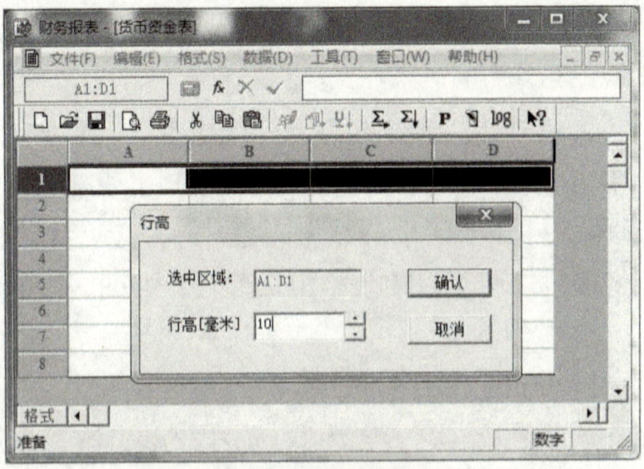

图 5-8 设置行高

（2）单击“确认”按钮，调整其余行行高为7毫米。

（3）选中需要调整列的列标，执行“格式”→“列宽”命令，可设置该列的宽度；选中全表，执行“格式”→“列宽”命令，打开“列宽”对话框。输入列宽“40”，设置所有列的宽度，单击“确认”按钮。

（4）单击“保存”按钮，保存对行高及列宽的设置。

提示

1. 调整行高时，既可以选中该行行标也可以选中区域“A1：D1”，或者选中该区域中的任何一个单元。

2. 行高、列宽的单位为毫米。

5. 定义组合单元。

（1）选择需合并的区域“A1：D1”。

（2）执行“格式”→“组合单元”命令，打开“组合单元”对话框。

（3）选择组合方式“整体组合”或“按行组合”，该单元即合并成一个单元格，如图5-9所示。

（4）同理，定义“A2：C2”单元为组合单元，如图5-10所示。

（5）保存设置。

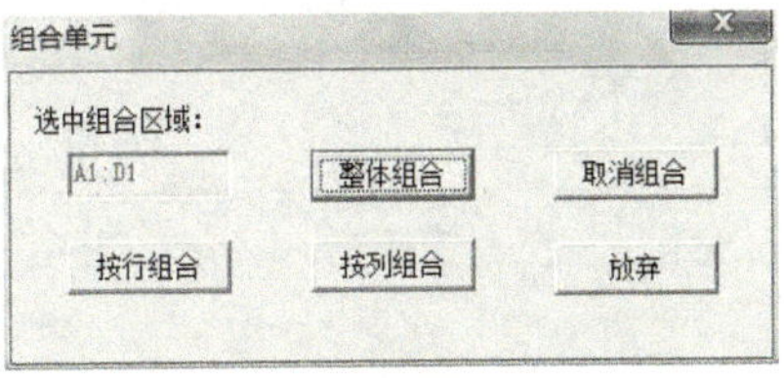

图 5-9 设置组合单元

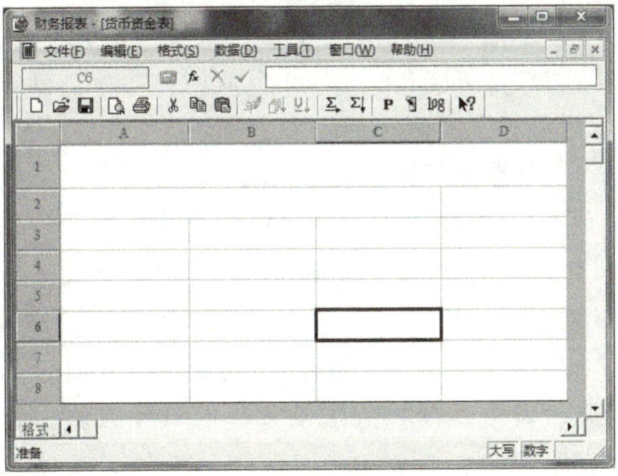

图 5-10 组合单元设置完成

6. 画表格线。

（1）选中报表需要画线的区域“A3：D7”。

（2）执行“格式”→“区域画线”命令，打开“区域画线”对话框。

（3）选择“网线”，单击“确认”按钮，将所选区域画上表格线。

（4）所选区域不变，再次打开“区域画线”对话框。选择“框线”，样式选择较粗的线型，单击“确认”按钮，将框线加粗可以使表格更加醒目，如图5-11所示。

7. 输入表间项目。

（1）选中需要输入内容的单元或组合单元。

（2）在该单元或组合单元中输入相关文字内容，如在“A1”组合单元输入“货币资金表”，如图5-12所示。

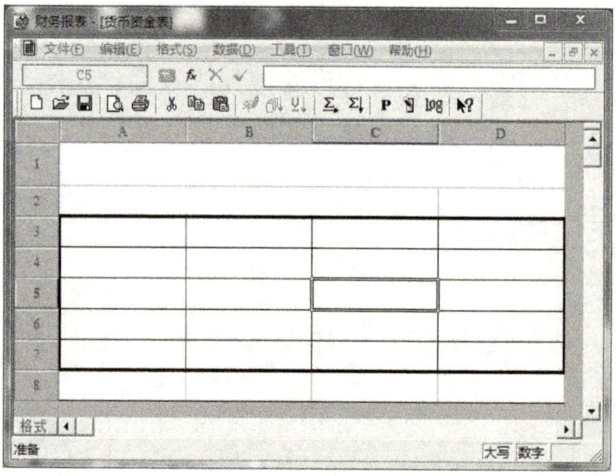

图 5-11 区域画线

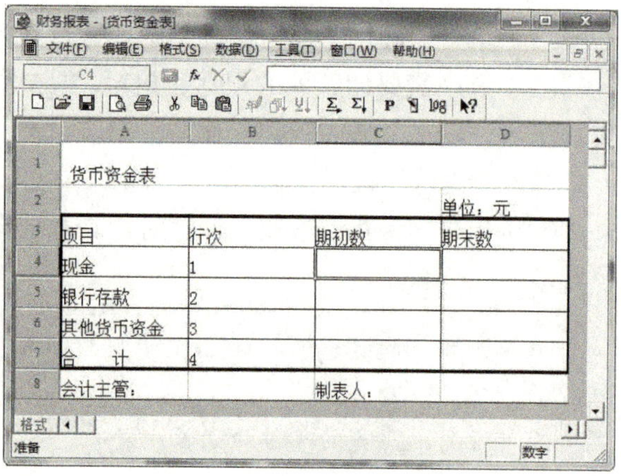

图 5-12 输入报表项目

提示

1. 表间项目指报表的文字内容，主要包括表头内容、表体项目、表尾项目，但不包括关键字。

2. 编制单位、日期一般不作为文字内容输入，而是需要设置为关键字。

8. 设置单元风格。

（1）选中标题所在组合单元“A1”。

（2）执行“格式”→“单元属性”命令，打开“单元格属性”对话框。

（3）单击“字体图案”选项卡，设置字体“黑体”，字型“粗体”，字号“16”，如图5-13所示。

（4）单击“对齐”选项卡，设置对齐方式“居中”，如图5-14所示。

（5）单击“确定”按钮，完成“A1”组合单元的风格设置，同样方法设置其他单元风格，如图5-15所示。

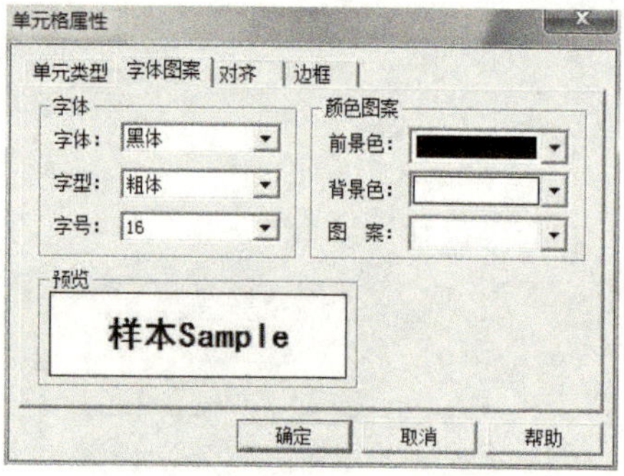

图 5-13 设置字体图案

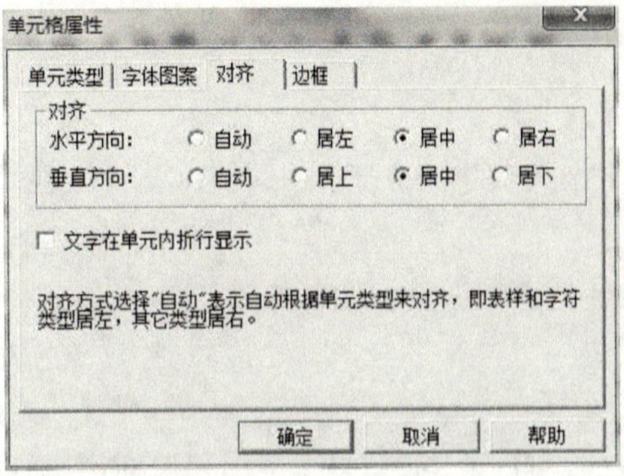

图 5-14 设置对齐方式

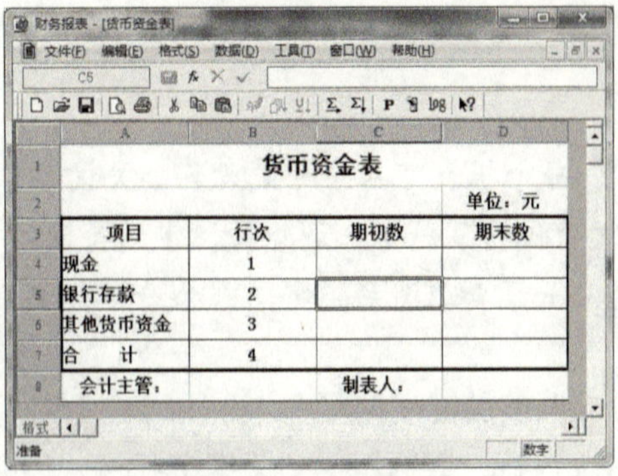

图 5-15 设置单元风格

9. 定义单元类型。

（1）选定单元格“D8”。

（2）执行“格式”→“单元属性”命令，打开“单元格属性”对话框。

（3）单击“单元类型”选项卡，选择“字符”选项，单击“确定”按钮，如图5-16所示。

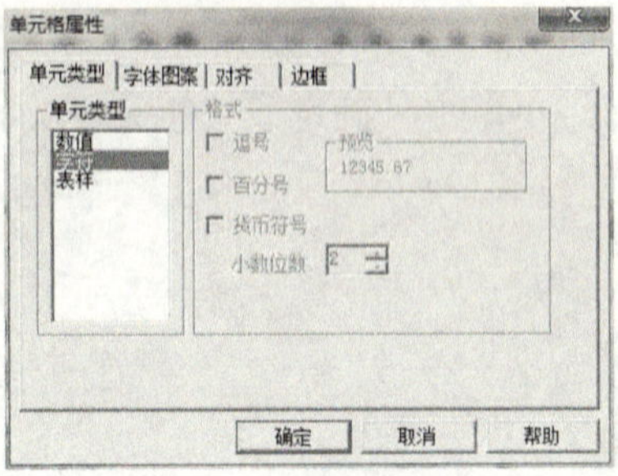

图 5-16 定义单元类型

提示

1. 格式状态下输入内容的单元均默认为表样单元，未输入数据的单元均默认为数值单元，在数据状态下可输入数值。若希望在数据状态下输入字符，应将其定义为字符单元。

2. 在字符单元和数值单元输入内容后只对本表页有效，在表样单元输入内容后对所有表页有效。

10. 设置关键字。

（1）选中需要输入关键字的组合单元“A2”。

（2）执行“数据”→“关键字”→“设置”命令，打开“设置关键字”对话框。

（3）单击“单位名称”单选按钮，单击“确定”按钮，如图5-17所示。

（4）同理，设置“年”“月”“日”关键字，如图5-18所示。

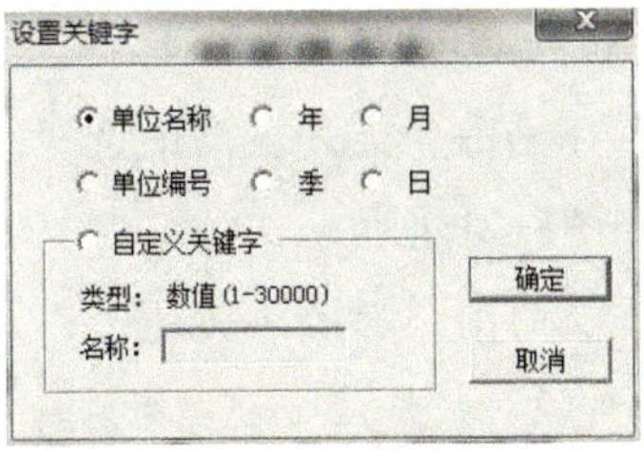

图 5-17 设置关键字

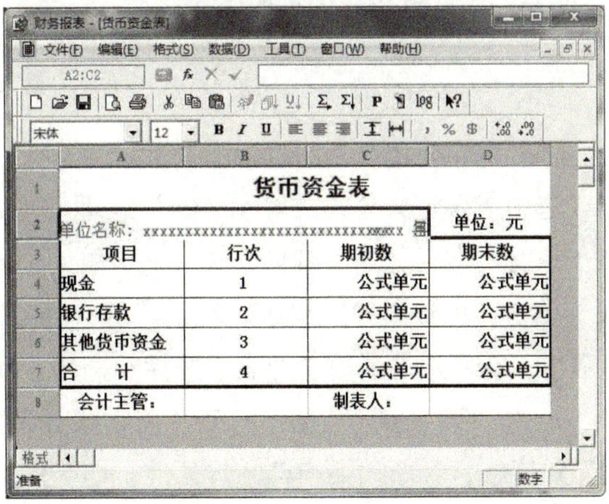

图 5-18 关键字设置完成

提示

1. 每个报表可以同时定义多个关键字，如果多个关键字存在于同一单元，则会发生重叠，需通过“偏移”命令来调整关键字的位置。

2. 如果要取消关键字，需执行“数据”→“关键字”→“取消”命令。

11. 调整关键字位置。

（1）执行“数据”→“关键字”→“偏移”命令，打开“定义关键字偏移”对话框。

（2）在需要调整位置的关键字后面输入偏移量：“年”后输入“-120”，“月”后输入“-90”，“日”后输入“-60”，如图5-19所示。

（3）单击“确定”按钮完成关键字位置调整，如图5-20所示。

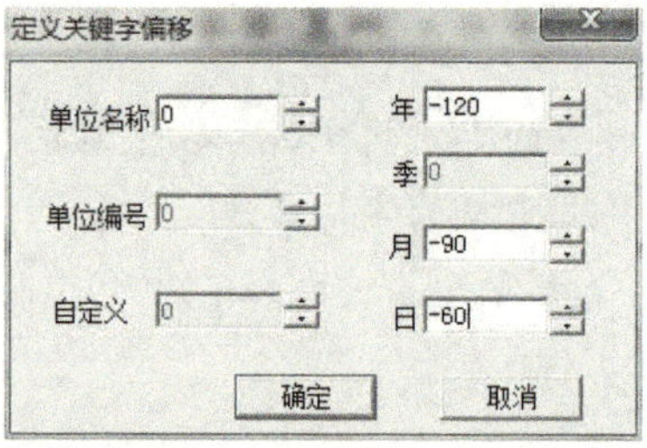

图 5-19 定义关键字偏移

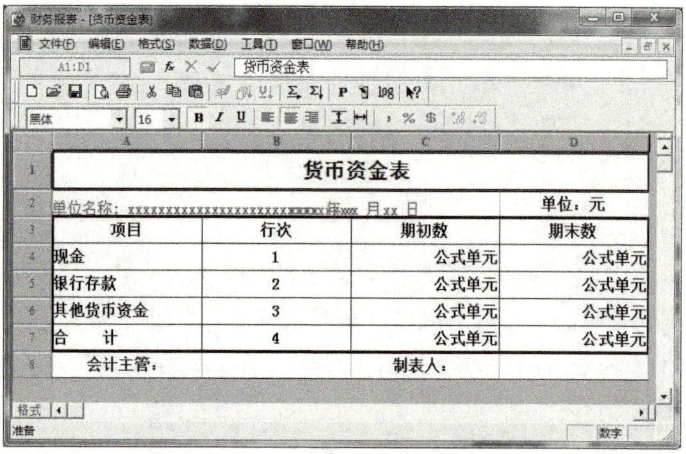

图 5-20 调整关键字位置

提示

1. 关键字的位置可以用偏移量来表示，负数值表示向左移，正数值表示向右移。在调整时，可以通过输入正或负的数值来调整。

2. 关键字偏移量的单位为像素。

12. 定义单元公式——引导输入公式。

（1）选中需要定义公式的单元“C4”，即“现金”期初数。

（2）执行“数据”→“编辑公式”→“单元公式”命令，打开“定义公式”对话框。

（3）单击“函数向导”按钮，打开“函数向导”对话框，在函数分类列表框中选择“用友账务函数”，在右边的函数名列表中选择“期初（QC）”，如图5-21所示。

（4）单击“下一步”按钮，打开“用友账务函数”对话框。单击“参照”按钮，打开“账务函数”对话框，各项均采用系统默认值，如图5-22所示。

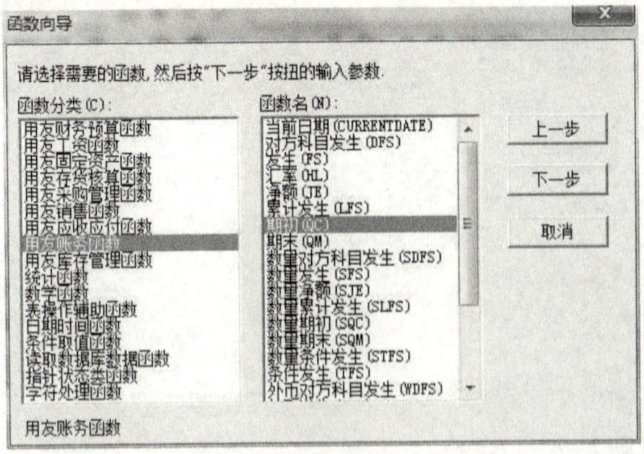

图 5-21 “函数向导”对话框

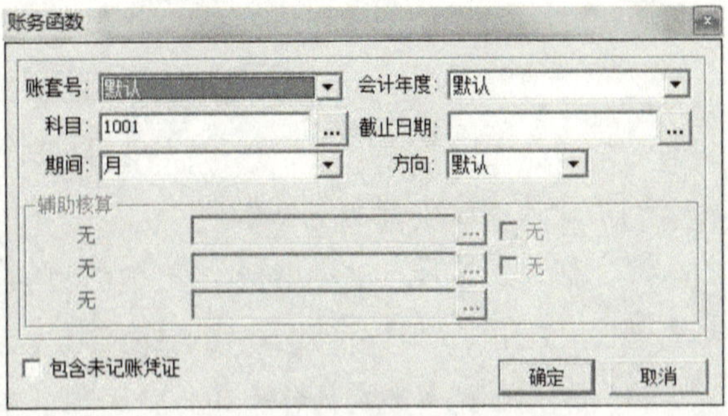

图 5-22 “账务函数”对话框

提示

本例中定义的是“现金”期初数，故此在“账务函数”对话框的“科目”选项中采用默认项“1001”，若是定义其他项目，需要选择相应的科目编码。

（5）单击“确定”按钮，返回“用友账务函数”对话框，如图5-23所示。

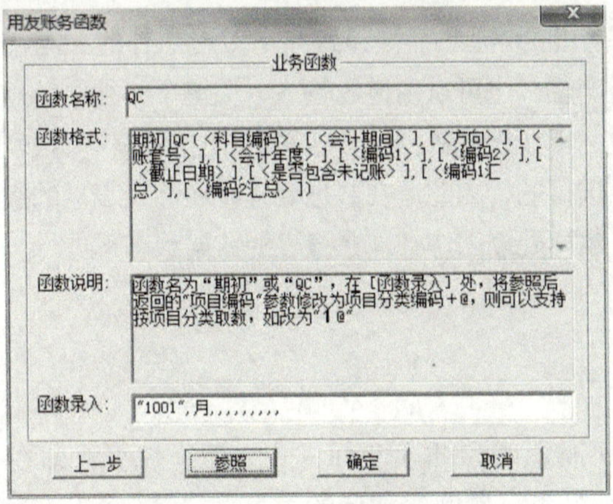

图 5-23 “用友账务函数”对话框

（6）单击“确定”按钮，返回“定义公式”对话框，单击“确认”按钮，如图5-24所示。

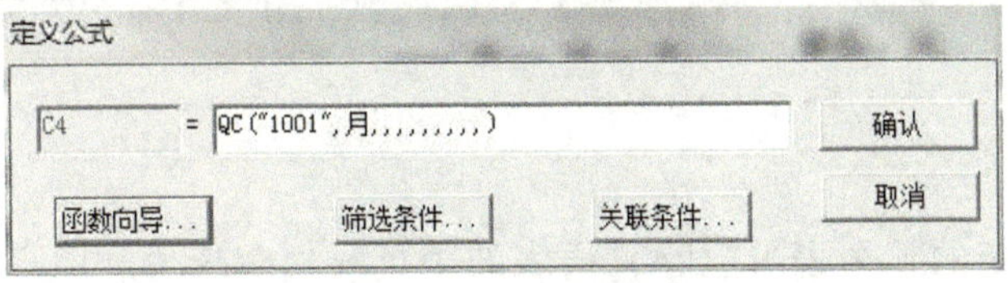

图 5-24 “定义公式”对话框

（7）依次完成“C4：D6”的其他单元公式设置。

13. 定义单元公式——直接输入公式。

（1）选中需要定义公式的单元“C7”，即“期初数”的合计。

（2）单击函数“*f*x”按钮，打开“定义公式”对话框。

（3）在定义公式对话框内直接输入“C4+C5+C6”，单击“确认”按钮，如图5-25所示。

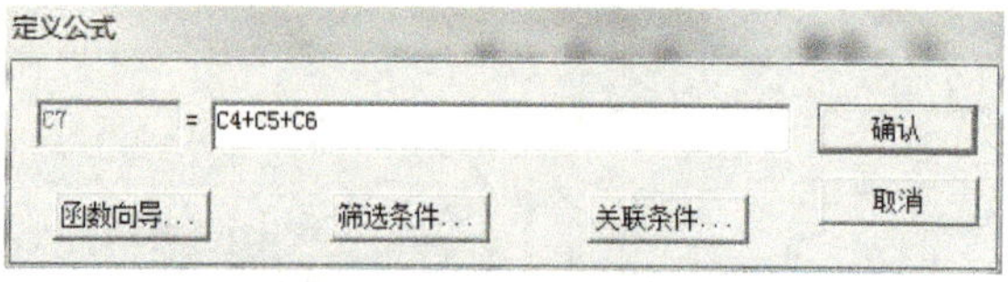

图 5-25 输入公式对话框

（4）输入“D7”单元公式。

（5）执行“文件”→“保存”命令保存报表。

提示

1. 单元公式中涉及的符号均为英文半角字符。
2. 单击函数“*fx*”按钮或双击某公式单元或按 <=> 键，都可打开“定义公式”对话框。
3. 报表格式设置完以后切记要及时将这张报表格式保存下来，以便以后随时调用。

任务三 报表数据处理

报表的数据包括报表单元的数值、字符和游离于单元之外的关键字。数值单元和字符单元可以由公式产生，也可以由键盘输入，关键字必须由键盘输入。报表数据处理主要包括生成、审核报表数据及舍位平衡操作等工作。报表数据处理一般是针对某一特定表页进行的，因此，在数据处理时还涉及表页的操作，如插入、追加、删除表页等。数据处理工作必须在报表的数据状态下进行。

微课 5 报表数据处理

一、表页管理

1. 插入和追加表页

在一个报表中增加表页有追加和插入两种方式。插入表页，即在当前表页前面增加新的表页；追加表页，即在最后一张表页后面增加新的表页。

2. 交换表页

交换表页是指两张或两张以上的报表相互交换数据。用户可以一次交换多个表页，多个表页号间用逗号隔开。

3. 删除表页

删除表页是将指定的整个表页删除，报表的表页数相应减少。用户可以同时删除多张表页，多个表页号之间用逗号隔开。

4. 表页排序、查找和定位

UFO报表系统提供了表页排序功能，可以按照表页关键字的值或者按照报表中任何一个单元的值重新排列表页。“第一关键值”指根据什么内容对表页进行排序；“第二关键值”指当有表页的第一关键值相等时，按照此关键值排列；“第三关键值”指当有多张表页情况下，使用第一关键值和第二关键值依然无法排列时，按照第三关键值排列。

查找和定位都是为了在存在多张报表和多个表页的情况下，快速地找到所需要的报表。

查找表页是根据给定的条件，在报表中找到符合条件的表页，并使它成为当前表页。利用“定位”命令，用户可以在大量表页中快速找到指定单元，使它成为当前单元，并使定位单元位于报表窗口的左上角。

二、报表数据生成

报表系统在格式状态下定义的表头、表体、表尾以及报表公式等完成后，用户可以通过单击“格式”按钮，由格式状态转换为数据状态，报表会自动计算出相应报表的数据，生成所需要报表。用户也可以利用“报表重算”功能生成报表数据。

1. 进入报表数据状态

用户既可以使用菜单进入，也可以直接使用“数据/格式”切换按钮进入报表数据状态。

2. 录入关键字

关键字是表页定位的特定标识，在格式状态下设置完成关键字以后，只有在数据状态下对其实际赋值才能真正成为表页的鉴别标志，为表页间、表间的取数提供依据。

3. 整表重算

当完成报表的格式设计以及账套初始和关键字的录入之后便可以计算指定账套或指定时间的报表数据了。

计算报表数据是在数据状态下进行的，它既可以在录入完成报表的关键字后直接计算，也可以使用菜单功能计算。

例5-2生成2020年1月份的货币资金表。

操作步骤

1. 打开定义好的货币资金表。

（1）启动UFO报表系统，执行“文件”→“打开”命令。

（2）选择需要打开的报表文件“货币资金表.rep”，单击“打开”按钮，如图5-26所示。

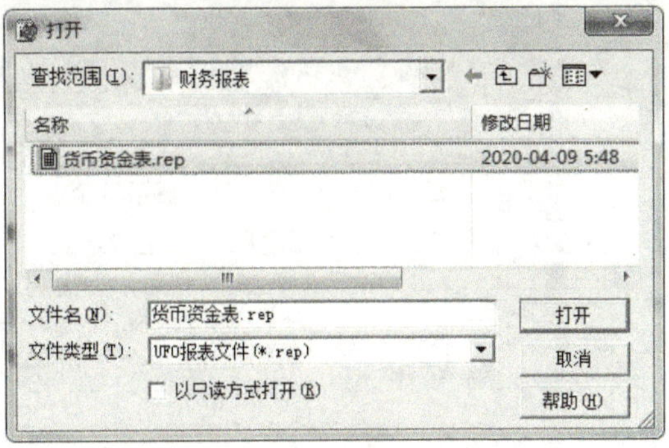

图5-26 打开报表文件

提示

1. 报表数据处理必须在数据状态下进行。

2. 报表打开后默认为数据状态，如果是设计完格式后直接进行数据处理，则单击报表底部左下角的“格式/数据”按钮，将当前状态切换为数据状态。

2. 追加表页。

（1）执行“编辑”→“追加”→“表页”命令，打开“追加表页”对话框。

（2）输入需要追加的表页数“2”，单击“确认”按钮，如图5-27所示。

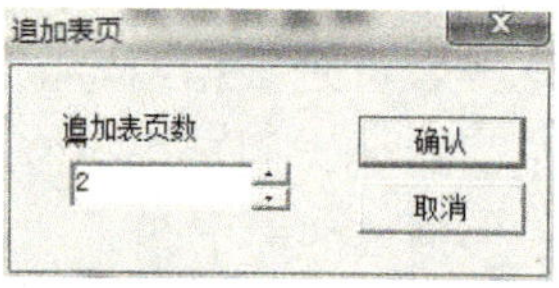

图 5-27 追加表页

提示

追加表页是在最后一张表页后追加多张空表页，插入表页是在当前表页前面插入一张空表页。一张报表最多只能管理99 999张表页，演示版最多为4页。

3. 输入关键字值。

（1）执行“数据”→“关键字”→“录入”命令，打开“录入关键字”对话框。

（2）输入单位名称“河北华源有限公司”，年输入“2020”，月输入“1”，日输入“31”，如图5-28所示。

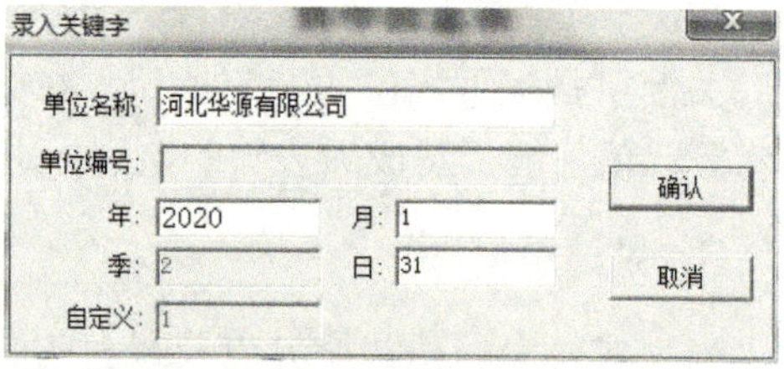

图 5-28 录入关键字

（3）单击“确认”按钮，弹出“是否重算第1页？”对话框。

（4）单击“是”按钮，系统会自动根据单元公式计算1月份数据；单击“否”按钮，系统不计算1月份数据，以后可利用“表页重算”功能生成1月数据。

提示

1. 每张表页均对应不同的关键字，输出时随同单元一起显示。
2. 日期关键字可以确认报表数据取数的时间范围，即确定数据生成的具体日期。

4. 生成报表。

（1）执行“数据”→“表页重算”命令，弹出“是否重算第1页？”对话框，如图5-29所示。

（2）单击“是”按钮，系统会自动在初始的账套和会计年度范围内根据单元公式计算生成数据，如图5-30所示。

图 5-29 “是否重算第1页？”对话框

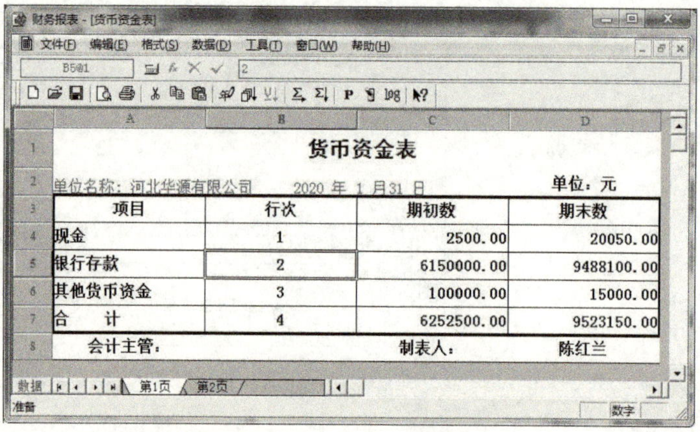

图 5-30 生成货币资金表

5. 保存已生成的报表。

执行“文件”→“保存”命令，或单击工具栏中的“保存”按钮。如果是第一次保存，则打开“另存为”对话框，选择保存的文件夹，输入报表名“货币资金表”，进行保存报表操作。

任务四 应用报表模板

微课 6 应用报表模板

UFO报表系统中提供了大量的行业标准财务报表模板，包括最新的“现金流量表”，并且允许用户创建自定义模板。用户可以根据所在行业挑选相应的报表套用其格式及计算公式。

例5-3利用报表模板，生成资产负债表。

操作步骤

1. 调用资产负债表模板。

（1）进入财务报表子系统，单击“新建”，建立一张空报表，如图5-31所示。

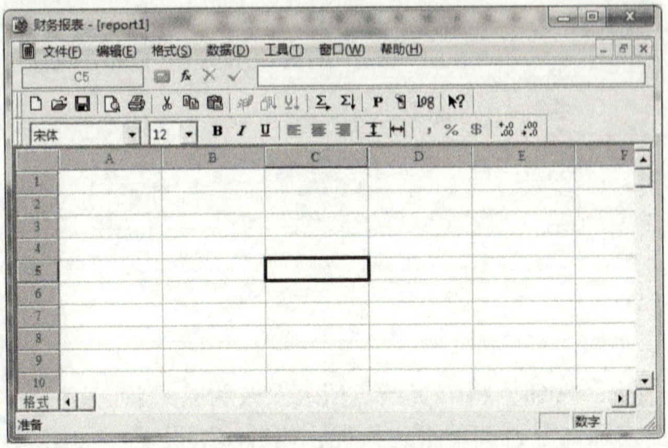

图 5-31 建立空报表

（2）执行“格式”→“报表模板”命令，打开“报表模板”对话框，选择您所在的行业为“一般企业（2007年新会计准则）”，财务报表为“资产负债表”，如图5-32所示。

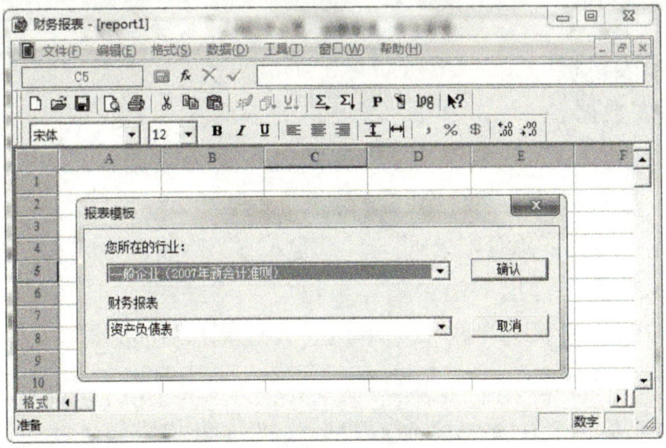

图 5-32 选择报表模板

（3）单击“确认”按钮，弹出“模板格式将覆盖本表格式！是否继续？”对话框，如图5-33所示。

（4）单击“确定”按钮，即可打开“资产负债表”模板，如图5-34所示。

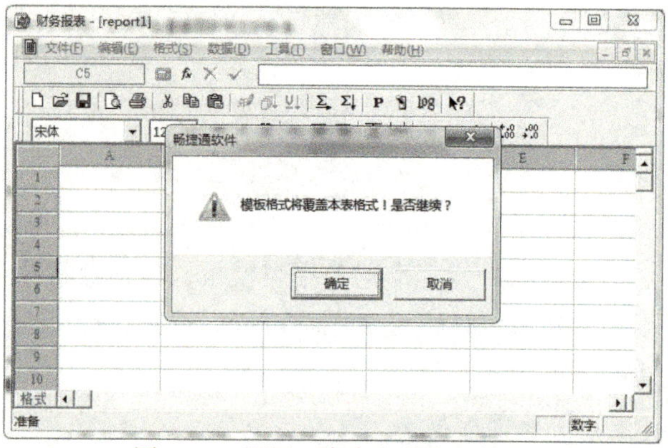

图 5-33　调用“资产负债表”模板

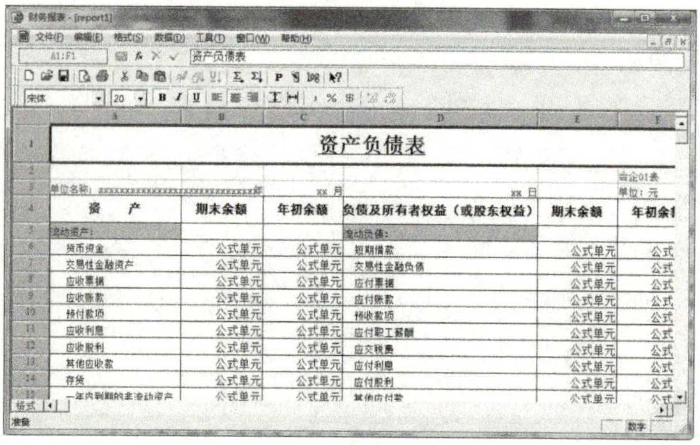

图 5-34　打开“资产负债表”模板

2. 调整报表模板。

（1）单击“格式/数据”按钮，将“资产负债表”改为格式状态。

（2）根据本单位的实际情况，调整报表格式，修改报表公式，如图5-35和图5-36所示。

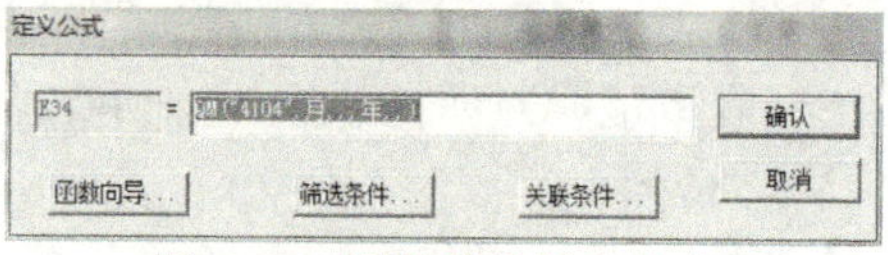

图 5-35　调整前的报表公式

图 5-36　调整后的报表公式

（3）保存调整后报表模板。

3. 生成资产负债表数据。

（1）单击“格式/数据”按钮，将“资产负债表”改为数据状态，执行“数据”→“关键字”→“录入”命令，打开“录入关键字”对话框。

（2）输入单位名称“河北华源有限公司”，年输入“2020”，月输入“01”，日输入“31”。

（3）单击“确认”按钮，弹出“是否重算第1页？”对话框。

（4）单击“是”按钮，系统会自动根据单元公式计算1月份数据。

提示

利用模板生成资产负债表，要根据企业实际情况进行相应的修改。比如，例 5-3 中“利润分配”项目的公式只有 4104 科目的余额，这个是在本年利润期末结转完成后设置的，此例中一月末本年利润科目没有完成期末的各种结转工作，所有用户要修改利润分配的公式为利润分配的期末余额与本年利润期末余额之和。同样，用户如果在用其他模板生成报表时，也要检查各项目的公式是否符合要求。

Project 6

项目六

购销存系统应用

项目综述

购销存核算系统包括采购管理系统、销售管理系统、库存管理系统、核算管理系统四个模块。购销存业务是企业资金运行的重要环节，是企业正常生产经营的保障，是用友畅捷通T3 软件的重要组成部分，它突破了会计核算软件的单一性，实现了资金流和物流管理的统一性。

学习目标

① 掌握购销存系统的基础设置

② 理解并掌握购销存系统参数设置的含义及方法

③ 能熟练录入购销存系统的期初余额

④ 掌握购销存系统核算科目的设置方法

⑤ 能进行购销存系统的日常业务处理

素养目标

① 掌握购销存业务操作规范，培养学生的动手能力以及分析、解决问题的能力

② 培养学生认真、细致、严谨、规范的实操能力，树立诚实守信的职业品德

任务一 购销存系统初始化设置

企业使用购销存系统需要增设同购销存业务处理相关的基础档案的设置，如存货分类、存货档案、仓库档案、采购类型、销售类型等。本任务的实训案例为河北华源有限公司从2020年2月1日开始启用购销存管理系统。通过系统管理，启用购销存子系统，为102张丽增加应收应付、核算、采购、销售、库存管理等权限，负责日常业务处理。101陈红兰负责初始化操作，审核签字并记账。

一、启用购销存管理系统

1. 用101陈红兰登录系统管理，单击“确定”按钮，启用购销存管理系统，如图6-1所示。

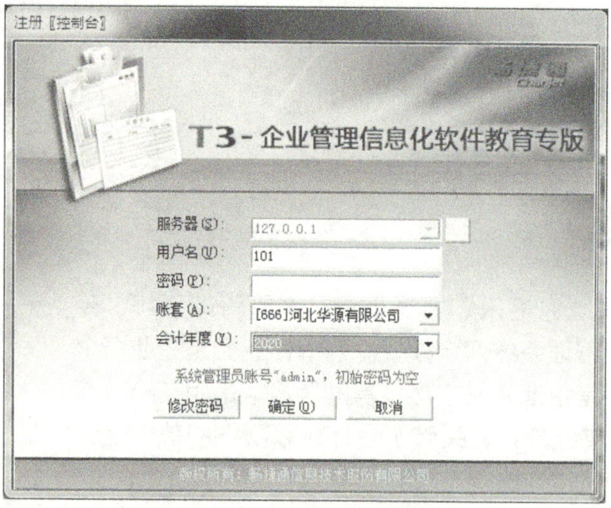

图 6-1 登录系统管理

2. 单击“账套”菜单，选择“启用”，如图6-2所示。

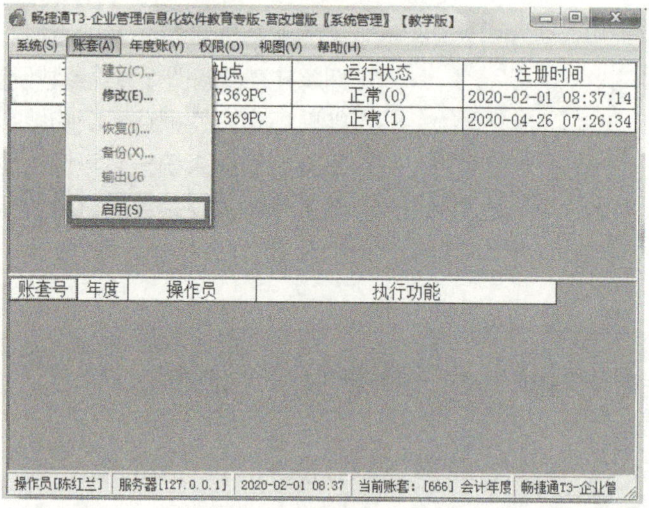

图 6-2 启用账套子系统

3. 启用购销存管理系统，启用时间为2020年2月1日，如图6-3所示。

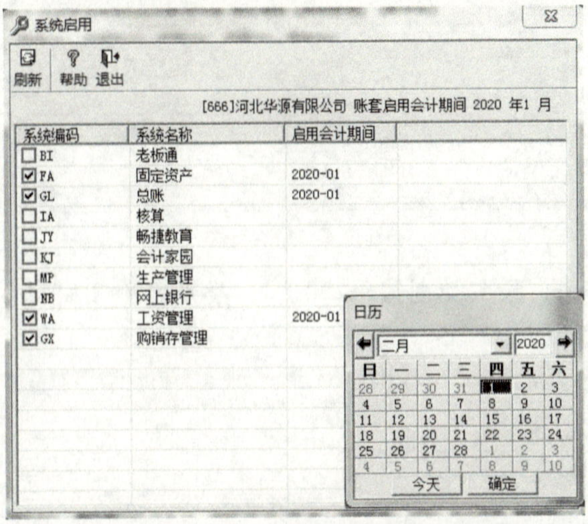

图 6-3 启用购销存管理系统

4. 启用完毕，对102张丽进行授权，增加其应收应付、核算、采购、销售、库存管理的权限。授权完毕，退出系统管理。

二、购销存管理系统初始化

（一）基础档案资料

1. 存货分类

存货的设置包括存货分类和存货档案，必须先设置存货分类，再设置存货档案。设置存货分类和存货档案的目的是便于将日常发生各种存货的增减变化按存货进行账务处理。

例 6-1 河北华源的存货分类见表 6-1。

表 6-1 存货分类表

编 号	存 货 分 类
01	材料
0101	钢铁
0102	橡胶
0103	木料
0104	煤炭
0105	标准件
02	产品
0201	A 设备
0202	B 设备
03	应税劳务

操作步骤

1. 单击“基础设置”，选择“存货”，打开“存货分类”对话框，如图6-4所示。

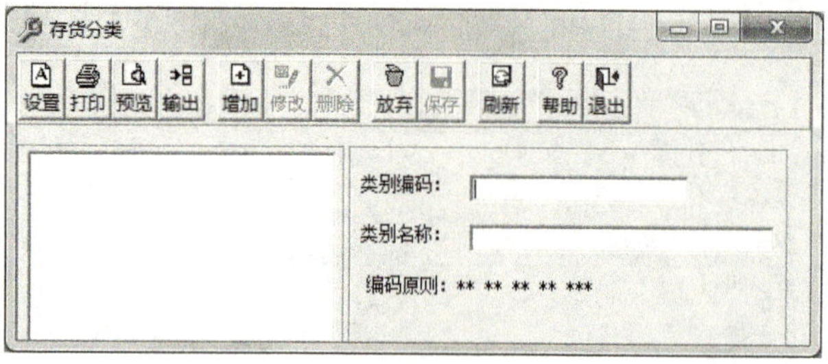

图 6-4　存货分类

2. 单击“增加”按钮，录入类别编码“01”，类别名称“材料”，然后单击“保存”，如图6-5所示。

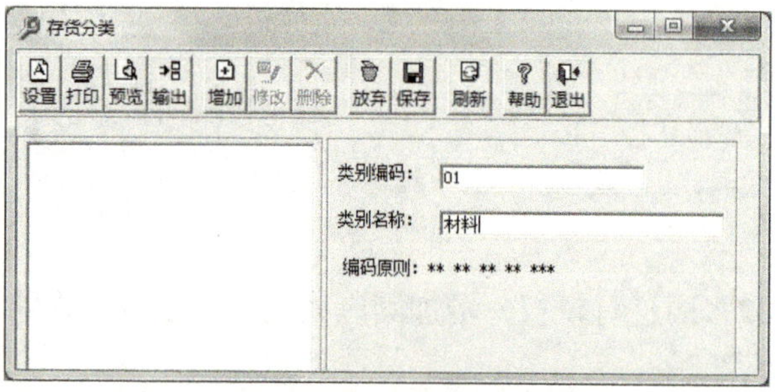

图 6-5　增加存货分类——“材料”

3. 依次增加其他存货分类资料，完成后如图6-6所示。

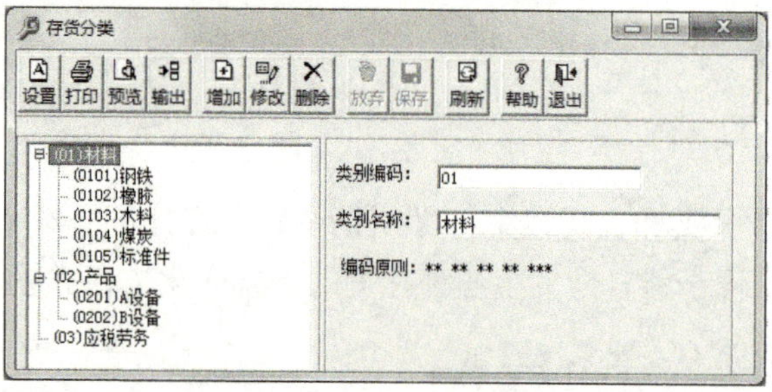

图 6-6　存货分类增加完毕

2. 存货档案

存货档案设置的准确性至关重要，它将影响日后购销存的账务处理工作。在“存货档案卡片”窗口中包含有四个选项卡：“基本”“成本”“控制”“其他”；在“其他”选项卡中有六个复选框，用于设置每种存货属性。

例 6-2 河北华源的存货档案见表 6-2。

表 6-2　存货档案

存货编码	存货代码	存货名称	计量单位	税率	所属分类码	存货属性
010101	GT	钢铁	吨	13	0101	外购、生产耗用
010201	XJ	橡胶	吨	13	0102	外购、生产耗用
010301	ML	木料	方	13	0103	外购、生产耗用
010401	MT	煤炭	吨	13	0104	外购、生产耗用
010501	BZJ	标准件	箱	13	0105	外购、生产耗用
020101	ASB	A 设备	台	13	0201	销售、自制
020201	BSB	B 设备	台	13	0202	销售、自制
0301	YF	运费	千米	9	03	外购、劳务费用

操作步骤

1. 选择“基础设置”→“存货”，单击“存货档案”，打开“存货档案”窗口，将表6-2中的存货“钢铁”的相关资料录入到系统中，如图6-7所示。

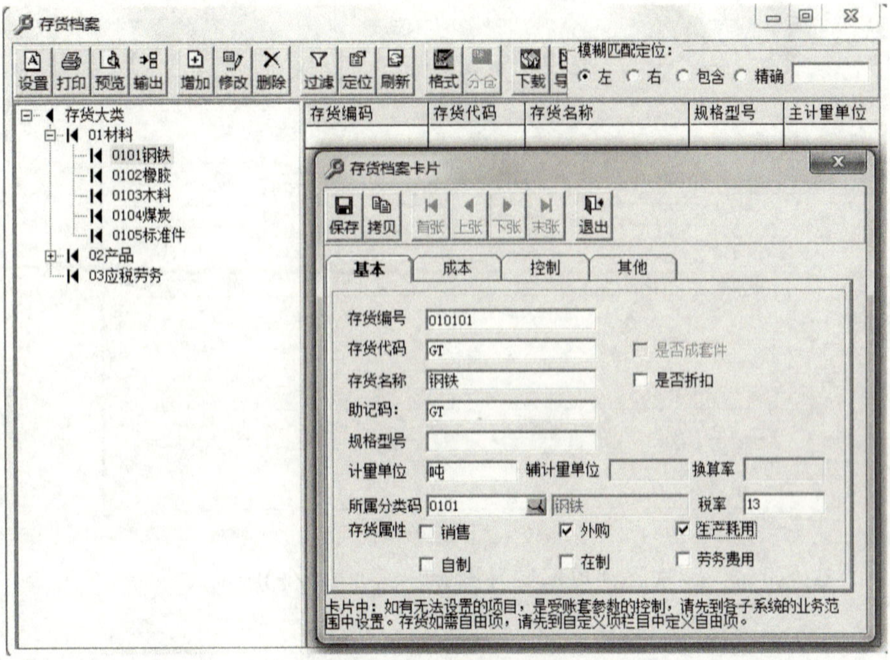

图 6-7 存货档案设置

2. 继续增加其他的存货档案资料，完成后，如图6-8所示。

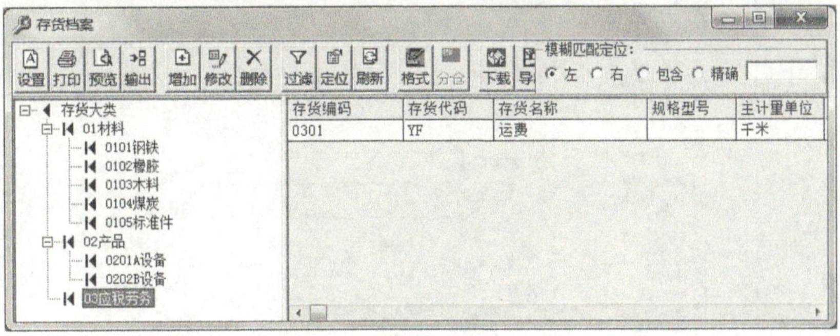

图 6-8 存货档案设置完成

提示

在设置存货档案时，存货属性设置必须正确，尤其是“劳务费用”的选择。劳务费用是指在采购发票上开具运费、包装费等采购费用以及开具在销售发票或发货单上的应税劳务和非应税劳务。

“是否折扣”复选框暂时不要勾选，否则录入期初存货时无法显示该存货。

3. 单据设置

单据格式设置：采用默认格式。

单据编号设置：采购专用发票、采购普通发票、销售专用发票、销售普通发票的编码允许手工修改。

操作步骤

1. 单击“基础设置”→“单据设计”，便有各种单据格式可供设置，如图6-9所示，进行采购订单格式设计。

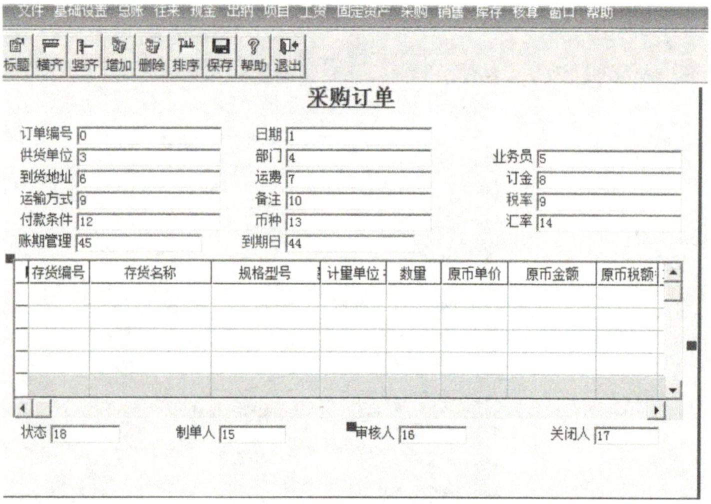

图 6-9 采购订单格式设计

2. 单击“基础设置”，选择“单据编号设置”，如图6-10所示。

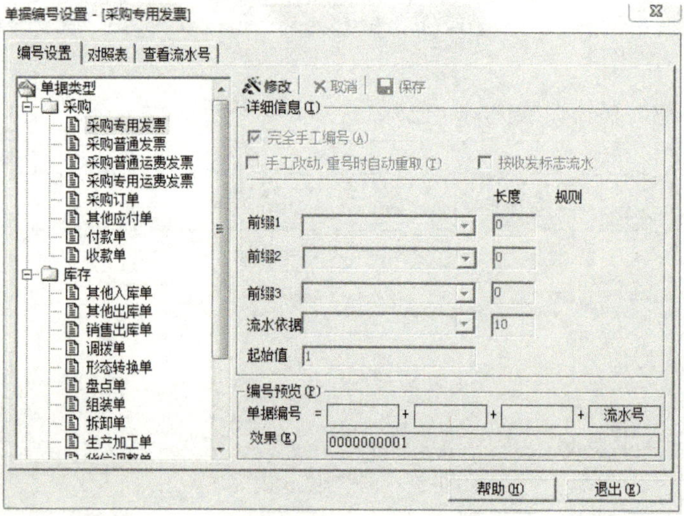

图 6-10 单据编号设置

4. 仓库档案

例6-3 河北华源的仓库档案见表 6-3。

表 6-3 仓库档案

仓库编码	仓库名称	所属部门	计价方法
01	材料库	供应处	先进先出法
02	产品库	供应处	全月平均法

操作步骤

选择“基础设置”→“购销存”，单击“仓库档案”，弹出“仓库档案”窗口，单击“增加”按钮，弹出“仓库档案”窗口，依次输入“仓库编码”“仓库名称”“所属部门”“计价方法”，然后单击“保存”，增加完毕，如图6-11所示。

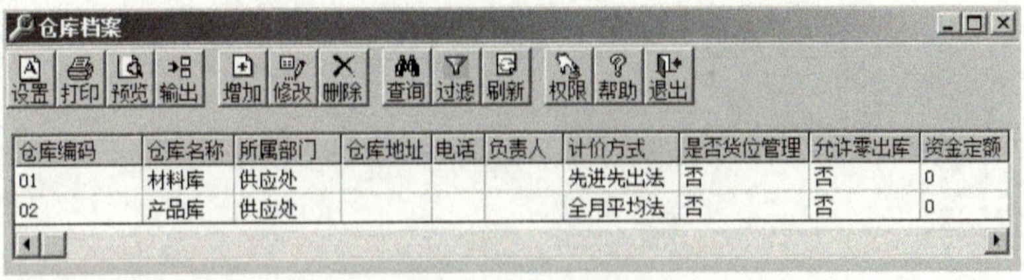

图 6-11 仓库档案设置完成

5. 收发类别

收发类别用来表示存货的出入库类型。设置收发类别便于对存货的出入库情况进行分类汇总统计。

例 6-4 河北华源的收发类别信息见表6-4。

表 6-4 收发类别

类别编码	类别名称	收发标志
11	采购入库	收
12	产成品入库	收
21	销售出库	发
22	材料领用出库	发

操作步骤

选择“基础设置”→“购销存”，单击“收发类别”，打开“收发类别”窗口。单击“增加”按钮，依次输入“类别编码”“类别名称”，然后单击“保存”即可，如图6-12所示。

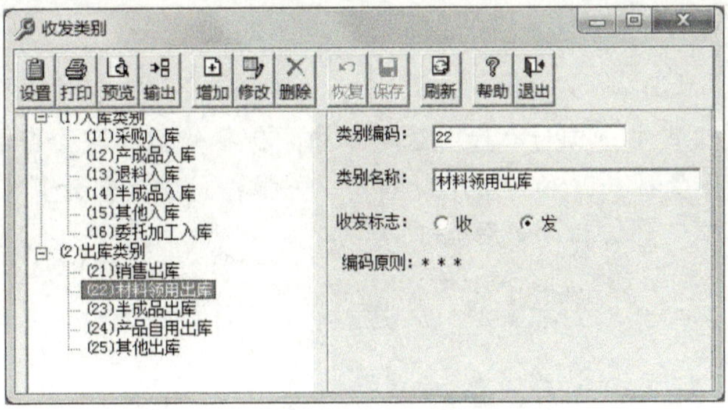

图 6-12 收发类别设置

6. 费用项目

例 6-5 河北华源的费用项目见表 6-5。

表 6-5 费用项目

编号	费用项目名称
01	运杂费

操作步骤

选择“基础设置”→“购销存”，单击“费用项目”，弹出“费用项目”窗口，输入编号和项目名称，如图6-13所示。

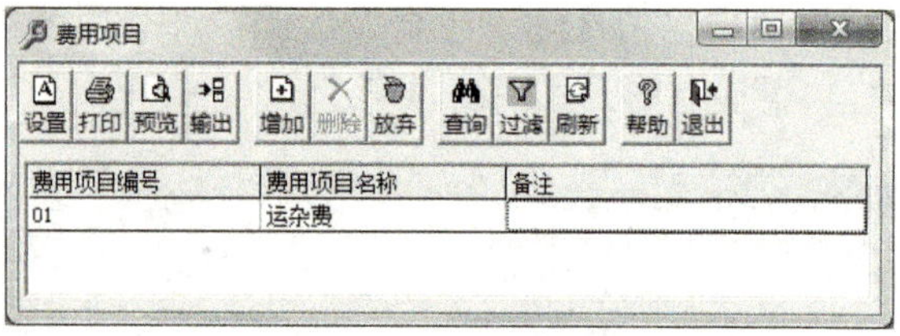

图 6-13　费用项目设置

7. 开户银行资料

例 6-6 河北华源的开户银行资料见表6-6。

表 6-6　开户银行资料

编　号	开 户 银 行	银 行 账 号	暂 封 标 志
01	中国银行邯郸市高开区支行	6216000038726587	否

操作步骤

选择“基础设置”→“收付结算”，单击“开户银行”，打开“开户银行”窗口，录入开户银行的资料，如图6-14所示。

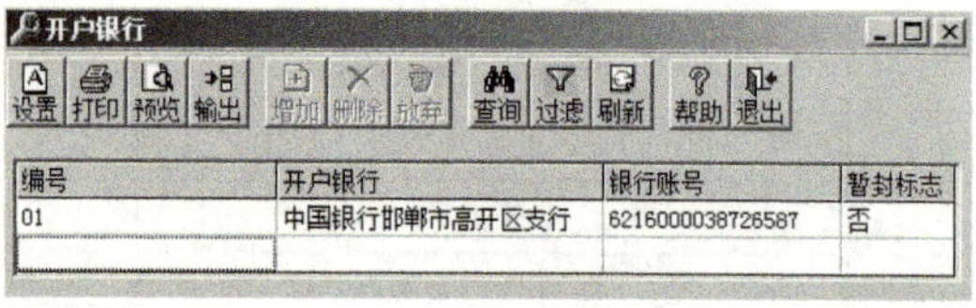

图 6-14　开户银行设置

（二）采购系统初始化设置

采购系统选项设置采用默认值。采购系统参数的设置包括“业务控制”“公共参数”“结算选项”“应付参数”，企业可以结合实际需要进行修改。本任务的实训案例采用系统默认参数设置，期初无暂估入库和在途存货。

提示

在采购系统参数设置中“应付参数”选项卡中，选择“显示现金折扣”，系统会在“付款结算”中显示“可享受折扣”和“本次折扣”，并根据付款条件计算可享受的折扣。反之，系统既不显示也不计算现金折扣，如图 6-15 所示。

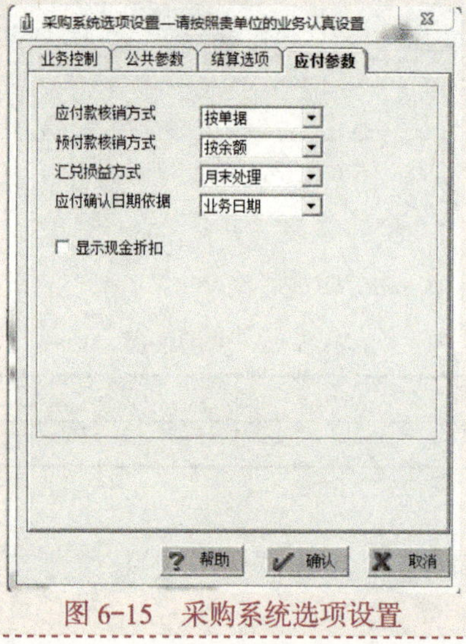

图 6-15　采购系统选项设置

（三）销售管理系统初始化设置

销售系统参数设置包括“业务范围”“业务控制”“系统参数”“打印参数”“价格管理”“应收核销”，企业可根据实际需要进行修改。本任务的实训案例中销售系统参数采用默认设置，销售生成出库单。

操作步骤

选择“销售”中的“销售业务范围设置”弹出“选项”对话框，单击“业务范围”标签，在“销售生成出库单”复选框前打“√”，单击“确认”按钮，如图6-16所示。

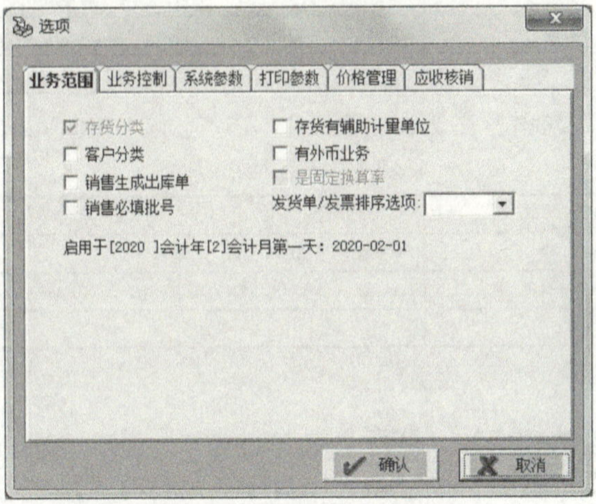

图 6-16 销售系统参数设置

（四）存货管理系统初始化设置

1. 本任务的实训案例库存期初参数设置采用默认设置，生成销售出库单，如图6-17所示。

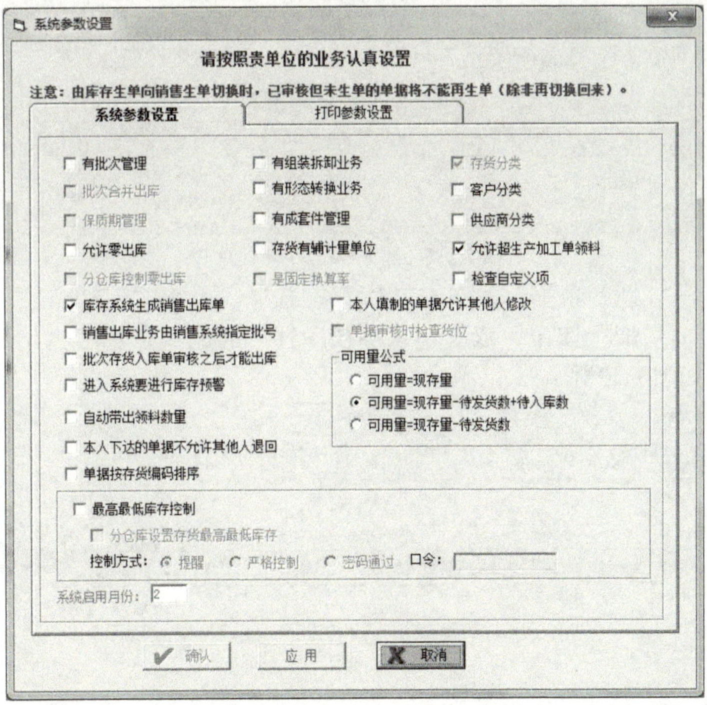

图 6-17 库存系统参数设置

2. 期初库存包括材料期初库存和产品期初库存。

例 6-7

（1）河北华源的材料期初库存见表 6-7。

表 6-7 材料期初库存

存货名称	计量单位	数量	单价 / 元	金额 / 元
钢铁	吨	18	300	54 000
橡胶	吨	27	11 000	297 000
木料	方	100	4 000	400 000
煤炭	吨	170	400	68 000
标准件	箱	300	500	150 000
合计				

（2）河北华源的产品期初库存见表 6-8。

表 6-8 产品期初库存

存货名称	计量单位	数量	单价 / 元	金额 / 元
A 设备	台	20		252 115.09
B 设备	台	45		540 000
合计				

操作步骤

选择“库存”→“期初数据”，单击“库存期初”，弹出“期初余额”窗口，选择仓库“材料库”，单击“增加”按钮，依次输入期初库存材料的“存货名称”“计量单位”“数量”“单价”等，如图6-18所示。

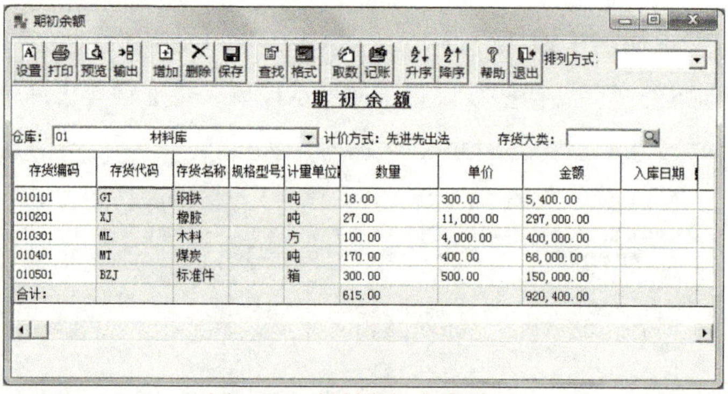

图 6-18 材料期初库存设置

选择“库存”→“期初数据”，单击“库存期初”，弹出“期初余额”窗口，选择仓库“产品库”，单击“增加”按钮，依次输入期初库存产品的“存货名称”“计量单位”“数量”“单价”等，如图6-19所示。

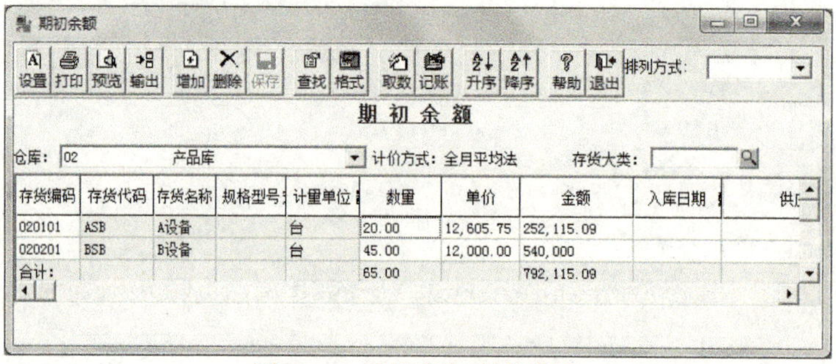

图 6-19 产品期初库存设置

（五）核算系统初始化设置

1. 核算系统选项设置

核算系统的参数设置包括“核算方式”“控制方式”“最高最低控制”“供应商、客户往来”等，用户可参照具体需要进行设置。

例 6-8 暂估方式：月初回冲。

供应商往来产品采购科目依据：按存货。

客户往来产品销售科目依据：按存货。

操作步骤

选择“核算”，单击“核算业务范围设置”，打开“基本设置”对话框，单击“核算方式”标签，暂估方式选择“月初回冲”，如图6-20所示。

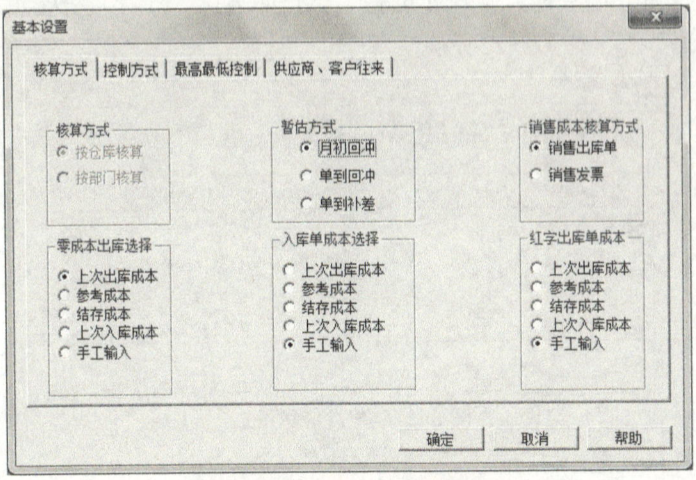

图 6-20　核算方式参数设置

单击“供应商、客户往来”标签，进行修改，如图6-21所示。

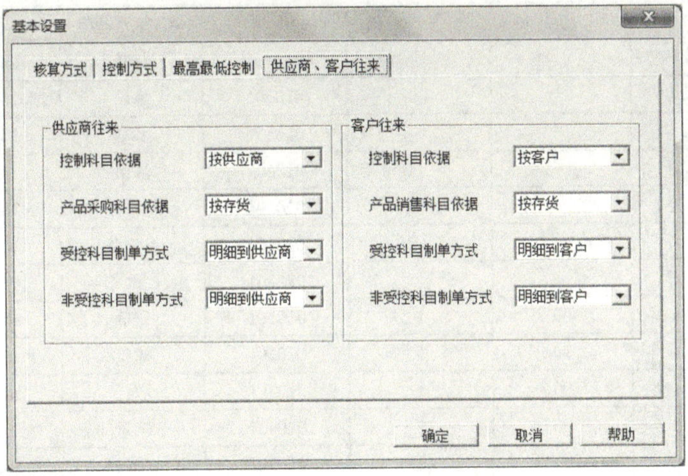

图 6-21　供应商、客户往来参数设置

2. 核算科目设置

（1）存货科目设置。

例 6-9 河北华源存货科目信息见表6-9。

表 6-9　存货科目设置

仓库编码	仓库名称	存货分类编码	存货分类名称	存货科目编码	存货科目名称
01	材料库	0101	钢铁	140301	钢铁
01	材料库	0102	橡胶	140302	橡胶
01	材料库	0103	木料	140303	木料
01	材料库	0104	煤炭	140304	煤炭
01	材料库	0105	标准件	140305	标准件
02	产品库	0201	A 设备	140501	A 设备
02	产品库	0202	B 设备	140502	B 设备

操作步骤

选择“核算”→“科目设置”，然后单击“存货科目设置”，弹出“存货科目”对话框，单击“增加”按钮，依次输入“仓库编码”“仓库名称”“存货分类编码”“存货分类名称”“存货科目编码”等，如图6-22所示。

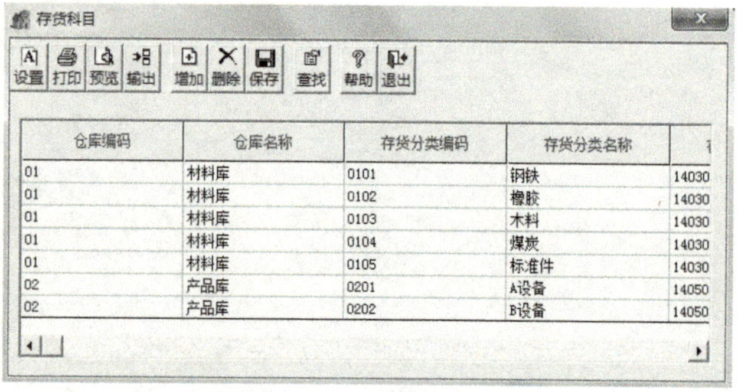

仓库编码	仓库名称	存货分类编码	存货分类名称	
01	材料库	0101	钢铁	14030
01	材料库	0102	橡胶	14030
01	材料库	0103	木料	14030
01	材料库	0104	煤炭	14030
01	材料库	0105	标准件	14030
02	产品库	0201	A设备	14050
02	产品库	0202	B设备	14050

图 6-22　存货科目设置

（2）存货对方科目设置。

例 6-10 河北华源存货对方科目信息见表6-10。

表 6-10　存货对方科目设置

收发类别编码	收发类别名称	项目大类编码	项目编码	存货编码	存货名称	对方科目编码	对方科目名称
11	采购入库			010101	钢铁	140201	钢铁
11	采购入库			010201	橡胶	140202	橡胶
11	采购入库			010301	木料	140203	木料
11	采购入库			010401	煤炭	140204	煤炭
11	采购入库			010501	标准件	140205	标准件
21	销售出库			020101	A 设备	640101	A 设备
21	销售出库			020201	B 设备	640102	B 设备
22	材料领用出库	00	1	010101	钢铁	500101	直接材料
22	材料领用出库	00	1	010201	橡胶	500101	直接材料
22	材料领用出库	00	1	010301	木料	500101	直接材料
22	材料领用出库	00	1	010401	煤炭	500101	直接材料
22	材料领用出库	00	1	010501	标准件	500101	直接材料
22	材料领用出库	00	2	010101	钢铁	500101	直接材料
22	材料领用出库	00	2	010201	橡胶	500101	直接材料
22	材料领用出库	00	2	010301	木料	500101	直接材料
22	材料领用出库	00	2	010401	煤炭	500101	直接材料
22	材料领用出库	00	2	010501	标准件	500101	直接材料

操作步骤

选择“核算”→“科目设置”，然后单击“存货对方科目设置”，弹出“对方科目设置”对话框，单击“增加”，依次输入“收发类别编码”“收发类别名称”“项目大类编码”“项目编码”“存货编码”等，如图6-23所示。

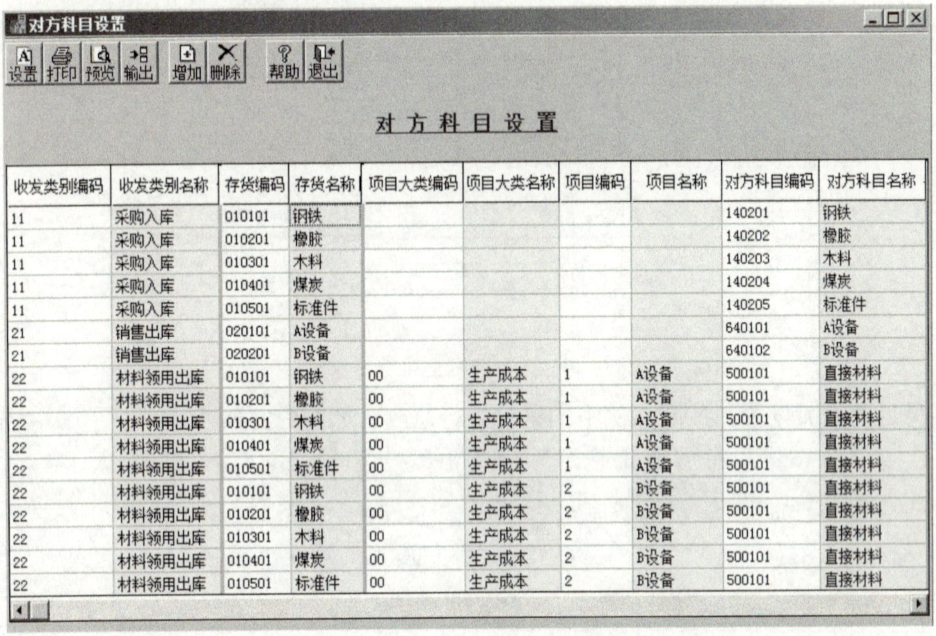

收发类别编码	收发类别名称	存货编码	存货名称	项目大类编码	项目大类名称	项目编码	项目名称	对方科目编码	对方科目名称
11	采购入库	010101	钢铁					140201	钢铁
11	采购入库	010201	橡胶					140202	橡胶
11	采购入库	010301	木料					140203	木料
11	采购入库	010401	煤炭					140204	煤炭
11	采购入库	010501	标准件					140205	标准件
21	销售出库	020101	A设备					640101	A设备
21	销售出库	020201	B设备					640102	B设备
22	材料领用出库	010101	钢铁	00	生产成本	1	A设备	500101	直接材料
22	材料领用出库	010201	橡胶	00	生产成本	1	A设备	500101	直接材料
22	材料领用出库	010301	木料	00	生产成本	1	A设备	500101	直接材料
22	材料领用出库	010401	煤炭	00	生产成本	1	A设备	500101	直接材料
22	材料领用出库	010501	标准件	00	生产成本	1	A设备	500101	直接材料
22	材料领用出库	010101	钢铁	00	生产成本	2	B设备	500101	直接材料
22	材料领用出库	010201	橡胶	00	生产成本	2	B设备	500101	直接材料
22	材料领用出库	010301	木料	00	生产成本	2	B设备	500101	直接材料
22	材料领用出库	010401	煤炭	00	生产成本	2	B设备	500101	直接材料
22	材料领用出库	010501	标准件	00	生产成本	2	B设备	500101	直接材料

图 6-23 存货对方科目设置

（3）客户往来科目设置。

例6-11 基本科目设置：应收科目为“1122”，预收科目为“2203”，应交增值税科目为“22210105”。客户往来产品科目设置及结算方式科目设置见表6-11和表6-12。

表 6-11 客户往来产品科目设置

存货名称	销售收入科目	应交增值税科目	销售退回科目
A设备	600101		600101
B设备	600102		600102

表 6-12 客户往来结算方式科目设置

结算方式	币种	科目
现金	人民币	1001
现金支票	人民币	100201
转账支票	人民币	100201
银行本票	人民币	100201

操作步骤

选择“核算”→“科目设置”，然后单击“客户往来科目设置”，弹出“客户往来科目设置”对话框，单击“增加”，在“基本科目设置”中依次输入应收科目为“1122”、预收科目为“2203”、应交增值税科目为“22210105”，如图6-24所示。

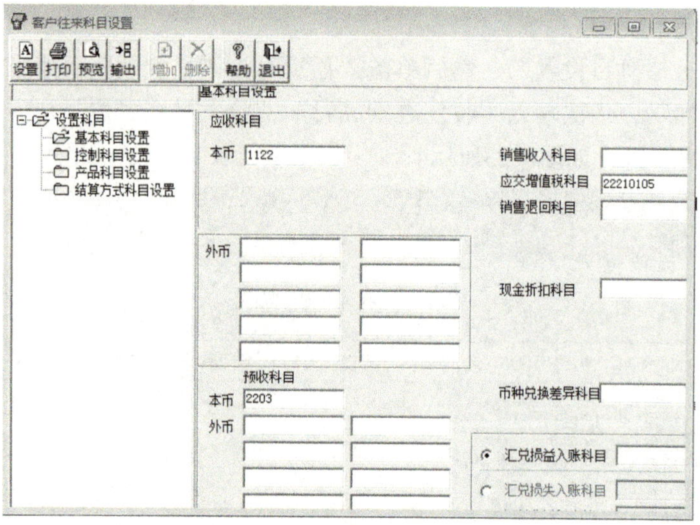

图 6-24　客户往来基本科目设置

产品科目的相关设置，按照实例中的科目进行修改，如图6-25所示。

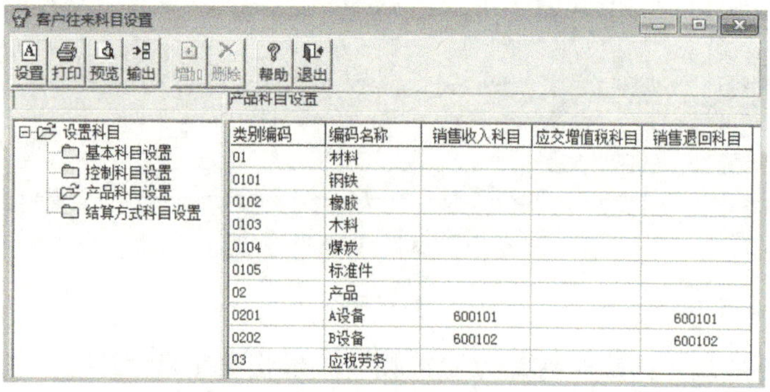

图 6-25　客户往来产品科目设置

结算方式科目的相关设置，按照实例中的科目进行修改，如图6-26所示。

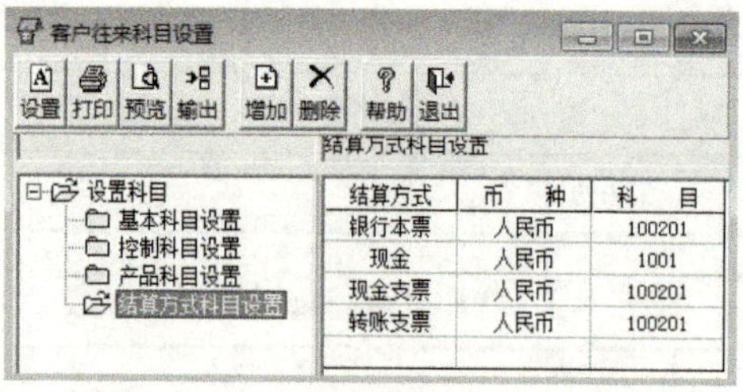

图 6-26　客户往来结算方式科目设置

（4）供应商往来科目设置。

例 6-12 基本科目设置：应付科目为“220201”，预付科目为“2202”，采购税金科目为“22210101”。供应商往来结算方式科目设置见表6-13。

表 6-13　供应商往来结算方式科目设置

结算方式	币　种	科　目
现金	人民币	1001
现金支票	人民币	100201
转账支票	人民币	100201
银行本票	人民币	100201

操作步骤

选择“核算”中的“科目设置”，然后单击“供应商往来科目设置”，弹出“供应商往来科目设置”对话框，单击“增加”，依次输入应付科目为“220201”、预付科目为“1123”、采购税金科目为“22210101”，如图6-27所示。

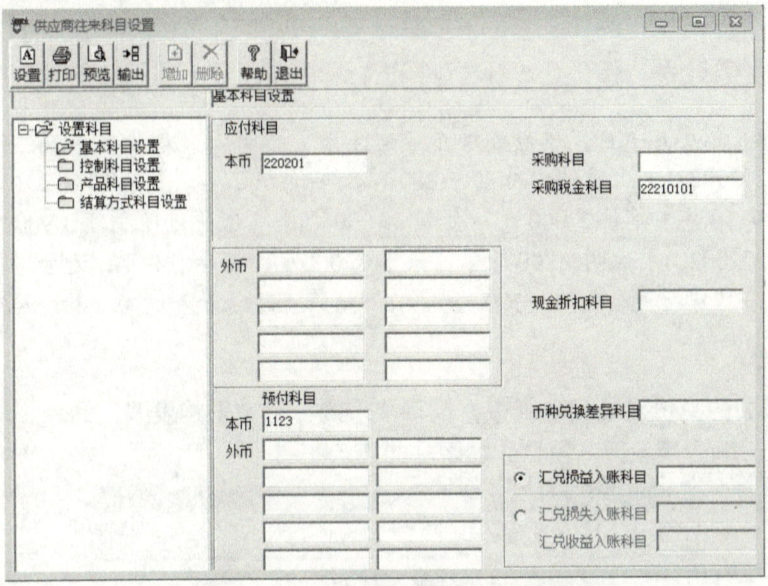

图 6-27 供应商往来基本科目设置

供应商往来结算方式科目设置，按照实例进行修改，增加现金、现金支票、转账支票、银行本票的结算科目，如图6-28所示。

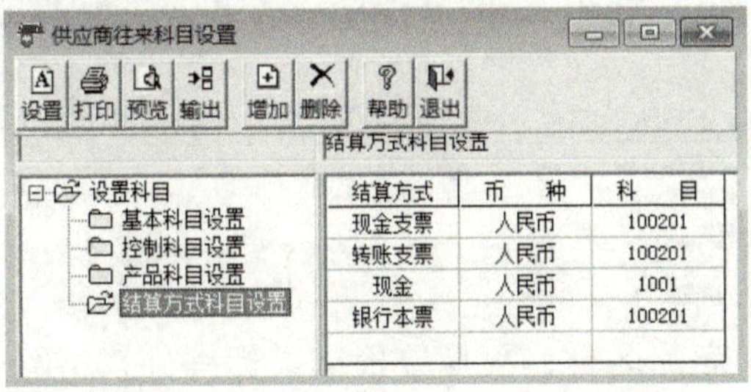

图 6-28 供应商往来结算方式科目设置

（六）采购和库存的期初记账

库存期初记账之前要先进行采购的期初记账，选择“采购”→“期初记账”，单击“记账”按钮，进行采购期初记账操作，如图6-29所示。

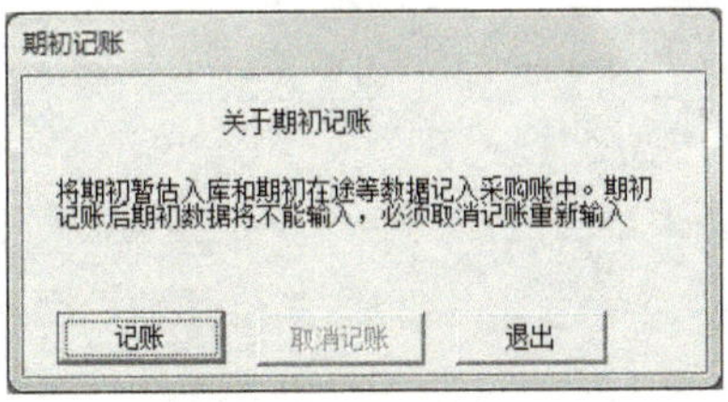

图 6-29 采购期初记账

采购期初记账完毕，再进行库存的期初记账，选择“核算”→“期初数据”→“期初余额”，打开“存货期初余额”对话框，单击“记账”按钮，系统开始进行记账操作。记账完成后，“记账”按钮变为“恢复”按钮。

任务二 购销存业务操作

一、采购业务处理

例 6-13 2020 年 2 月 1 日，供应处田凡从河北永太公司购入标准件一批，取得的增值税专用发票（票号 Z20200201）上注明：标准件 100 箱，单价 500 元，金额 50 000 元，增值税进项税额 6 500 元。钢铁 10 吨，单价 3 000 元，金额 30 000 元，增值税进项税额 3 900 元。收到的运费发票（票号为 Y20200201）注明：200 千米，每千米 0.8 元，共计 160 元。运费增值税税率为 9%，按金额分摊，当日从建行现金支票（XJ20200201）结清上述货款和运费，材料已验收入库。

操作步骤

1. 以102张丽的身份登录到系统中，执行“采购”→“采购发票”命令，增加“采购专用发票”，进入“采购专用发票”窗口，如图6-30所示。

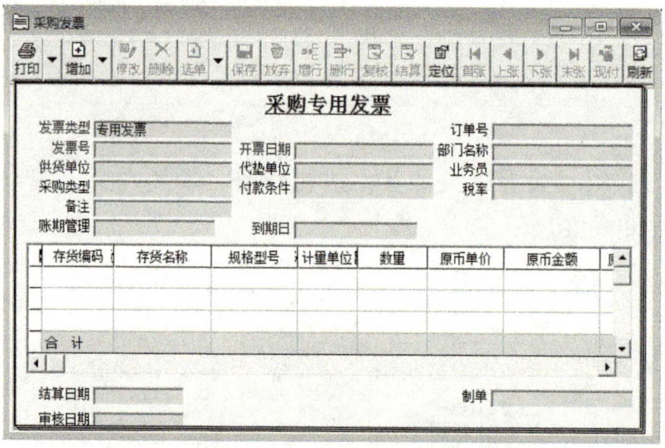

图 6-30 采购专用发票

2. 依次填入发票号、商品名称、数量单价等：标准件100箱，单价500元，金额50 000元，增值税进项税额6 500元；钢铁10吨，单价3 000元，金额30 000元，增值税进项税额3 900元，如图6-31所示，录入完成后，单击“保存”按钮。

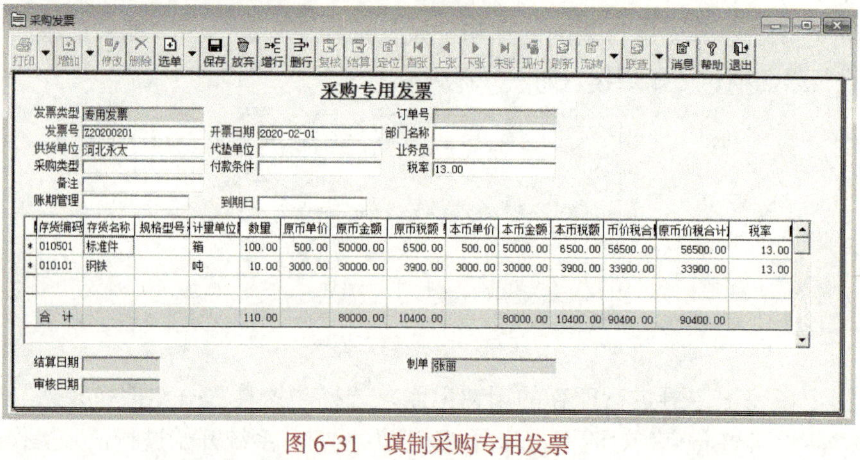

图 6-31 填制采购专用发票

3. 本公司当日结清了上述货款，单击“现付”按钮，输入结算方式“201”、金额“90 400”、票据号“XJ20200201”等，单击“确定”按钮，如图6-32所示。

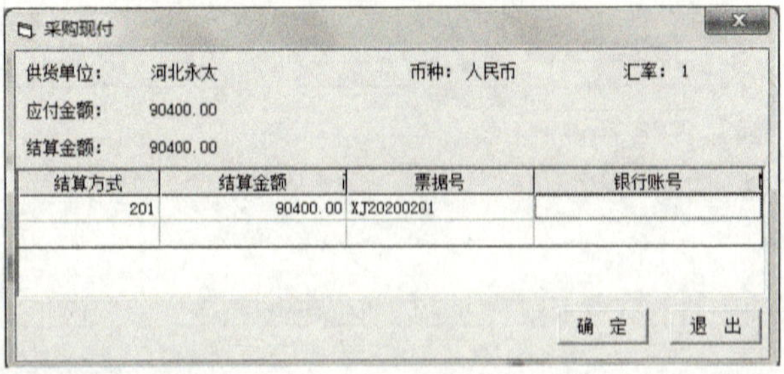

图 6-32 采购现付

4. 出现“现付成功”对话框，然后单击“确定”按钮，如图6-33所示。

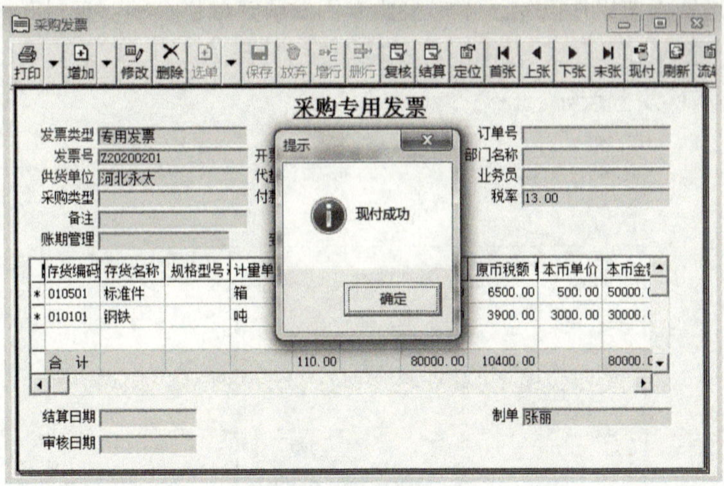

图 6-33 现付成功

5. 单击“复核”，弹出“采购管理”复核对话框，单击“是”，如图6-34所示。

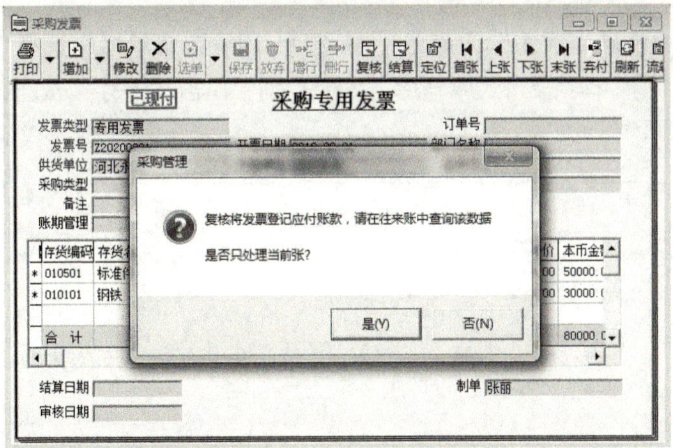

图 6-34 采购复核

6. 在采购专用发票上单击“增加”，打开采购专用运费发票窗口，依次填入发票号、税率等，如图6-35所示，单击“保存”。

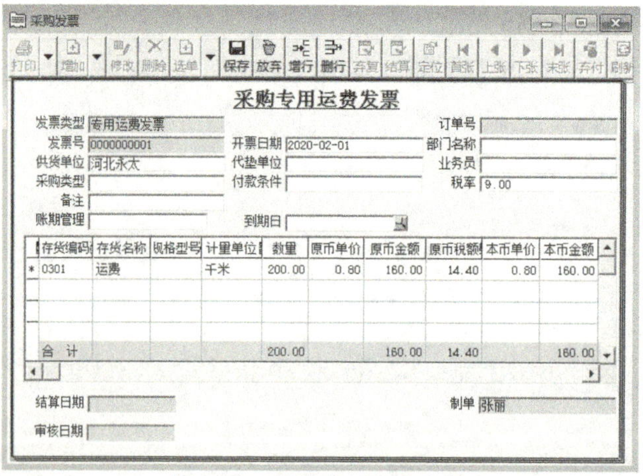

图 6-35　采购专用运费发票

7. 采购专用运费发票采用现结，单击采购专用发票菜单栏上的“现付”按钮，进入到“采购现付”对话框，录入结算方式“201”、结算金额“174.40”、票据号“XJ20200201”，如图6-36所示，单击“确定”按钮。

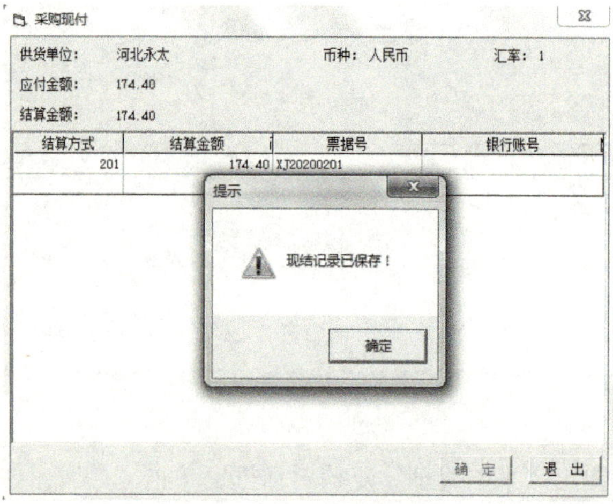

图 6-36　采购运费现结

8. 采购专用发票流转生成采购入库单。在采购专用发票菜单栏中选择“流转”→“生成采购入库单”，在采购入库单中录入入库仓库、入库类别，单击“保存”按钮，如图6-37所示。

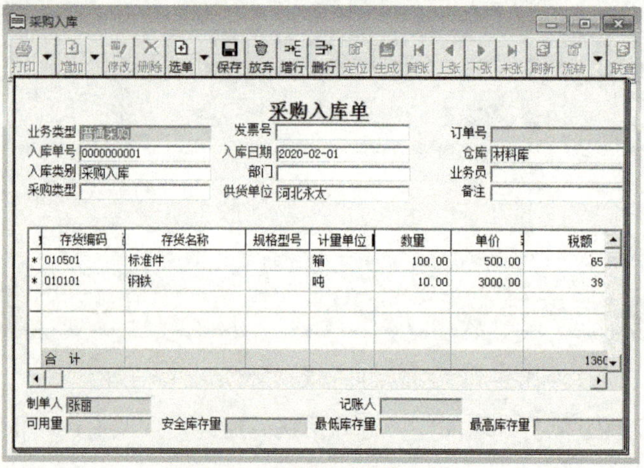

图 6-37　采购入库单生成

9. 通过菜单栏“库存”→“采购入库单审核”，对生成的采购入库单进行审核操作，单击“审核”按钮，审核后，“审核”按钮变为“弃审”按钮，如图6-38所示。

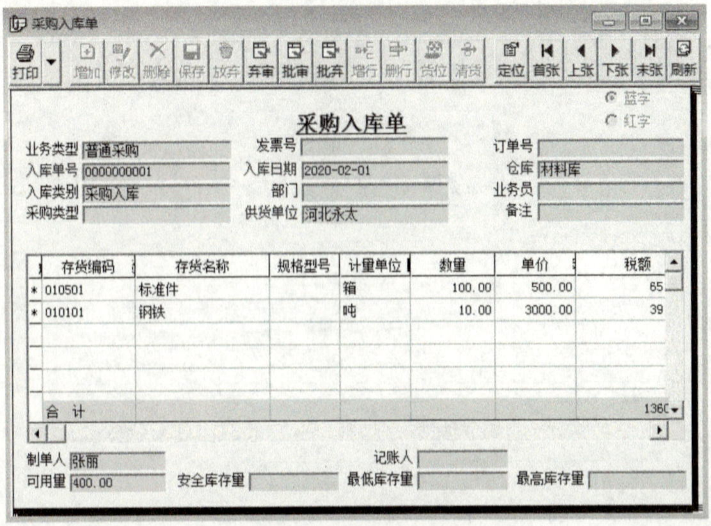

图 6-38 采购入库单审核

10. 在菜单栏选择“采购”→“采购结算”→“手工结算”，进入到结算界面。选择需要结算的发票和入库单，单击“确认”按钮，如图6-39所示。

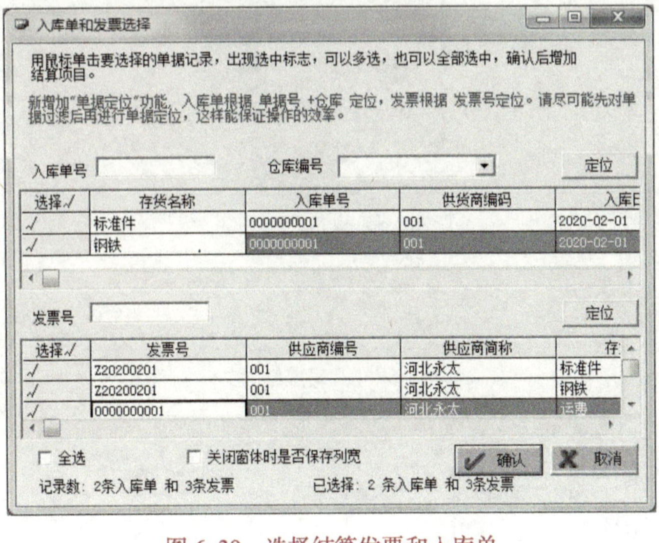

图 6-39 选择结算发票和入库单

11. 选择按金额进行运费的分摊，单击菜单栏上的“分摊”按钮，在弹出的采购分摊对话框中，单击“是”，如图6-40所示。

12. 再单击当前窗口中的“结算”按钮，完成结算，如图6-41所示。

13. 选择菜单栏上的“核算”→“核算”→“正常单据记账”，打开“正常单据记账条件”对话框，单击“确定”按钮，如图6-42所示。

14. 在当前的“正常单据记账”窗口，选择2020年2月1日的单据，单击对话框上的“记账”按钮，如图6-43所示。

15. 在菜单栏选择“核算”→“凭证”→“购销单据制单”，打开“生成凭证”对话框，如图6-44所示，单击“选择”按钮。

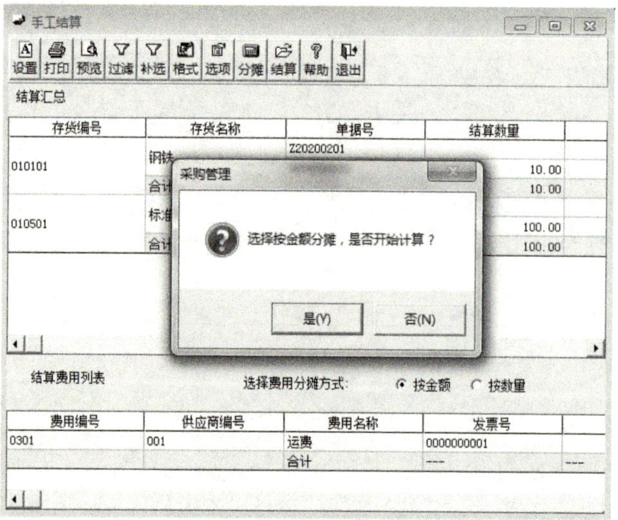

图 6-40　运费分摊

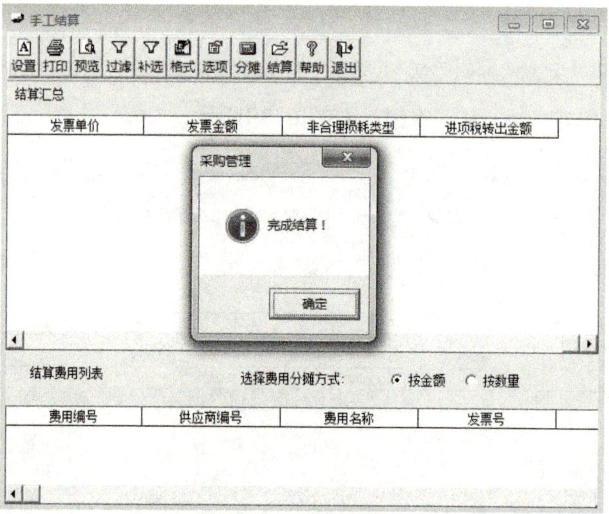

图 6-41　完成结算

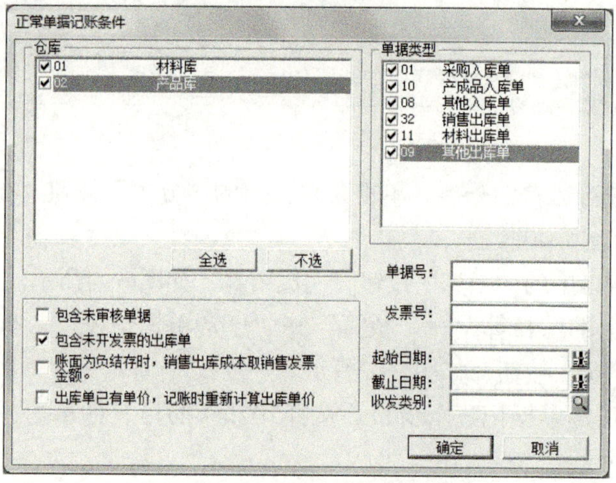

图 6-42　正常单据记账条件

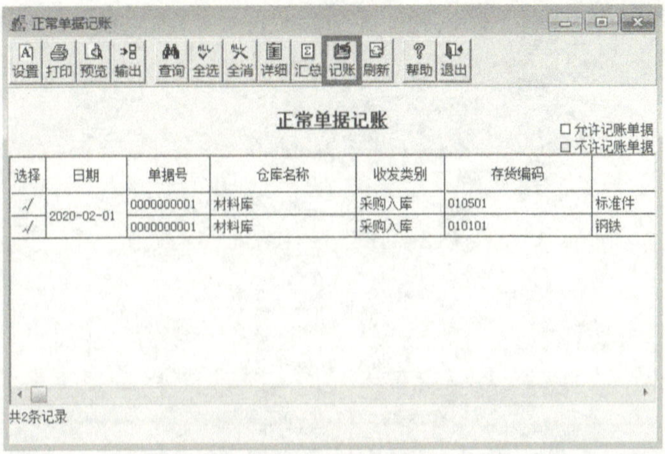

图 6-43　正常单据记账

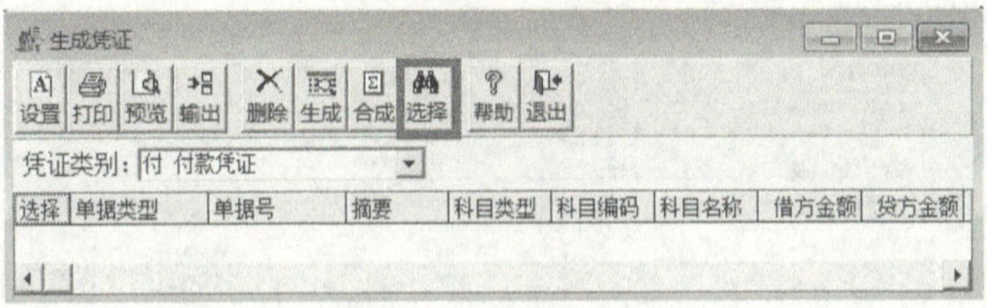

图 6-44　生成凭证

16. 在“查询条件”对话框中，选择“采购入库单（报销记账）”，如图6-45所示，单击“确认”按钮。

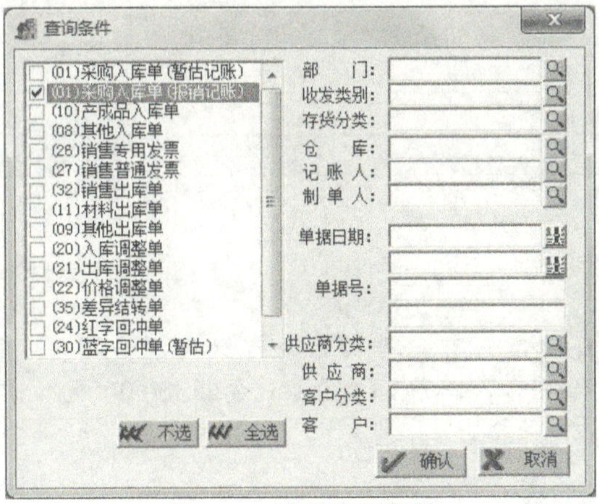

图 6-45　选择查询条件

17. 在“未生成凭证单据一览表”中，选择需要的单据，同时在“已结算采购入库单自动选择全部结算上单据（包括入库单、发票、付款单），非本月采购入库单按蓝字报销制单”前的选项框中打上“√”，单击“确定”按钮，如图6-46所示。

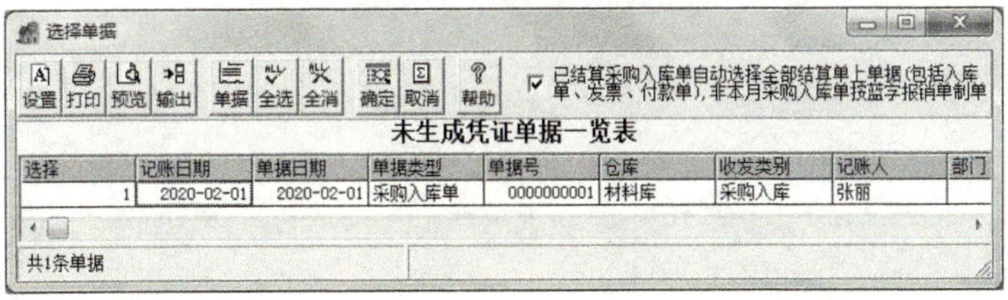

图 6-46　选择单据

18．在“生成凭证”对话框，修改凭证类别为“付 付款凭证”，单击“生成”按钮，如图6-47所示。

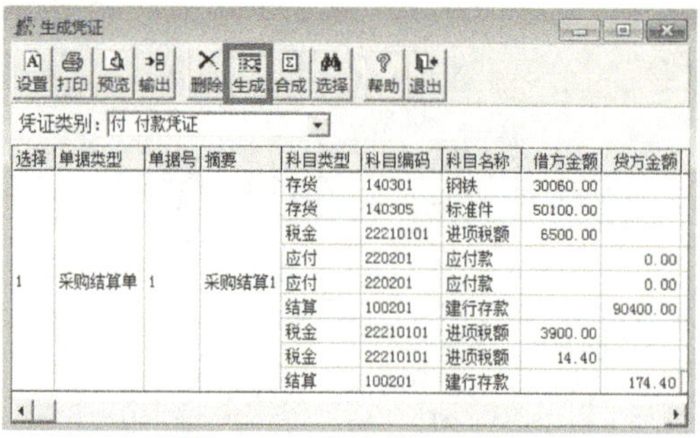

图 6-47 修改凭证类别

19．系统自动生成一张付款凭证，单击“保存”按钮，凭证左上角显示已生成，上传到总账系统中，如图6-48所示。

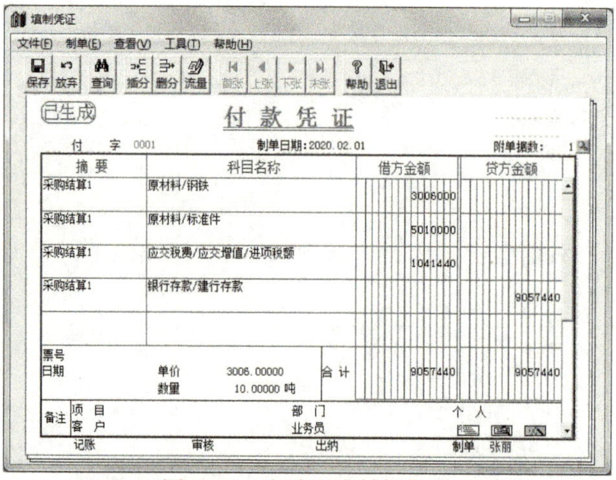

图 6-48 自动生成付款凭证

二、销售业务处理

例6-14 2020年2月4日销售一部宋芳销售给武汉天源公司A设备一批，销售发票（票号Z20200204）上注明：A设备20台，单价15 000元，金额300 000元，增值税销项税额39 000元。现金代垫运杂费800元。

操作步骤

1．通过菜单执行“销售”→“销售订单”，打开“销售订单”对话框，如图6-49所示。

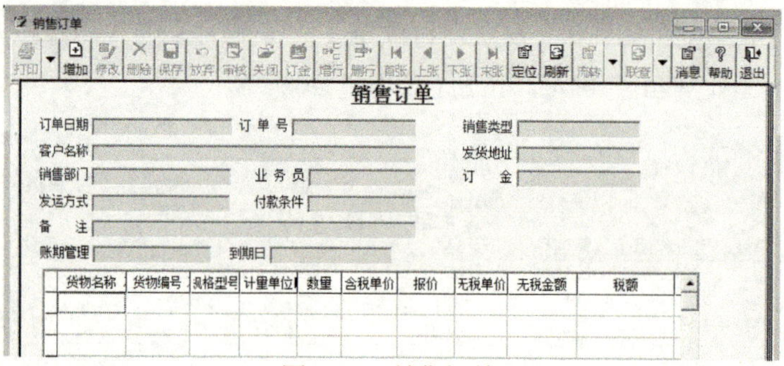

图 6-49 销售订单

2. 单击“增加”按钮，录入销售信息，单击“保存”按钮，保存该笔销售订单，并单击“审核”按钮，审核销售订单。审核成功后，“审核”按钮变为“弃审”，如图6-50所示。

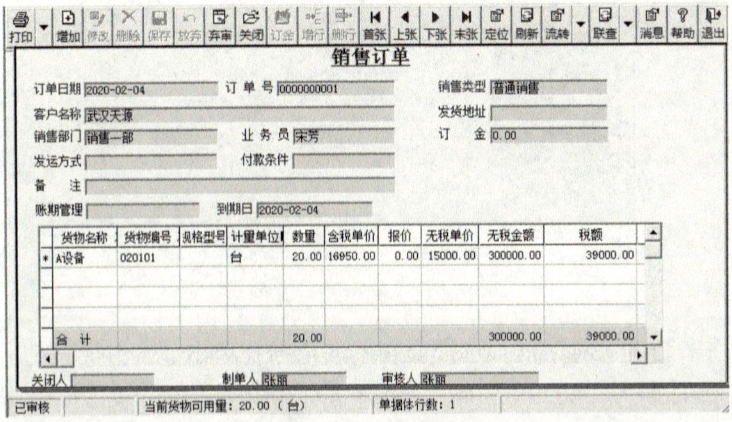

图 6-50 审核销售订单

3. 选择“流转”→“生成专用发票”，打开“销售发票”对话框，修改发票日期为“2020-02-04”、发票号“20200204”，单击“保存”按钮，然后进行复核，复核成功后，弹出“销售发票复核成功”对话框。单击“确定”按钮，“复核”按钮变为“弃复”，如图6-51所示。

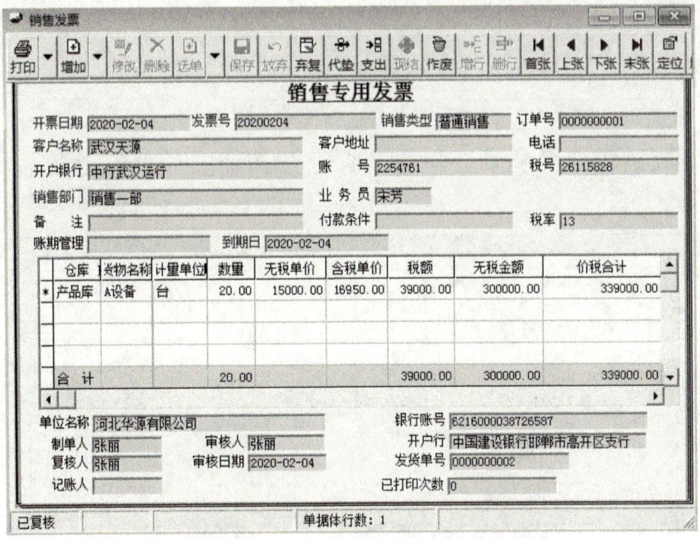

图 6-51 销售发票复核完成

4. 单击“代垫”，录入代垫运费的相关信息，保存并审核，完成后，如图6-52所示。

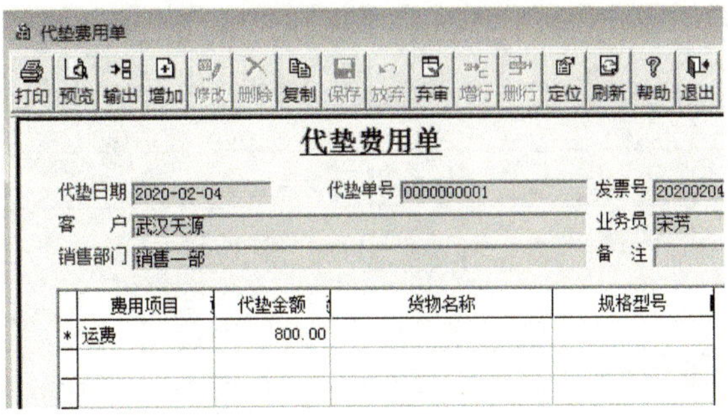

图 6-52 代垫费用

5. 执行“核算”→“凭证”→“客户往来制单”，打开“客户制单查询”对话框，选择“发票制单”“应收单制单”，单击“确认”按钮，如图6-53所示。

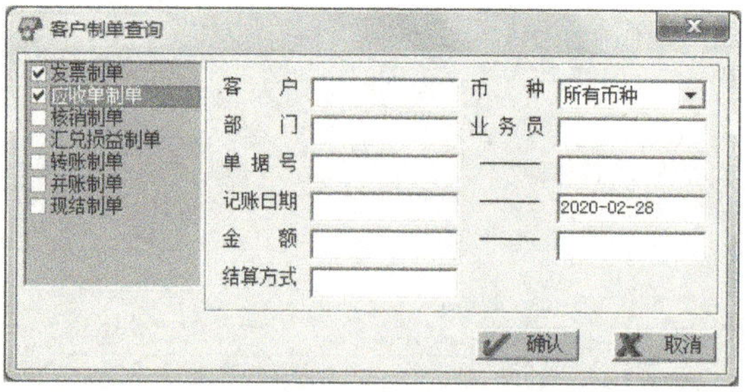

图 6-53　客户制单查询

6. 在“客户往来制单”对话框，选择要制单的票据，单击“合并”按钮，修改凭证类别为“付款凭证”，凭证日期为“2020-02-04”，再单击“制单”按钮，如图6-54所示。

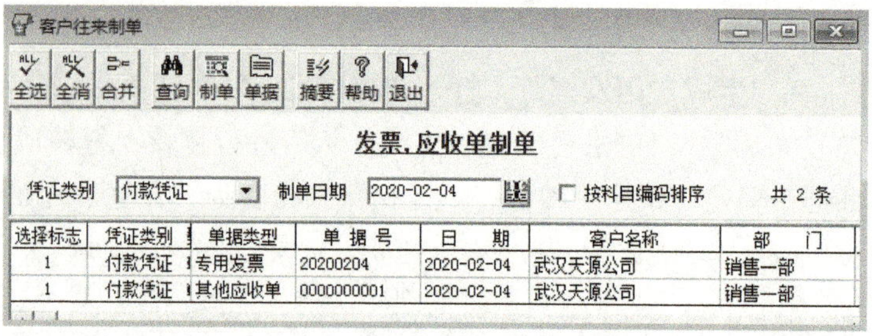

图 6-54　发票、应收单制单

7. 系统自动生成销售业务凭证，单击“保存”按钮，凭证左上角显示“已生成”，如图6-55所示。

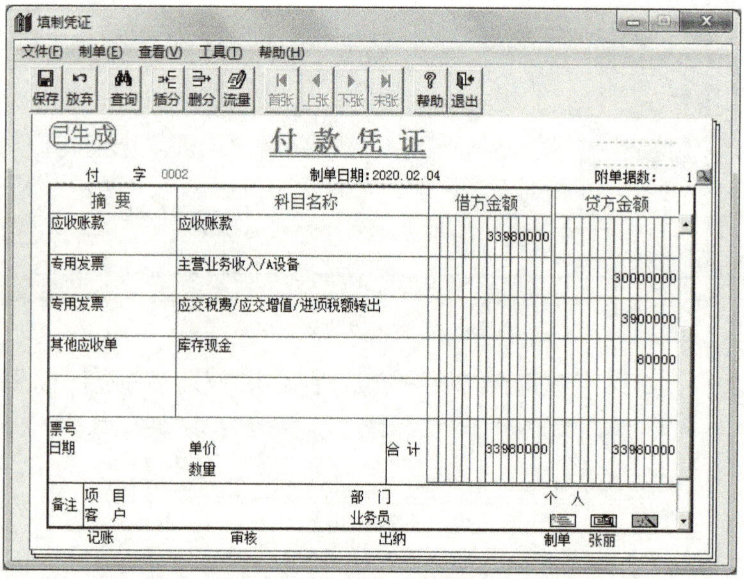

图 6-55　销售业务凭证生成

三、采购退货业务处理

采购退货业务与采购业务基本相同，只是录入的是红字采购入库单和红字采购发票。

例 6-15 2020年2月6日，发现2月1日购入的标准件有部分不符合要求，产生退货，退标准件20箱。

操作步骤

1. 录入红字采购专用发票，保存并进行复核，如图6-56所示。

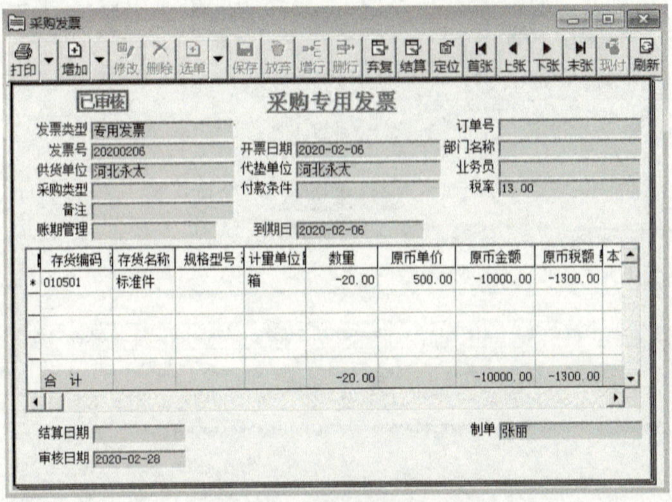

图 6-56　红字采购专用发票

2. 录入红字采购入库单，并与发票进行结算，如图6-57所示。

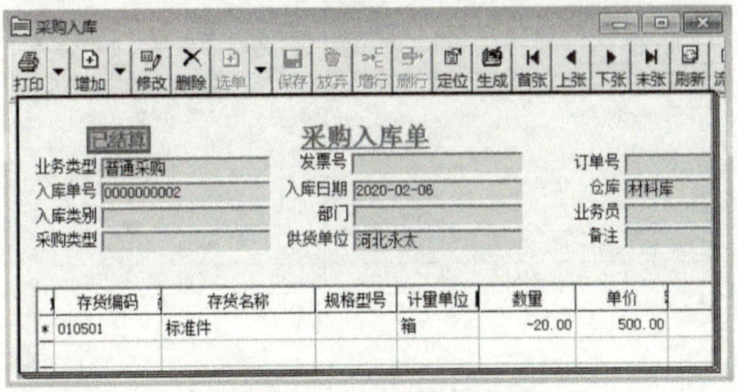

图 6-57　红字采购入库单

3. 执行"库存"→"采购入库单审核"，审核红字采购入库单，进行正常单据记账，并生成采购退回凭证，如图6-58所示。

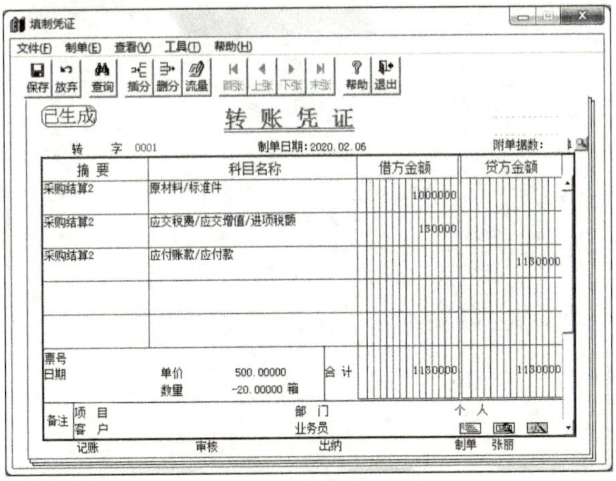

图 6-58　采购退回凭证

四、领料业务的处理

例 6-16 2020年2月9日，生产产品领用木料20方、橡胶5吨，全部用于生产B设备。

操作步骤

1. 执行“库存”→“材料出库单”，打开“材料出库单”窗口，根据例题所给数据进行录入，保存并进行审核，如图6-59所示。

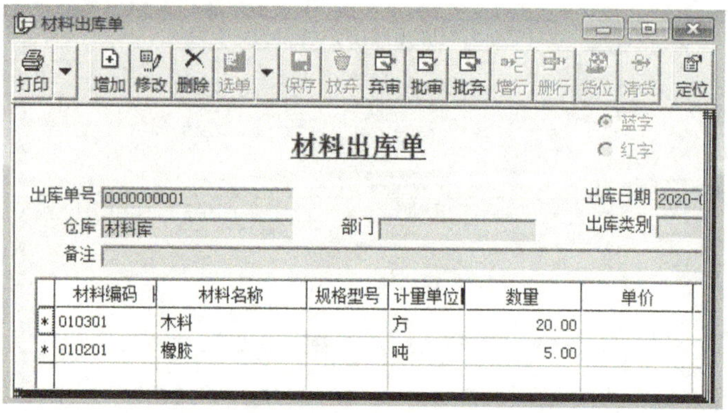

图 6-59 材料出库单

2. 核算系统进行记账、制单。执行“核算”→“核算”→“正常单据记账”，把生成的材料出库单进行记账操作，如图6-60所示。

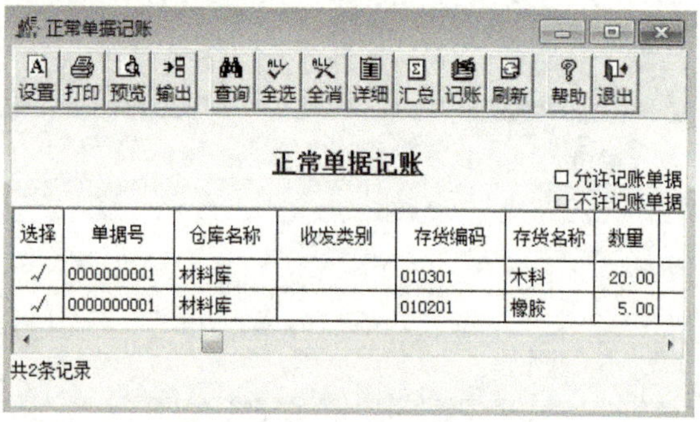

图 6-60 材料出库单进行记账

3. 执行“核算”→“凭证”→“购销单据制单”，查询条件选择“材料出库单”，如图6-61所示，单击“确认”按钮。

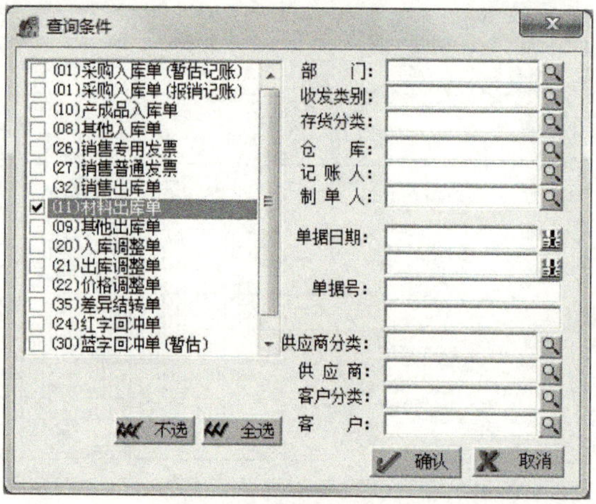

图 6-61 选择查询条件

4. 在“生成凭证”对话框，选择材料出库单，更改凭证类别为转账凭证，单击“生成”按钮，如图6-62所示。

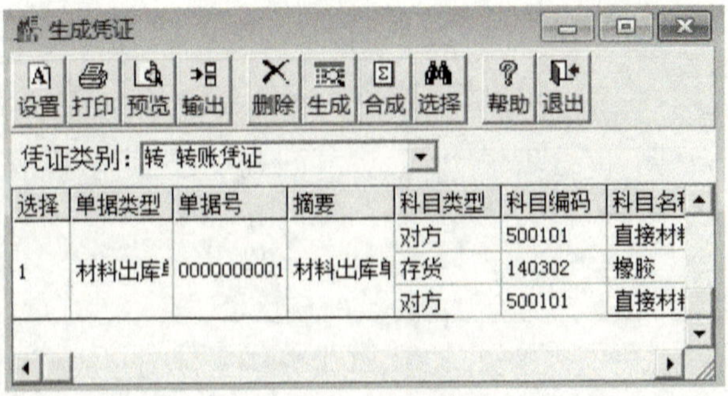

图 6-62　修改凭证类别

5. 在凭证窗口，更改凭证时期为“2020-02-09”，“500101”（生产成本—制造费用）辅助核算项目修改为“B设备”，单击“保存”按钮，如图6-63所示。

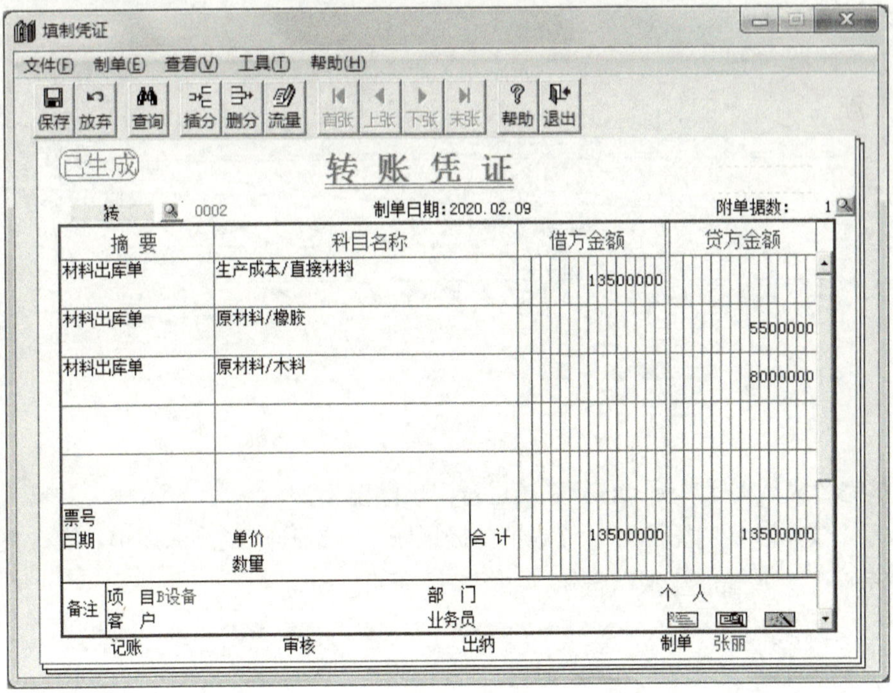

图 6-63　领用材料凭证

五、在产品完工入库

例6-17 2020年2月20日，在产品完工入库。B设备完工10台，单位成本15 200元，合计152 000元。成本结转明细：直接材料135 000元，直接人工6 000元，累计折旧11 000元。

操作步骤

1. 录入产成品入库单。执行“库存”→“产成品入库单”，打开产成品入库单，如图6-64所示。

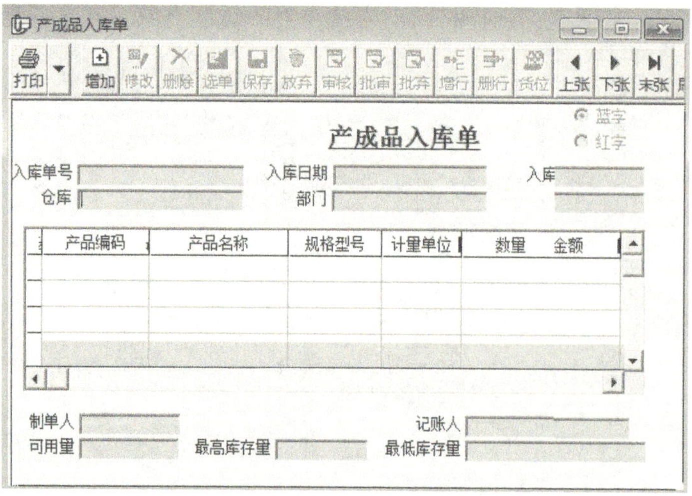

图 6-64 产成品入库单

2. 单击“增加”按钮，录入B设备的入库相关信息，数量“10”、单价“15200”，录入完毕，保存并审核，如图6-65所示。

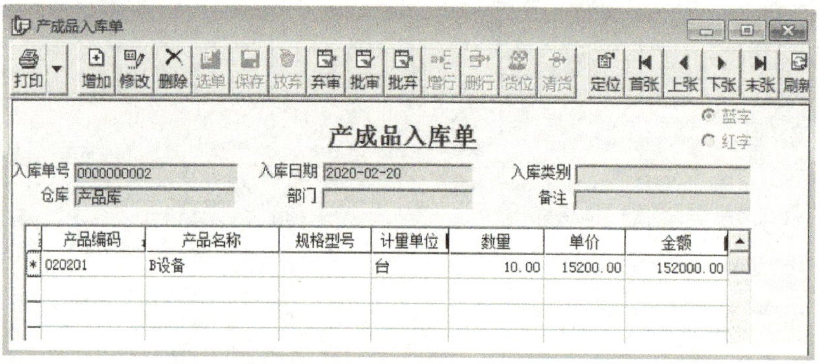

图 6-65 录入信息并审核产成品入库单

3. 审核完产成品入库单后，核算系统进行记账操作。

4. 执行“核算”→“凭证”→“购销单据记账”，选择产成品入库单，更改凭证类别为“转 转账凭证”，单击“生成”按钮，如图6-66所示。

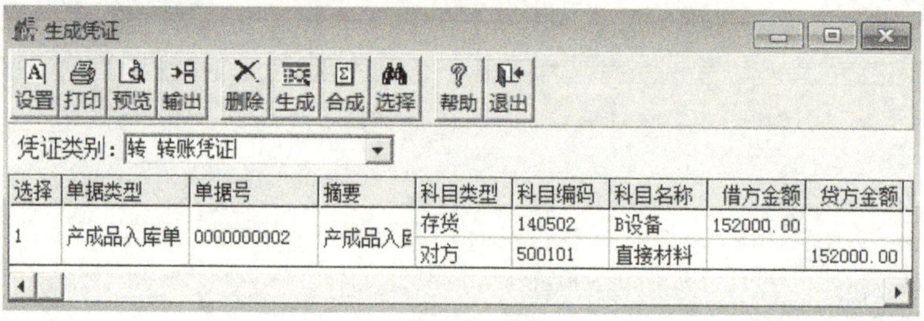

图 6-66 修改凭证类别

5. 在凭证窗口，更改凭证日期为“2020-02-20”，更改“500101”辅助核算项目为“B设备”，贷方金额为“135 000”；继续增加一条分录科目为“500102”辅助核算项目为“B设备”，贷方金额为“6 000”；继续增加一条分录科目为“500103”辅助核算项目为“B设备”，贷方金额为“11 000”。修改完成后，保存凭证，如图6-67所示。

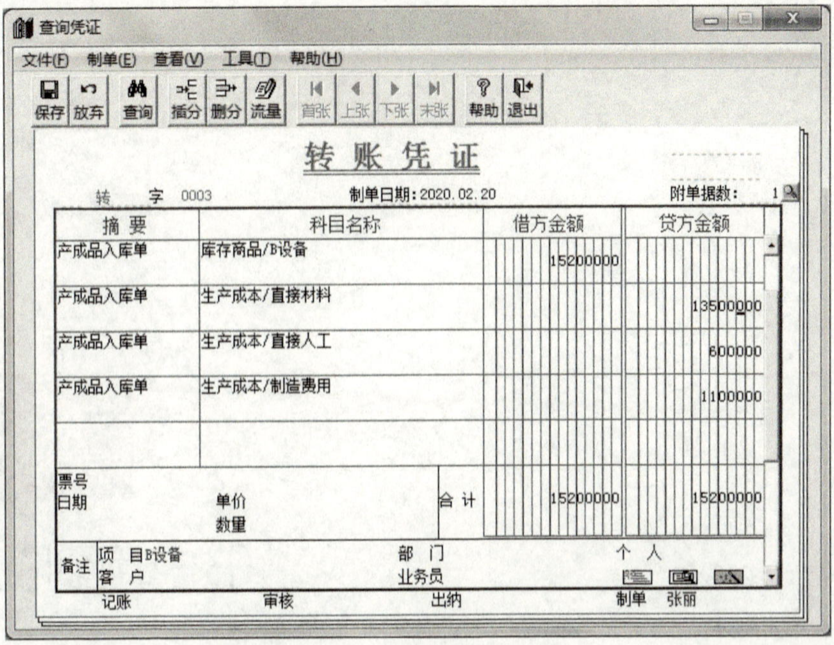

图 6-67 产成品入库凭证

六、购销存期末处理

当月日常业务处理完毕后，就可以进行期末处理操作了。结账顺序依次为采购系统结账、销售系统结账、库存系统结账、核算系统结账。生成的凭证在总账系统中进行出纳签字、审核签字、记账操作。所有任务完成后，最后把总账系统进行结账。

Appendix

附录

书中用到的例题

会计电算化（用友畅捷通 T3 版）

首先用Admin注册系统管理，进行增加操作员、建立账套、授权等工作。然后由操作员 101 完成所有的账套初始化工作，操作员 102 负责凭证填制，操作员 103 负责出纳签字，操作员 101 负责审核签字、记账。该企业一车间所生产的产品全部为 A 设备，二车间生产的产品全部为 B 设备。涉及制造费用分配的比例按 A 设备占 60%、B 设备占 40% 计算。

第一部分 企业资料

一、增加操作员及相关权限

操作员编号	操作员姓名	功能权限
101	陈红兰	账套主管，负责审核工作
102	张丽	公共目录、总账（无出纳签字和凭证审核权力）、固定资产、工资、项目管理，负责填制凭证
103	李强	现金管理、出纳签字（总账），负责凭证的出纳签字
401	田凡	公用目录设置，采购管理，库存管理
601	宋芳	公用目录设置，销售管理，库存管理

二、账套信息

账套号：666

账套名称：河北华源有限公司

采用默认路径

启用会计期：2020年1月

会计期间设置：1月1日至12月31日

三、单位信息

单位名称：河北华源有限公司；单位简称：河北华源；单位地址：河北省邯郸市高新技术开发区纬十路99号；法人代表：郑铭；邮编：056000；联系电话及传真：0310-8070718；电子邮件：hbhy@hbhy.com；税号：130406682761420。

四、核算类型

该企业记账本位币为人民币（RMB）；企业类型：工业；行业性质：2007新会计准则；账套主管：陈红兰；“按行业性质预置科目”。

五、基础信息

项　目	类　别
存货是否分类	是
客户是否分类	否
供应商是否分类	否
有无外币核算	有

六、类编码方案

科目编码级次：42222，其他默认。

七、数据精度

该企业将存货数量、单价的小数位定为2。

八、模块设置

启用总账、固定资产、工资管理模块，启用日期2020-01-01。

第二部分 基础设置

一、部门档案资料

编　码	名　称	部门属性
1	经理办公室	管理
2	财务处	财务
3	人事处	管理
4	供应处	采购
5	生产车间	生产
501	一车间	生产
502	二车间	生产
6	销售部	销售
601	销售一部	销售
602	销售二部	销售

二、职员档案资料

职员编号	职员名称	所属部门	职员属性
101	郑铭	经理办公室	管理人员
201	陈红兰	财务处	管理人员
202	张丽	财务处	管理人员
203	李强	财务处	管理人员
401	田凡	供应处	采购人员
402	赵小明	供应处	采购人员
403	张敏	供应处	采购人员
501	韩达	一车间	生产人员
502	张若飞	一车间	生产人员
503	冯兴岩	二车间	生产人员
504	胡佳新	二车间	生产人员
601	宋芳	销售一部	销售人员
602	刘子鸣	销售一部	销售人员
603	吴少鹏	销售二部	销售人员
604	杨静杰	销售二部	销售人员

三、往来单位

1. 客户档案资料

编　　号	客户名称	简　　称	税　　号	开户银行	银行账号	发展日期
001	山东全安公司	山东全安	14000256	工行泰安支行	1010252	2017-10-30
002	武汉天源公司	武汉天源	26115828	中行武汉支行	2254761	2016-05-10
003	广东宝远公司	广东宝远	29663299	工行珠海支行	3426129	2018-08-03

2. 供应商档案资料

编　　号	供应商名称	简　　称	税　　号	开　户　行	银行账号	发展日期
001	河北永太公司	河北永太	13041654	建行石家庄支行	123456	2017-08-16
002	南京高能公司	南京高能	26587094	工行南京分行	658715	2015-06-28
003	海南明润橡胶厂	海南明润	3406158	招行海口支行	268792	2016-05-13
004	山西煤化集团	山西煤化	1952366	农行长治支行	249713	2014-12-25

四、设置外币

增加美元，币符USD，美元固定汇率6.5。

五、财务

会计科目表

类别	科目编号	科目名称	方向	辅助账类型	计量单位	账页格式
资产	1001	库存现金	借	日记账		金额式
资产	1002	银行存款	借	日记账、银行账		金额式
资产	100201	建行存款	借	日记账、银行账		金额式
资产	100202	中行存款	借	日记账、银行账、外币核算	美元	金额式
资产	1012	其他货币资金	借			金额式
资产	1101	交易性金融资产	借			金额式
资产	110101	成本	借			金额式
资产	110102	公允价值变动	借			金额式
资产	1121	应收票据	借	客户往来		金额式
资产	1122	应收账款	借	客户往来		金额式
资产	1123	预付账款	贷	供应商往来		金额式
资产	1221	其他应收款	借			金额式
资产	122101	差旅费	借	个人往来		金额式
资产	122102	社保	借			金额式
资产	122103	公积金	借			金额式
资产	122104	代扣所得税	借			金额式
资产	122105	其他	借			金额式
资产	1402	在途物资	借			金额式
资产	140201	钢铁	借		吨	数量金额式
资产	140202	橡胶	借		吨	数量金额式
资产	140203	木料	借		方	数量金额式
资产	140204	煤炭	借		吨	数量金额式
资产	140205	标准件	借		箱	数量金额式
资产	140206	其他	借			金额式
资产	1403	原材料	借			金额式
资产	140301	钢铁	借		吨	数量金额式
资产	140302	橡胶	借		吨	数量金额式
资产	140303	木料	借		方	数量金额式

（续）

类别	科目编号	科目名称	方向	辅助账类型	计量单位	账页格式
资产	140304	煤炭	借		吨	数量金额式
资产	140305	标准件	借		箱	数量金额式
资产	140306	其他	借			金额式
资产	1405	存库商品	借			金额式
资产	140501	A设备	借		台	数量金额式
资产	140502	B设备	借		台	数量金额式
资产	1601	固定资产	借	部门核算		金额式
资产	1602	累计折旧	借	部门核算		金额式
负债	2201	应付票据	贷	供应商往来		金额式
负债	2202	应付账款	贷	供应商往来		金额式
负债	220201	应付款	贷	供应商往来	受控应付	金额式
负债	220202	暂估款	贷	供应商往来		金额式
负债	2203	预收账款	贷	客户往来		金额式
负债	2211	应付职工薪酬	贷			金额式
负债	221101	工资	贷			金额式
负债	221102	福利费	贷			金额式
负债	221103	工会经费	贷			金额式
负债	221104	职工教育经费	贷			金额式
负债	2221	应交税费	贷			金额式
负债	222101	应交增值税	贷			金额式
负债	22210101	进项税额	贷			金额式
负债	22210102	已交税金	贷			金额式
负债	22210103	转出未交增值税	贷			金额式
负债	22210104	销项税额	贷			金额式
负债	22210105	进项税额转出	贷			金额式
负债	22210106	转出多交增值税	贷			金额式
负债	222102	未交增值税	贷			金额式
负债	222103	应交所得税	贷			金额式
负债	222104	应交城建税	贷			金额式
负债	222105	应交教育费附加	贷			金额式
权益	4104	利润分配	贷			金额式
权益	410401	提取法定盈余公积	贷			金额式
权益	410402	提取法定公益金	贷			金额式
权益	410403	提取任意盈余公积	贷			金额式
权益	410404	未分配利润	贷			金额式
成本	5001	生产成本	借			金额式
成本	500101	直接材料	借	项目核算		金额式
成本	500102	直接人工	借	项目核算		金额式
成本	500103	制造费用	借	项目核算		金额式
成本	5101	制造费用	借			金额式
成本	510101	材料费	借			金额式
成本	510102	工资及福利费	借			金额式
成本	510103	折旧费	借			金额式
成本	510104	其他	借			金额式
损益	6001	主营业务收入	贷			金额式
损益	600101	A设备	贷		台	数量金额式
损益	600102	B设备	贷		台	数量金额式
损益	6401	主营业务成本	借			金额式
损益	640101	A设备	借		台	数量金额式
损益	640102	B设备	借		台	数量金额式
损益	6601	销售费用	借			金额式
损益	660101	广告费	借	部门核算		金额式
损益	660102	折旧费	借	部门核算		金额式

（续）

类别	科目编号	科目名称	方向	辅助账类型	计量单位	账页格式
损益	660103	工资及福利费	借	部门核算		金额式
损益	660104	其他	借			金额式
损益	6602	管理费用	借			金额式
损益	660201	工资及福利费	借	部门核算		金额式
损益	660202	折旧费	借	部门核算		金额式
损益	660203	差旅费	借	部门核算		金额式
损益	660204	办公费	借	部门核算		金额式
损益	660205	其他	借			金额式
损益	6603	财务费用	借			金额式
损益	660301	利息	借			金额式
损益	660302	其他	借			金额式

凭证类别

序号	凭证类别	性质	科目
1	收款凭证	借方必有	1001，1002
2	付款凭证	贷方必有	1001，1002
3	转账凭证	凭证必无	1001，1002

成本项目大类项目目录

项目设置步骤	设置内容
项目大类	生产成本
项目一级科目	生产成本
项目二级科目	直接材料、直接人工、制造费用
项目分类	自行研发项目；引进技术项目
项目名称	A设备（所属分类为1）；B设备（所属分类为2）

结算方式设置

编号	名称	票据管理
1	现金	
2	支票	
201	现金支票	
202	转账支票	
3	商业汇票	
301	商业承兑汇票	
302	银行承兑汇票	
4	银行本票	
5	其他	

第三部分 总账初始化

一、选项参数设置

选项卡	参数设置
凭证	制单序时控制
	支票控制
	资金及往来赤字控制
	允许修改、作废他人填制的凭证
	允许查看他人填制的凭证
	可以使用其他系统受控科目
	凭证编号方式采用系统编号
	出纳凭证必须经由出纳签字
	外币核算采用固动汇率
	其他默认设置

（续）

选项卡	参数设置
账簿	账簿打印位数宽度、每页打印行数按软件标准设置，明细账打印方式按年排页
会计日历	2020年1月1日—2020年12月31日
其他	部门、个人、项目按编码排序
	其他采用默认设置

二、期初余额

会计科目期初余额表

科目编码	科目名称	方向	计量单位	期初余额
1001	库存现金	借		2,500
1002	银行存款	借		6,150,000
100201	建行存款	借		5,500,000
100202	中行存款	借		650,000
			美元	$100,000
1012	其他货币资金	借		100,000
1122	应收账款	借		705,000
1221	其他应收款	借		8,500
122101	差旅费	借		8,500
1403	原材料	借		1,087,000
140301	钢铁	借		75,000
			吨	25
140302	橡胶	借		330,000
			吨	30
140303	木料	借		480,000
			方	120
140304	煤炭	借		92,000
			吨	230
140305	标准件	借		110,000
			箱	220
1405	存库商品	借		1,040,000
140501	A设备	借		500,000
			台	50
140502	B设备	借		540,000
			台	45
1601	固定资产	借		21,702,000
1602	累计折旧	贷		8,090,755
2202	应付账款	贷		819,000
220201	应付款	贷		702,000
220202	暂估款项	贷		16,000
2221	应交税费	贷		439,300
222102	未交增值税	贷		263,000
222103	应交企业所得税	贷		150,000
222104	应交城建税	贷		18,410
222105	应交教育费附加	贷		7,890
4001	实收资本	贷		15,000,000
4002	资本公积	贷		2,325,970
4104	利润分配	贷		4,220,975
410404	未分配利润	贷		4,220,975

"应收账款"科目下的业务 （单位：元）

日期	凭证号	客户	摘要	方向	期初余额	业务员	票号
2019.12.10	转12	山东全安	销售商品	借	180 000	刘子鸣	Z123456
2019.12.15	转18	武汉天源	销售商品	借	250 000	吴少鹏	Z254789
2019.12.20	转20	广东宝远	销售商品	借	275 000	杨静杰	Z321587

"其他应收款——差旅费"科目下的业务 （单位：元）

日期	凭证号	部门	人员	摘要	方向	余额
2019.12.09	转 8	财务处	李强	预借差旅费	借	1 500
2019.12.12	转 15	供应处	田凡	预借差旅费	借	5 000
2019.12.18	转 19	供应处	赵小明	预借差旅费	借	2 000

"固定资产、累计折旧"科目下的业务 （单位：元）

科目编码	科目名称	部门编码	部门名称	借方金额	贷方金额
1601	固定资产	1	经理办公室	12 300 000	
		2	财务处	22 000	
		501	一车间	5 180 000	
		502	二车间	4 200 000	
1602	累计折旧	1	经理办公室		4 644 500
		2	财务处		5 133.33
		501	一车间		1 907 088.33
		502	二车间		1 534 033.34

"应付账款——应付款"科目下的业务 （单位：元）

日期	凭证号	客户	摘要	方向	期初余额	业务员	票号
2019.12.05	转 5	河北永太	采购材料	贷	234 000	赵小明	Z546789
2019.12.13	转 16	南京高能	采购材料	贷	292 500	张敏	Z245689
2019.12.25	转 24	海南明润	采购材料	贷	175 500	赵小明	Z326287

"应付账款——暂估款项"科目下的业务 （单位：元）

日期	凭证号	客户	摘要	方向	期初余额	业务员	票号
2019.12.28	转 28	山西煤化	采购材料	贷	16 000	赵小明	Z546889

第四部分 固定资产初始化

一、控制参数设置

控制参数	参数设置
启用月份	2020.1
约定及说明	同意
折旧信息	本账套计提折旧 主要折旧方法：平均年限法（一） 折旧汇总分配周期：1个月 当"月初已计提月份=可使用月份-1"时，将剩余折旧金额全部提足（工作量法除外）

（续）

控制参数	参数设置
编码方式	资产类别编码长度：2-1-1-2 固定资产编码方式：按“类别编号+部门编号+序号”自动编码；序号长度：5
账务接口	与账务系统进行对账 对账科目： 固定资产对账科目：1601，固定资产 累计折旧对账科目：1602，累计折旧 在对账不平衡的情况下，不允许固定资产月末结账
补充参数	业务发生后立即制单 月末结账前一定要完成制单及登账业务 可纳税调整的增加方式：直接购入 固定资产默认入账科目：1601，固定资产 累计折旧默认入账科目：1602，累计折旧 可抵扣税额入账科目：22210101，进项税额

二、设置基础数据

1. 部门对应折旧科目表

部门名称	对应折旧科目
经理办公室	660202，管理费用——折旧费
财务处	660202，管理费用——折旧费
人事处	660202，管理费用——折旧费
供应处	660202，管理费用——折旧费
一车间	510103，制造费用——折旧费
二车间	510103，制造费用——折旧费
销售一部	660102，销售费用——折旧费
销售二部	660102，销售费用——折旧费

2. 资产类别资料

编号	类别名称	净残值率	折旧方法	计量属性
01	房屋及建筑物	5%	平均年限法（一）	正常计提
02	机器设备	4%	平均年限法（一）	正常计提
03	运输设备	4%	平均年限法（一）	正常计提
04	办公设备及其他设备	0%	平均年限法（一）	正常计提

3. 增减方式对应入账科目资料

增减方式	对应入账科目
增加方式	
直接购入	100201，建行存款
减少方式	
出售	100201，建行存款
报废	1606，固定资产清理
毁损	1606，固定资产清理

三、固定资产原始卡片初始数据

类别编号	03	01	04	04	01	01	02	02
固定资产名称	汽车	办公楼	计算机	复印机	厂房1	厂房2	数控车床1	数控车床2
部门名称	经理办公室	经理办公室	财务处	财务处	一车间	二车间	一车间	二车间
增加方式	直接购入	投资者投入	直接购入	直接购入	投资者投入	投资者投入	直接购入	直接购入
使用年限/年	10	20	5	5	20	20	15	15
开始使用日期	2015-5-1	2012-1-1	2018-10-1	2018-10-1	2012-1-1	2012-1-1	2017-8-1	2017-8-1
原值/元	300 000	12 000 000	15 000	7 000	5 000 000	4 000 000	180 000	200 000
累计折旧/元	132 000	4 512 500	3 500	1 633.33	1 880 208.33	1 504 166.67	26 880	29 866.67
对应折旧科目	660202	660202	660202	660202	510103	510103	510103	510103

第五部分 工资初始化

一、工资项目人员档案

人员编号	人员姓名	部门编号	人员类别	进入时间	账号	性别	工龄	职务
101	郑铭	1	管理人员	2012-01-01	43460000001	男	8	总经理
201	陈红兰	2	管理人员	2013-03-01	43460000002	女	7	会计主管
202	张丽	2	管理人员	2014-05-01	43460000003	女	6	会计
203	李强	2	管理人员	2014-01-01	43460000004	男	6	出纳
401	田凡	4	采购人员	2016-02-01	43460000005	女	4	采购主管
402	赵小明	4	采购人员	2015-01-01	43460000006	男	5	采购人员
403	张敏	4	采购人员	2017-01-01	43460000007	女	3	采购人员
501	韩达	501	车间管理人员	2014-05-01	43460000008	男	6	车间主管
502	张若飞	501	生产人员	2016-01-01	43460000009	男	4	生产人员
503	冯兴岩	502	车间管理人员	2015-02-01	43460000010	男	5	车间主管
504	胡佳新	502	生产人员	2015-05-01	43460000011	男	5	生产人员
601	宋芳	601	销售人员	2014-06-01	43460000012	女	6	销售主管
602	刘子鸣	601	销售人员	2017-03-01	43460000013	男	3	销售人员
603	吴少鹏	602	销售人员	2014-04-01	43460000014	男	6	销售主管
604	杨静杰	602	销售人员	2018-01-01	43460000015	男	2	销售人员

二、工资项目

工资项目名称	类型	长度	小数位数	增减项
代扣税	数字	10	2	减项
实发合计	数字	10	2	增项
基本工资	数字	8	2	增项
岗位工资	数字	8	2	增项
工龄工资	数字	8	2	增项
岗位津贴	数字	8	2	增项
奖金	数字	8	2	增项
病假天数	数字	8	2	其他
病假扣款	数字	8	2	减项
事假天数	数字	8	2	其他
事假扣款	数字	8	2	减项
应发合计	数字	10	2	增项
保险费	数字	8	2	减项
住房公积金	数字	8	2	减项
扣款合计	数字	10	2	减项

三、工资公式设置

实发工资 = 应发合计 − 扣款合计
病假扣款 =（基本工资 + 岗位工资 + 工龄工资）÷ 21.75 × 0.5 × 病假天数
事假扣款 =（基本工资 + 岗位工资 + 工龄工资）÷ 21.75 × 事假天数
应发合计 = 基本工资 + 岗位工资 + 工龄工资 + 岗位津贴 + 奖金
保险费 =（基本工资 + 岗位工资 + 工龄工资）×（0.08 + 0.02 + 0.01）
住房公积金 =（基本工资 + 岗位工资 + 工龄工资）× 0.08
扣款合计 = 代扣税 + 病假扣款 + 事假扣款 + 保险费 + 住房公积金

四、职工工资初始数据

（单位：元）

编号	职工姓名	基本工资	岗位工资	工龄工资	岗位津贴	奖金
101	郑铭	2,000	4,200	700	300	
201	陈红兰	1,800	3,100	600	200	
202	张丽	1,500	2,000	500	150	
203	李强	1,500	2,000	500	150	
401	田凡	1,800	3,100	300	200	
402	赵小明	1,500	2,500	400	150	
403	张敏	1,800	2,500	200	150	
501	韩达	1,800	3,100	500	200	
502	张若飞	1,600	2,500	300	150	
503	冯兴岩	1,800	3,100	400	200	
504	胡佳新	1,600	2,500	400	150	
601	宋芳	1,800	3,100	500	200	
602	刘子鸣	1,600	2,000	200	150	
603	吴少鹏	1,800	3,100	500	200	
604	杨静杰	1,600	2,000	100	150	

第六部分 企业日常业务处理

一、日常业务凭证填制

以102张丽的身份完成企业日常业务处理。

河北华源有限公司2020年1月发生的经济业务如下，操作员更换为102张丽并进行凭证的填制。

业务 1　1 月 1 日，冲销 2019 年年末暂估入账的煤炭 40 吨，暂估单价为 400 元，该批煤炭由供应处赵小明从山西煤化购入。（附单据数：1 张）

转账凭证为：

借：原材料——煤炭　　16 000（红字）

　　贷：应付账款——暂估款项　　16 000（红字）

业务2　1月2日，从建行提取现金3 000元，作为备用金。（附单据数：1张）

付款凭证为：

借：库存现金　3 000

　　贷：银行存款——建行存款　3 000

业务3　1月2日，用建行存款从河北永太公司购入标准件100箱，单价为500元，取得的增值税专用发票上注明的价款为50 000元，增值税税额为6 500元，已验收入库（转账支票ZZ20200101）。（附单据数：2张）

付款凭证为：

借：原材料——标准件　50 000

　　应交税费——应交增值税——进项税额　6 500

　　贷：银行存款——建行存款　56 500

业务4　1月3日，收到广东宝远公司前欠货款275 000元，存入建设银行（转账支票ZZ20200102），该业务由杨静杰负责。（附单据数：1张）

收款凭证为：

借：银行存款——建行存款　275 000

　　贷：应收账款（广东宝远）　275 000

业务5　1月5日，用建行存款（转账支票ZZ20200103）购入轿车一辆，此车为销售一部业务专用。取得的增值税专用发票上注明的价款为180 000元，增值税税额为23 400元。该汽车净残值率为4%，预计使用8年。（附单据数：2张）

需通过固定资产管理系统填制固定资产卡片账，并通过固定资产管理系统生成凭证。

付款凭证为：

借：固定资产（销售一部）　180 000

　　应交税费——应交增值税——进项税额　23 400

　　贷：银行存款——建行存款　203 400

业务6　1月7日，用建行存款支付广告费2 000元，（现金支票XJ20200101），由销售一部刘子明负责办理。（附单据数：2张）

付款凭证为：

借：销售费用——广告费　2 000

　　贷：银行存款——建行存款　2 000

业务7　1月10日，财务处李强出差回来，报销差旅费1 350元，交回现金150元。（附单据数：2张）

收款凭证为：

借：库存现金　150

　　管理费用——差旅费　1 350

　　贷：其他应收款——差旅费（李强）　1 500

业务8　1月12日，收到外资企业投资款500 000美元，存入中行。（附单据数：2张）

收款凭证为：

借：银行存款——中行存款　3 250 000（USD500 000）

　　贷：实收资本　3 250 000

业务9　1月14日，用建行存款缴纳上月未缴的增值税263 000元，企业所得税150 000元，

城市维护建设税 18 410，教育费附加 7 890 元（转账支票 ZZ20200104）。（附单据数：5 张）

付款凭证为：

借：应交税费——未交增值税　263 000

　　　　　　——应交企业所得税　150 000

　　　　　　——应交城建税　18 410

　　　　　　——应交教育费附加　7 890

　贷：银行存款——建行存款　439 300

业务 10　1 月 24 日，由销售一部刘子鸣负责销售 A 设备给武汉天源公司 30 台，每台单价 15 000 元，开出的增值税专用发票上注明价款为 450 000 元，增值税税额为 58 500 元，款项已收到，存入建行（转账支票 ZZ20200105）。（附单据数：2 张）

收款凭证为：

借：银行存款——建行存款　508 500

　贷：主营业务收入——A 设备　450 000

　　　应交税费——应交增值税（销项税额）　58 500

业务 11　1 月 25 日，企业投资购入不打算长期持有的中国石油股票共 10 000 股，每股市价 8.5 元。（附单据数：1 张）

转账凭证为：

借：交易性金融资产——成本　85 000

　贷：其他货币资金　85 000

业务 12　1 月 27 日，根据领料汇总表，生产领用原材料。其中：钢件 7 吨，单价 3 000 元；橡胶 3 吨，单价 11 000 元；木料 20 方，单价 4 000 元；生产耗用煤炭 20 吨，单价 400 元；标准件 20 箱，单价 500 元。A、B 两种设备按 3:2 的比例分配成本。（附单据数：1 张）

转账凭证为：

借：生产成本——直接材料（A 设备）　91 200

　　　　　　——直接材料（B 设备）　60 800

　贷：原材料——钢铁　21 000

　　　　　　——橡胶　33 000

　　　　　　——木料　80 000

　　　　　　——煤炭　8 000

　　　　　　——标准件　10 000

二、其他业务凭证填制

登录工资管理系统进行日常工资业务操作。

1. 员工考勤信息表

（单位：天）

编　号	职工姓名	病　假	事　假
201	陈红兰	5	
202	张丽		2
401	田凡	1	
403	张敏		4
501	韩达	3	
601	宋芳	2	

2. 利用IFF公式修改奖金项目。本月一车间和供应处为优秀部门，奖励奖金1 500元；其他部门奖金为800元。iff (部门="一车间", 1 500, iff (部门="供应处", 1 500, 800))

3. 进行个人所得税计算与申报（计税基数为5 000元），并查看个人所得税申报表。

4. 银行代发工资，银行文件格式设置采用默认设置，文件设置为TXT格式。

5. 查看分钱清单。

6. 查询工资发放签名表和工资发放条。

三、出纳签字

把本月已生成的所有凭证进行出纳签字、审核签字：103李强出纳签字，101陈红兰审核签字。

第七部分 期末处理

一、银行对账

以103李强的身份登录系统，完成银行对账等现金、银行管理工作。

1. 银行对账的启用日期为2020年1月1日。企业建设银行的银行存款日记账期初余额和银行对账单的期初余额均为5 500 000元，无未达账项。

2. 银行对账单。建设银行的对账单数据见下表。

建设银行对账单数据

（单位：元）

日　期	结算方式	票　号	借方金额	贷方金额	余　额
2020-01-01					5 500 000
2020-01-03	1			3 000	5 497 000
2020-01-04	202	ZZ20200101		56 500	5 440 500
2020-01-06	202	ZZ20200102	275 000		5 715 500
2020-01-07	202	ZZ20200103		203 400	5 512 100
2020-01-10	201	XJ20200101		2 000	5 510 100
2020-01-18	202	ZZ20200104		439 300	5 070 800

3. 银行对账。进行自动对账和手工对账。核对、勾销。

4. 编制“银行存款——建行存款”银行存款余额调节表。

二、工资费用的分摊

以102张丽的身份登录系统，完成工资费用分摊处理相关操作。

1. 应付工资总额=应发合计×100%

借：管理费用——工资及福利费（经理办公室）

　　　　　　——工资及福利费（财务处）

　　　　　　——工资及福利费（供应处）

销售费用——工资及福利费（销售一部）
销售费用——工资及福利费（销售二部）
制造费用——工资及福利费（车间管理人员）
生产成本——直接人工（生产人员）
贷：应付职工薪酬——工资

2. 福利费=应发合计×14%

借：管理费用——工资及福利费（经理办公室）
——工资及福利费（财务处）
——工资及福利费（供应处）
销售费用——工资及福利费（销售一部）
销售费用——工资及福利费（销售二部）
制造费用——工资及福利费（车间管理人员）
生产成本——直接人工（生产人员）
贷：应付职工薪酬——福利费

3. 工会经费=应发合计×2%

借：管理费用——工资及福利费（经理办公室）
——工资及福利费（财务处）
——工资及福利费（供应处）
销售费用——工资及福利费（销售一部）
销售费用——工资及福利费（销售二部）
制造费用——工资及福利费（车间管理人员）
生产成本——直接人工（生产人员）
贷：应付职工薪酬——工会经费

4. 职工教育经费=应发合计 × 1.5%

借：管理费用——工资及福利费（经理办公室）
——工资及福利费（财务处）
——工资及福利费（供应处）
销售费用——工资及福利费（销售一部）
销售费用——工资及福利费（销售二部）
制造费用——工资及福利费（车间管理人员）
生产成本——直接人工（生产人员）
贷：应付职工薪酬——职工教育经费

5. 社保=保险×100%

借：应付职工薪酬——工资
贷：其他应收款——社保

6. 公积金=住房公积金×100%

借：应付职工薪酬——公积金
贷：其他应收款——公积金

7. 代扣个人所得税=代扣税×100%

借：应付职工薪酬——工资

贷：其他应收款——代扣个人所得税

三、固定资产折旧计提和资产减少

以102张丽的身份登录系统，完成固定资产期末业务处理相关操作。

1. 完成2020年1月的固定资产折旧计提。

2. 固定资产减少。

经理办公室所属的汽车被撞报废，残值收入15 000元，保险赔偿120 000元，发生清理费用600元。相关收入和支出为现金，保险费尚未收到。（附单据数：固定资产清理1张，残值收入1张，保险赔偿1张，清理费用1张，处理固定资产损溢结转1张）

固定资产清理凭证1张（固定资产模块），残值收入凭证1张（总账模块），清理费用凭证1张（总账模块），保险赔偿凭证1张（总账模块），固定资产损溢结转凭证1张（总账模块）。

四、月末的转账定义与转账生成

以102张丽的身份登录系统，完成下列转账定义和转账生成操作。把本月已生成的所有凭证进行出纳签字、审核签字：103李强出纳签字，101陈红兰审核签字。

1. 1月31日，结转“制造费用”账户本期发生额到“生产成本”账户，分配比例：设备A为60%，设备B为40%。（附单据数：1张）

借：生产成本——制造费用（A设备）	FS（5101，月，借）×0.6
——制造费用（B设备）	FS（5101，月，借）×0.4
贷：制造费用——材料费	FS（510101，月，借）
——工资及福利费	FS（510102，月，借）
——折旧费	FS（510103，月，借）
——其他	FS（510104，月，借）

2. 1月31日，本月生产的设备A全部完成，设备B全部未完工，结转本月入库产品成本。（附单据数：1张）

借：库存商品——设备A	JG（ ）
贷：生产成本——直接材料（设备A）	QM（500101，月，借，1）
——直接人工（设备A）	QM（500102，月，借，1）
——制造费用（设备A）	QM（500103，月，借，1）

3. 1月31日，结转本月已销商品成本。（附单据数：1张）

库存商品科目：1405

商品销售收入科目：6001

商品销售成本科目：6401

4. 1月31日，结转本月各损益类科目发生额到“本年利润”账户。（附单据数：1张）

凭证类别：转账凭证

本年利润科目：4103

五、月末的对账与结账处理

以101陈红兰的身份登录系统，完成以下操作。

1. 工资管理系统月末对账、结账。
2. 固定资产管理系统月末对账、结账。
3. 总账系统月末对账、结账。

第八部分 财务报表

以101陈红兰的身份登录系统，进行财务报表相关操作。利用报表模板，生成资产债表；利用自定义报表，生成货币资金表。

货币资金表

单位名称：河北华源有限公司　　　　年　月　日　　　　（单位：元）

项　目	行　次	期　初　数	期　末　数
现金	1		
银行存款	2		
其他货币资金	3		
合计	4		

会计主管：　　　　制表人：

第九部分 购销存一体化管理

河北华源有限公司从2020年2月1日开始启用购销存管理系统。通过系统管理，启用购销存子系统，给102张丽增加应收应付、核算、采购、销售、库存管理等权限。101陈红兰负责初始化操作，102张丽负责日常业务处理，103李强出纳签字、101陈红兰审核签字并记账。

一、购销存的系统初始化资料

（一）基础档案资料

1. 存货分类

存货分类表

编　号	存货分类
01	材料
0101	钢铁
0102	橡胶
0103	木料
0104	煤炭
0105	标准件
02	产品
0201	A设备
0202	B设备
03	应税劳务

2. 存货档案

存货档案

存货编码	存货代码	存货名称	计量单位	税率	所属分类码	存货属性
010101	GT	钢铁	吨	13	0101	外购、生产耗用
010201	XJ	橡胶	吨	13	0102	外购、生产耗用
010301	ML	木料	方	13	0103	外购、生产耗用
010401	MT	煤炭	吨	13	0104	外购、生产耗用
010501	BZJ	标准件	箱	13	0105	外购、生产耗用
020101	ASB	A设备	台	13	0201	销售、自制
020201	BSB	B设备	台	13	0202	销售、自制
0301	YF	运费	千米	9	03	外购、劳务费用

3. 单据设置

单据格式设置：采用默认格式。

单据编号设置：采购专用发票、采购普通发票、销售专用发票、销售普通发票的编码允许手工修改。

4. 仓库档案

仓库档案

仓库编码	仓库名称	所属部门	计价方法
01	材料库	供应处	先进先出法
02	产品库	供应处	全月平均法

5. 收发类别

收发类别

类别编码	类别名称	收发标志
11	采购入库	收
12	产成品入库	收
21	销售出库	发
22	材料领用出库	发

6. 费用项目

费用项目

编号	费用项目名称
01	运杂费

7. 开户银行资料

开户银行资料

编号	开户银行	银行账号	暂封标志
01	中国银行邯郸市高开区支行	6216000038726587	否

（二）采购系统初始化设置

采购系统选项设置采用默认值。

采购系统期初数据录入。

采购期初记账，期初无暂估入库和在途存货。

（三）销售管理系统初始化设置

销售选项设置：销售生成出库单。销售系统参数采用默认设置，选择销售生成出库单。

（四）存货管理系统初始化设置

库存期初参数采用默认设置，选择生成销售出库单。

期初库存包括材料期初库存和产品期初库存。

1. 材料期初库存

材料期初库存

存货名称	计量单位	数量	单价/元	金额/元
钢铁	吨	18	300	5 400
橡胶	吨	27	11 000	297 000
木料	方	100	4 000	400 000
煤炭	吨	170	400	68 000
标准件	箱	300	500	150 000
合计				

2. 产品期初库存

产品期初库存

存货名称	计量单位	数量	单价/元	金额/元
A设备	台	20		252 115.09
B设备	台	45		540 000
合计				

（五）核算系统初始化设置

1. 存货科目设置

存货科目设置

仓库编码	仓库名称	存货分类编码	存货分类名称	存货科目编码	存货科目名称
01	材料库	0101	钢铁	140301	钢铁
01	材料库	0102	橡胶	140302	橡胶
01	材料库	0103	木料	140303	木料
01	材料库	0104	煤炭	140304	煤炭
01	材料库	0105	标准件	140305	标准件
02	产品库	0201	A设备	140501	A设备
02	产品库	0202	B设备	140502	B设备

2. 存货对方科目设置

存货对方科目设置

收发类别编码	收发类别名称	项目大类编码	项目编码	存货编码	存货名称	对方科目编码	对方科目名称
11	采购入库			010101	钢铁	140201	钢铁
11	采购入库			010201	橡胶	140202	橡胶
11	采购入库			010301	木料	140203	木料
11	采购入库			010401	煤炭	140204	煤炭

（续）

收发类别编码	收发类别名称	项目大类编码	项 目 编 码	存 货 编 码	存 货 名 称	对方科目编码	对方科目名称
11	采购入库			010501	标准件	140205	标准件
21	销售出库			020101	A设备	640101	A设备
21	销售出库			020201	B设备	640102	B设备
22	材料领用出库	00	1	010101	钢铁	500101	直接材料
22	材料领用出库	00	1	010201	橡胶	500101	直接材料
22	材料领用出库	00	1	010301	木料	500101	直接材料
22	材料领用出库	00	1	010401	煤炭	500101	直接材料
22	材料领用出库	00	1	010501	标准件	500101	直接材料
22	材料领用出库	00	2	010101	钢铁	500101	直接材料
22	材料领用出库	00	2	010201	橡胶	500101	直接材料
22	材料领用出库	00	2	010301	木料	500101	直接材料
22	材料领用出库	00	2	010401	煤炭	500101	直接材料
22	材料领用出库	00	2	010501	标准件	500101	直接材料

3. 客户往来科目设置

（1）客户往来基本科目设置：应收科目为“1122”，预收科目为“2203”，应交增值税科目为“22210105”。

（2）客户往来产品科目设置。

客户往来产品科目设置表

存 货 名 称	销售收入科目	应交增值税科目	销售退回科目
A设备	600101		600101
B设备	600102		600102
运费			

（3）客户往来结算方式科目设置。

客户往来结算方式科目设置

结 算 方 式	币 种	科 目
现金	人民币	1001
现金支票	人民币	100201
转账支票	人民币	100201
银行本票	人民币	100201

4. 供应商往来科目设置

（1）供应商往来基本科目设置：应付科目为“220201”，预付科目为“2202”，采购税金科目为“22210101”。

（2）供应商往来结算方式科目设置。

供应商往来结算方式科目设置

结 算 方 式	币 种	科 目
现金	人民币	1001
现金支票	人民币	100201
转账支票	人民币	100201
银行本票	人民币	100201

二、购销存日常业务

1. 2020年2月1日，供应处田凡从河北永太公司购入标准件一批，取得的增值税专用发票（票号Z20200201）上注明：标准件100箱，单价500元，金额50 000元，增值税进项税额6 500元。钢铁10吨，单价3 000元，金额30 000元，增值税进项税额3 900元。收到的运费发票（票号为Y20200201）注明：200千米，每千米0.8元，共计160元。运费增值税税率为9%，按金额分摊，当日从建行现金支票（XJ20200201）结清上述货款和运费，材料已验收入库。

2. 2020年2月4日销售一部宋芳销售给武汉天源公司A设备一批，销售发票（票号Z20200204）上注明：A设备20台，单价15 000元，金额300 000元，增值税销项税额39 000元。现金代垫运杂费800元。

3. 2020年2月6日，发现2月1日购入的标准件有部分不符合要求，产生退货，退标准件20箱。

4. 2020年2月9日，生产产品领用木料20方、橡胶5吨，全部用于生产B设备。

5. 2020年2月20日，在产品完工入库。B设备完工10台，单位成本15 200元，合计152 000元。成本结转明细：直接材料135 000元，直接人工6 000元，累计折旧11 000元。

6. 月末，购销存系统进行结账。

7. 月末，在总账系统中对所有凭证进行出纳签字、审核签字、记账并结转期间损益，对总账系统进行结账操作。

三、期末处理

相关操作完成，进行采购系统、销售系统、库存系统结账。

参考文献

[1] 孙莲香. 财务软件实用教程（用友T3会计信息化专版）[M]. 北京：清华大学出版社，2011.

[2] 金铃. 会计电算化（用友T3会计信息化专版）[M]. 北京：清华大学出版社，2010.

[3] 夏秀娟. 会计电算化技能训练教程[M]. 北京：电子工业出版社，2012.

[4] 张红梅，李燕. 会计电算化操作实务——用友T3财务软件[M]. 上海：立信会计出版社，2014.